喷水推进泵及泵装置水动力特性

成立 罗灿 李尚红 刘必伟 顾巍 夏臣智 著

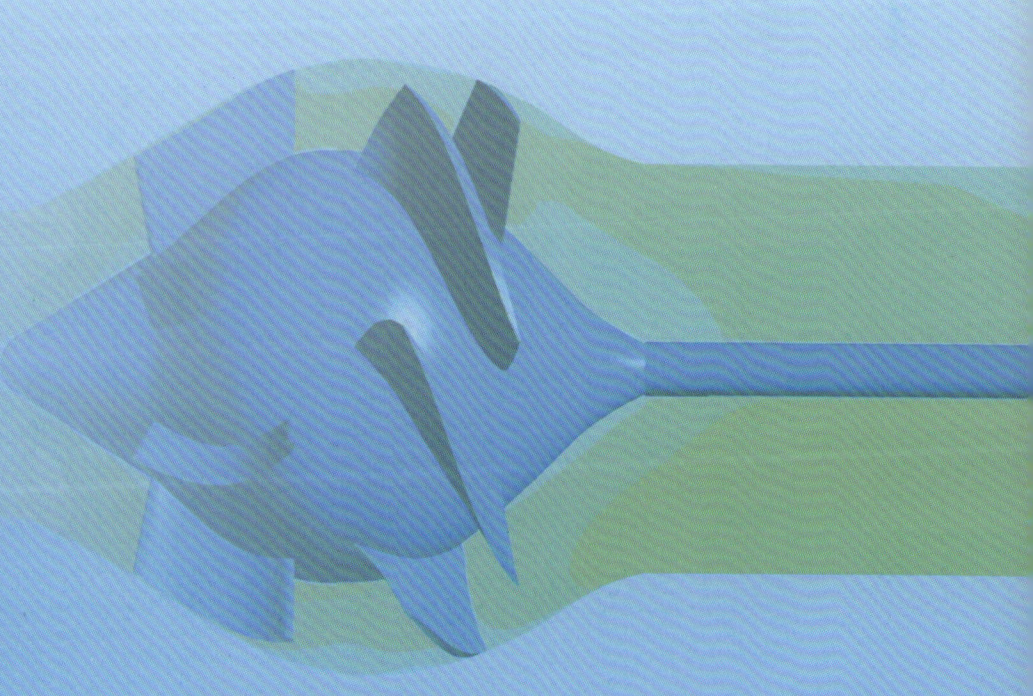

中国水利水电出版社
www.waterpub.com.cn
·北京·

内 容 提 要

本书介绍了喷水推进泵及泵装置的水动力特性，优化了格栅、进水流道、喷口等部件，着重从流动和水力特性等方面阐述格栅、进水流道、推进泵、喷口等部件对水动力特性的影响，并较为系统地介绍了喷水推进泵及泵装置的汽蚀空化特性。

本书可供水利、船舶、机械、海洋、动力等相关专业的师生、工程技术人员和科研人员阅读和参考。

图书在版编目（CIP）数据

喷水推进泵及泵装置水动力特性 / 成立等著. -- 北京：中国水利水电出版社，2017.12
ISBN 978-7-5170-6131-1

Ⅰ. ①喷… Ⅱ. ①成… Ⅲ. ①喷水推进器－水动力学 Ⅳ. ①U664.34

中国版本图书馆CIP数据核字(2017)第300303号

书　　名	**喷水推进泵及泵装置水动力特性** PENSHUI TUIJINBENG JI BENGZHUANGZHI SHUIDONGLI TEXING
作　　者	成立　罗灿　李尚红　刘必伟　顾巍　夏臣智　著
出版发行	中国水利水电出版社 （北京市海淀区玉渊潭南路1号D座　100038） 网址：www.waterpub.com.cn E-mail: sales@waterpub.com.cn 电话：（010）68367658（营销中心）
经　　售	北京科水图书销售中心（零售） 电话：（010）88383994、63202643、68545874 全国各地新华书店和相关出版物销售网点
排　　版	中国水利水电出版社微机排版中心
印　　刷	北京博图彩色印刷有限公司
规　　格	184mm×260mm　16开本　10印张　237千字
版　　次	2017年12月第1版　2017年12月第1次印刷
定　　价	88.00元

凡购买我社图书，如有缺页、倒页、脱页的，本社营销中心负责调换

版权所有·侵权必究

前言 Preface

21世纪是海洋世纪，海洋中蕴藏着丰富的自然资源。我国不仅拥有960万 km^2 的陆地面积，还拥有300万 km^2 的海洋领土。我国海岸线绵长，北起渤海湾，南至南中国海。随着我国经济发展和国力提升，如何有效保障我国领海主权、资源和远洋贸易安全是放在我们面前急需解决的课题和挑战。我国造船业的发展与目标紧密相关，需要放在战略的层面上考虑和发展。

中华人民共和国成立以来，我国造船业发展迅速，特别是进入21世纪，我国制造业的全面爆发，也带动了造船业进入了新的发展轨道。截至2014年，我国生产船舶的市场份额已居世界第一，国际船舶制造呈现出中、日、韩三国鼎立局面。但依然要清醒地认识到，我国的造船技术水平与发达国家还有较大差距，亟待提升。为此，我国政府制定了《中国制造2025》，文件指出"十二五"期间，中国高端设备制造主要着眼于基础零部件和关键元器件，"十三五"期间则主要聚焦在高端设备方面，其中"海洋工程设备及高技术船舶"赫然在列。

根据工作原理，船舶有多种分类，其中存在这样一类特殊船舶——喷水推进船舶。它不同于螺旋桨推进船舶，而是通过将水流高速喷出产生的反作用力推动船舶航行。喷水推进泵装置将水流从船底引入，通过推进泵进行加速喷出，用动量变化获得推力。它具有传动机构简单、水下噪声低、操纵性好等优点，因此在高速船艇中得到了越来越广泛的应用，可军用，也可民用。目前，该装置的先进技术控制在北欧、澳洲、北美和日本等濒海发达地区和国家的手中，并对我国进行了一定技术封锁。作者对近期的研究成果进行了整理，完成了本书的内容。重点介绍喷水推进泵装置水力优化，分析装置性能，从而丰富和推动喷水推进装置学术与应用研究水平提升。

本书的研究对象、研究内容和相关结论如下：

（1）喷水推进泵装置进水流道参数化建模。实现参数化建模可以大大缩短研究周期，提高效率，但喷水推进泵装置进水流道参数众多，独立几何参数与关联几何参数关系复杂。针对这个问题，提出了 UG NX 建模平台联合 ICEM CFD 网格划分平台的解决办法。首先在 UG NX 建模平台中关联13个参数完成进水流道参数化建模与喷泵装配，然后在 ICEM CFD 中研究进水流道网格划分技巧，最后提出了以 ANSYS WB 为平台的一体化网格划分和以块方式网格划分两种方法，并给出网格划分实例。

(2) 喷水推进泵装置进水流道水力优化。进水流道是将船底水吸入推进泵的过流通道，其水力性能对喷水推进泵装置抗空化性能和振动与噪声性能影响显著。单独考虑进水流道，分析了进速比 IVR、航速流动参数与长度、倾角及唇角构造几何参数对进水流道水力性能的影响，总结其流动特性，获得优化方案。具体结论如下：①低 IVR 时进水流道不易空化，出流均匀性能较差；高 IVR 时进水流道空化严重，出流均匀性能较好；在 IVR 为 0.83～0.94 工况下综合水力性能优良；②进水流道水力性能的优劣与航速有一定相关性，并受到航速的限制；航速越大，进水流道出流均匀性能有所提高，但其空化范围越广；③改变进水流道长度，长度不够会引起漩涡等不良流态，进水流道长度为 6.38D 时综合性能较佳；④改变进水流道入流倾角，倾角在 30°～35°时，水力性能较佳，出流均匀性较好，超出此范围，进水流道内部大面积空化，水力性能下降，当倾角为 35°时水力性能最优；⑤改变进水流道唇角构造，壁面压力随着唇角构造变化影响较大，唇角越尖锐，进水流道抗空化性能越好。进水流道优化方案几何参数分别为：长度 L 为 6.38D，入流倾角 α 为 35°，上缘唇角 4°。

(3) 喷水推进泵段水力性能。作为喷水推进泵装置的核心部件，推进泵的性能一直是人们关注的对象。采用数值模拟获得了装置性能，并与实验结果进行对比，二者吻合度很好，数值模拟结果可信。考虑推进泵的实际运行情况，对原实验推进泵进行了改进，并通过计算，获得了修改后的推进泵在不同流量工况点下的水力性能。研究表明，在小流量工况时，推进泵段内流态较差；在设计流量工况时，流态逐步变好；在大流量工况时，泵内流态较好。借此，也进一步凸显了数值模拟在研发和生产中周期短的优势。

(4) 喷水推进泵装置喷口水力性能。喷口是喷水推进泵装置产生推力的重要部件，可分为矢量和非矢量两类。本书以非矢量常规喷口展开研究，根据其几何特征，分别从喷口面积、形状和出口过渡段形式 3 个方面进行数值模拟分析。结果表明：①当喷口面积为推进泵段叶轮室出口面积的 0.15 倍时，装置推力最大；②在最大推力对应喷口面积条件下，对比分析椭圆形、方形和倒角方形喷口的性能发现，方形与椭圆形长短轴比值大小对装置性能影响较小，倒角方形的长宽比对装置的性能影响较小，喷口为圆形时，可获得最大推力，且水力性能较好；③喷口曲线过渡段形式为直线渐缩过渡时，其对应系统推力及水力性能均优于其他形式。

(5) 基于喷水推进泵装置的进水流道水力优化。考虑到进水流道在无喷泵情况下无法获得喷水推进泵装置推力、系统效率等水力性能，因此，基于整体喷水推进泵装置与实际情况更为接近。进水流道在装配喷泵情况下，分析了航速、转速流动参数与长度、倾角几何参数对泵装置水力性能的影响，获得进水流道不同参数范围。基于 CFD 优化喷水推进泵装置进水流道流动参数。随着航速、转速的增大，喷水推进泵装置系统效率先增大后减小，推力一直增大；在航速 10m/s，转速 n/n_d 为 2.71 系统效率达到最高点；在最优工况下，喷水推进泵装置内部流态良好，出流均匀性较佳。首先，改变进水流道长度；缩短长度，喷水推进泵装置推力、系统效率下降，但幅度很小；长度不是影响喷水推进泵装置水力性能的关键几何参数。最后，改变进水流道倾角；随着倾角降低，喷水推进泵装置推力没有提高；在倾角25°出现漩涡等不良流态，泵装置系统效率最小；倾角是影响喷水推进泵装置水力性能关键几何参数之一。因此，研究表明进水流道在长度6D左右、倾角在27°～35°及唇角构造尖锐等几何参数下，泵装置水力性能较佳，评价指标变化较小。

(6) 喷水推进泵装置整体水力性能。喷水推进泵装置在不同工况具有不同的特性，为此建立了包括进水流道、推进泵、喷口和船底水体的整体喷水推进泵装置，得到全流场数据，对装置的水力性能、推力特性和内流特性等进行了分析。发现：①随着泵转速增大，装置推力和进速比均增大，进水流道所受压力分布逐渐变的均匀，流道出水管处所受压力逐步变小；②流道进口断面到方变圆断面的水力损失占进水流道总损失的比例最大，随着流量的增大，该比例减小，其他分段的水力损失占流道总损失的比例则随流量的增大变大；③喷水推进泵装置的轴向力会随着流量的增大而减小；④小流量工况下，叶槽出口处有展向涡发生，所取剖面上有径向涡的发生，并且叶顶附近由于压差的存在可见明显的泄漏涡，随着流量的增大，这些涡都逐渐缩小直至消失。

(7) 喷水推进泵装置进口格栅水力优化。我国近海监控数据表明，塑料等表面漂浮杂物越来越多，航行环境不断恶化，不利于喷水推进泵装置的正常运行，需要考虑装设格栅等防护措施，开展格栅性能的研究十分必要。但是格栅性能的影响因素很多，着重分析了安装角、流量等与装置性能间的关系，得到一系列成果如下：①最优工况下，安装角为0°时，推进泵扬程最高，随着安装角的增加，扬程变小，与0°相比，20°的推进泵扬程下降了2.64%，但在该安装角下，装置扬程仍略高于无格栅装置，约为0.31%；②在小流量工况（$0.33Q_{BEP}$）到最优工况（Q_{BEP}）的过程中，各格栅安装角下的推进泵效率相差很小，各流量效率曲线基本重合；随着流量的进一步增加，在$1.17Q_{BEP}$处，安装角为20°的格栅方案效率比其他方案略大，该差值在大流量工况（$1.33Q_{BEP}$）下达到最大，为3.6%；③各安装角度下，推进泵的水力性能基本相当；④综合考虑不同安装角下喷水推进泵装置的内流场特性、推力性能和水力性能，安装角为5°时，整体性能较其他安装角方案优越，拟将5°作为格栅的推荐安装角。

(8) 喷水推进泵装置空化性能。在某些特殊工况下，如"低航速、高转速"会产生空化问题。空化会导致推进泵轴功率增大或流量、扬程、效率下降与推力减小等现象，同时泵内还会导致噪声、振动，影响喷水推进装置系统效率。本书基于CFD数值模拟方法对喷水推进泵及泵装置的水力性能和空化进行模拟、预测和分析。研究结果对改善喷水推进泵装置抗空化性能和在运行中避免空化发生提供了理论依据，对进一步提高喷水推进泵装置的水力性能，改进喷水推进泵装置设计有一定实际意义和应用价值。由于分析泵内空化不能完全反映泵装置空化特性，因此需对整个喷水推进泵装置进行CFD空化模拟研究。通过分析不同工况下推进泵段叶轮的空化形式、空化发生区域和发展趋势以及空化对推进泵扬程、效率的影响，预测推进泵叶轮空化性能。数值计算表明，装置进水结构使得叶轮进口的流态出现不均匀分布，导致叶轮空化区域产生不规则变化，降低了推进泵装置有效空化余量，使其空化性能降低。当空化余量小于 1.15m 时，进水口唇部、传动轴上下方弯曲连接段和扩散段均发生空化。为了更准确分析不同流道形式和运行工况对喷水推进泵装置空化特性的影响，选取了 3 个不同形式流道对喷水推进泵装置进行 CFD 空化模拟，分析不同进速比（IVR）下喷水推进泵装置的空化性能。计算结果显示，IVR 大于 1.29 时，喷水推进泵装置内空化性能较好；当 IVR 小于 1.29 时，随着进速比的减小装置内空化区域范围逐渐扩大，表明高转速低航速下泵装置空化性能较差。进水流道高度的增加，导致喷水推进泵的安装高度增大，有效空化余量减小，抗空化性能下降。

在本书写作过程中，得到了刘超、汤方平、周济人、张俊桂、杨华、金燕、杨帆等领导、老师的关心和帮助，并提出了许多中肯意见，对著者启发很大。苏叶平、商邑楠、袁红彦参与完成相关课题研究工作，在此一并表示衷心感谢。

本书相关研究成果得到了国家自然科学基金（51779214）、江苏省高校优势序列学科建设工程、江苏省青蓝工程中青年学术带头人项目、江苏省青年自然科学基金项目（BK20170507）、江苏省六大人才高峰计划（2015－JXQC－007）、江苏省产学研前瞻性联合项目（BY2015061－12）、江苏省水利重点项目（2016035）、江苏省高等学校自然科学研究面上项目（17KJD580003）、江苏省博士后科研资助计划（1701189B）、盐城 515 领军人才计划、扬州大学拔尖人才计划、扬州大学科技创新培育基金（2017CXJ047）、扬州大学博士后基金资助。

作者
2017 年 9 月

符号表

u	X方向速度	α	边界层影响系数
v	Y方向速度	H	扬程
w	Z方向速度	Q	流量
div	散度	P	静压
p	压力	T	扭矩
$F_{x,y,z}$	体积力	N	功率
ρ	密度	g	重力加速度
τ	黏性剪切力	n	转速
ν_t	紊动黏性系数	$A_{叶出}$	叶轮室出口面积
Q_k	湍动能	a/b	长短轴比、长宽比
μ_t	湍流黏度	η_c	系统推进效率
D	进水流道出口直径	K_1	管道损失系数
D_1	泵轴直径	v_{out}	喷口轴向速度
IVR	进速比	F_T	推力
v_{pump}	流道出口速度	$H_{f(n-m)}$	水力损失
v_s	航速	P_m, P_n	断面总压
V_u	速度分布均匀度	n, m	断面号
θ	加权平均角	F'	相对轴向力
$\overline{u_a}$	平均轴向速度	Q'	相对流量
u_{ai}	各单元轴向速度	v_{in}	流道进口流速
u_{ti}	各单元横向速度	P_{in}	推进泵进口总压
m	单元数	P_{out}	推进泵出口总压
C_P	压力系数	V_{an}	法向速度分布均匀度
P_{ref}	参考压力	v_n	平均法向速度
η_{inlet}	流道效率	A_{nozzle}	喷口面积
E_{inlet}	进口总能	v_{out}	喷口速度
$E_{CaptureArea}$	断面1A总能量	γ	格栅安装角
L	流道长度	P_V	汽化压强
σ	空泡表面张力	P_{local}	进口断面总压
NPSHa	有效空化余量	Span	翼展
p_∞	环境压力	ω	伴流系数
ε	湍动能耗散	ε_c	进水流道损失系数

目 录
Contents

前言

第 1 章 绪论 ... 1
1.1 研究目的及意义 ... 1
1.2 喷水推进泵装置组成 ... 1
1.3 国内外研究进展 ... 2

第 2 章 流场数值模拟基本理论与方法 ... 6
2.1 控制方程 ... 6
2.2 控制方程离散 ... 7
2.3 湍流模型 ... 8
2.4 网格剖分 ... 10
2.5 边界条件设置 ... 12
2.6 求解设置 ... 12
2.7 本章小结 ... 13

第 3 章 喷水推进泵装置进水流道参数化建模 ... 14
3.1 UG NX 软件参数化及装配技术 ... 14
3.2 ICEM CFD 网格划分技术 ... 15
3.3 喷水推进泵装置进水流道参数化建模 ... 15
3.4 喷水推进泵装置进水流道网格参数化 ... 17
3.5 喷水推进泵装置网格划分实例 ... 18
3.6 网格无关性分析 ... 20
3.7 本章小结 ... 21

第 4 章 喷水推进泵装置进水流道水力优化 ... 22
4.1 引言 ... 22
4.2 数学模型及计算网格 ... 22
4.3 边界条件设置 ... 23
4.4 进水流道优化目标函数 ... 23
4.5 流动参数优化 ... 25
4.6 几何参数优化 ... 33
4.7 本章小结 ... 42

第 5 章 喷水推进泵叶轮水力性能和流动特性 …… 44
5.1 引言 …… 44
5.2 试验用泵段水力性能数值模拟 …… 44
5.3 推进泵段水力性能数值模拟 …… 48
5.4 本章小结 …… 53

第 6 章 喷口对喷水推进泵装置水力性能的影响 …… 55
6.1 研究方案 …… 55
6.2 喷口尺寸对喷水推进泵装置性能影响 …… 56
6.3 喷口形状对喷水推进泵装置水力性能影响 …… 62
6.4 喷口出口段过渡曲线形式对装置性能影响 …… 69
6.5 不同航速下对泵装置的性能影响 …… 71
6.6 不同喷口形式不同工况下泵装置的水力性能 …… 74
6.7 本章小结 …… 75

第 7 章 基于喷水推进泵装置的进水流道水力优化 …… 77
7.1 数学模型及计算网格 …… 77
7.2 边界条件设置 …… 78
7.3 喷水推进泵装置优化目标函数 …… 78
7.4 流动参数优化 …… 79
7.5 几何参数优化 …… 82
7.6 本章小结 …… 86

第 8 章 喷水推进泵装置水力性能和流动特性 …… 87
8.1 计算域及网格 …… 87
8.2 边界条件 …… 89
8.3 计算结果分析 …… 89
8.4 本章小结 …… 99

第 9 章 喷水推进泵装置进水格栅水力特性 …… 101
9.1 计算模型及数值模拟 …… 101
9.2 水力性能评判指标 …… 102
9.3 结果分析 …… 103
9.4 本章小结 …… 106

第 10 章 喷水推进泵叶轮空化特性 …… 107
10.1 计算模型 …… 107

  10.2 求解设置 …………………………………………………………… 108
  10.3 计算结果及分析 ………………………………………………… 109
  10.4 本章小结 ………………………………………………………… 127

第11章 喷水推进泵装置空化性能 129

  11.1 静压型进水口对推进泵装置空化性能影响 …………………… 129
  11.2 不同形式流道喷水推进泵装置空化特性 ……………………… 133
  11.3 本章小结 ………………………………………………………… 142

参考文献 143

第 1 章
绪 论

1.1 研究目的及意义

喷水推进（waterjet propulsion）泵装置是一种有别于螺旋桨推进的新型特种动力装置。喷水推进的推力是通过推进水泵喷出水流的反作用力来获得的，并通过操纵舵及倒车装置分配和改变喷流的方向来实现船舶的操纵。各国针对喷水推进泵装置的推力、功率、效率等的理论计算、喷水推进性能的仿真研究、装置模型试验和海上试验、喷水推进器与船体的相互作用和喷水推进泵装置的总体设计和选配等方面进行了大量的研究和试验，使得喷水推进泵装置在滑行艇、穿浪艇等高性能舰船上得到了广泛的应用。并且随着研究的广泛和深入，又陆续出现了很多新型的喷水推进器及装置。由于社会发展需求及人们生活水平的提高等因素，现有喷水推进泵装置在速度、效率、适用性等方面的研究设计还存在许多不足，其性能还有待进一步提高，因此改进喷水推进泵装置水力性能显得非常有研究价值和意义。

本书基于 CFD 数值模拟方法对喷水推进泵及泵装置的水力性能及空化进行模拟、预测和分析。研究结果对进一步提高喷水推进泵装置的水力性能和稳定性，改进喷水推进泵装置设计有一定学术意义和应用价值。

1.2 喷水推进泵装置组成

喷水推进泵装置主要由进水流道、推进泵、喷口及倒车装置组成[1]（图 1.1）。

1. 进水流道

进水流道是喷水推进泵装置的主要构成部件之一，其功能是将船底的水传递给推进泵，它的性能会直接影响到整个喷水推进系统的性能。进水流道的吸水端在船舶底部，为了避免一些漂浮杂物进入泵内，影响泵的性能，在进水流道吸水口处一般均装有格栅。对进水流道进行设计时，要求其在任何工况下都产生较高效率，并具有出流均匀、流动损失

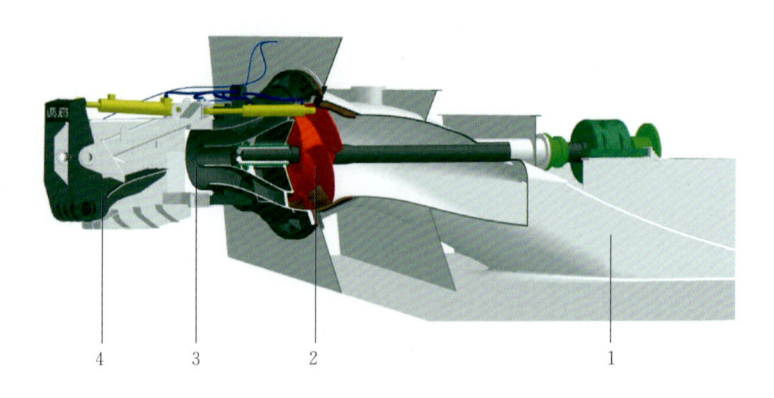

图 1.1 喷水推进泵装置示意图

1—进水流道；2—推进泵；3—喷口；4—倒车装置

小以及适应变工况能力强等特性。其影响因素主要有进速比、边界层影响系数、管道损失系数等[2]。

2. 推进泵

推进泵是喷水推进系统核心部件，常采用混流泵和轴流泵泵型，由叶轮、导叶体、进口段和出口段四部分组成。其主要作用是将旋转机械能转换为被抽送液体的动能、势能和压能。在实际应用中，一般对泵的要求有：抗汽蚀性较好、效率高等。

3. 喷口

因喷水推进泵装置需要喷口将推进泵产生的机械能转换为动能等，因此喷口的主要作用是将水流喷出以产生推力。喷口主要有两种形状，外收缩型和内收缩型。当前，大部分采用外收缩型喷口[3]。另外，矢量型喷口已被研制出来，主要可分为箱型矢量喷口和球面矢量喷口两种[4]。由于喷口是在高压、高交变力环境下工作，因此对喷口部分的密封性、强度、耐腐蚀性及使用可靠性等性能方面均有较高的要求。

4. 倒车装置

操舵倒车装置主要是船体用来倒车和转弯用的。其性能好坏会直接影响喷水推进装置操控性能。该机构由操舵喷口、倒车扇斗上颚、倒车序斗下颚及液压油缸等部件组成。船舶转变航向主要是通过液压油缸的作用，使两边的舷进行左右转动而实现的。

1.3 国内外研究进展

1661 年，英国人图古德和海斯最早发明了喷水推进泵装置。20 世纪 80 年代末至今，由于喷水推进技术的优越性，有更多高速渡船和商用船舶以及军用舰船采用喷水推进泵装置。国内外学者对喷水推进装置进行了大量的试验研究和数值模拟研究。

1.3.1 试验研究

Jong-Woo Ahn[5]为检验所设计的混流泵，使用泵的测试装置进行试验和分析，以验证 CFD 预报的性能，并进行了空泡水筒试验，测量结果与 CFD 软件预报的结果吻合良好。T. E. Taylor 和 R. W. Kimball[6]应用耦合升力面和 RANS 方法设计了一个新的喷水推进泵，同时制造了一个泵的模型，并在麻省理工学院进行船舶水动力试验。J. L. Roberts 和 G. L. Walker[7] 做了关于"边界层对平进口喷水推进泵装置吸水的影响"的试验研究，试验在闭式循环风洞中进行。Terwisga[8] 对船体、进口和射流之间复杂的相互作用进行了研究，并采用喷水推进器来驱动滑行船体进行模型试验。汤方平[9] 等通过三维紊流数值计算和模型试验研究后导叶对轴流泵整体性能的影响，研究显示，叶轮和导叶之间的轴向间隙为某一值时，后导叶对叶轮性能几乎没有影响。

1.3.2 数值模拟研究

20世纪90年代计算流体力学（CFD）商用软件出现，由于其模拟计算结果与试验结果较为一致，并且具有成本低、易操作等的特点，所以在喷水推进器的设计和研究方面得到了广泛的应用；瓦锡兰公司的 N. W. H. Bulten 和 R. Verbeek[10] 用商业 CFD 软件对整个喷水推进系统进行了数值计算和结果分析，用 MFR 方法计算得到的推力和力矩值与瓦锡兰公司内部计算喷水推进泵装置推力和力矩的方法得到的结果吻合较好。

为了提高喷水推进泵装置的效率以及增强其广泛应用性，部分学者专门针对于喷水推进泵装置的某一部分开展了较为深入的模拟研究，主要包括以下几个方面。

1. 喷水推进器整体水动力性能影响因素

胡健[11] 等为了提高喷水推进器的水动力性能，用数值方法研究了不同参数对喷水推进水动力性能的影响计算结果说明，对叶数、叶片安装角、轮毂比等进行优化选择可以大大地提高喷水推进器的水动力性能；孙存楼[12] 等为进一步深入研究喷水推进器的性能，讨论了计算流体力学作为一种先进手段在喷水推进器设计和性能分析中的应用。借助 CFD 工具，可在模型试验之前对喷水推进器的设计进行深入分析和优化设计，还可完成性能预报。

黄斌[13] 等为了解决喷水推进船在各种工况下喷泵工作在气蚀区的问题，利用 Simulink 与 MFC（Microsoft Foundation Class）集成的方法开发出了可用于制定喷水推进泵装置在回转、加速等工况下，避免喷泵在空化区运行的工作制的仿真程序；刘承江[14] 等采用计算流体动力学（CFD）方法模拟了某典型喷水推进器和螺旋桨周围流场，得到流场随进速比的变化规律；刘承江[15] 等采用 CFD 方法对喷水推进器进行性能预报与分析，确定喷水推进器性能数值预报所需流场控制体的大小；丁江明[16] 等采用结构化网格与非结构化网格相结合的方式划分了喷水推进系统的流场区域，采用稳态多参考系方法进行了数值计算。计算结果表明，采用 CFD 手段计算和分析喷水推进系统包括推力在内的各项性能指标是可行的。

2. 进水流道水力特性及优化

近年来，Verbeek 和 Butlen，Hu 和 Zangeneh[16] 提出一些关于平进口性能的研究，作为 AMECRC 喷水推进研究项目的一部分；Robert 和 Seil[17] 主持了平进口流动的数值研究；刘润闻[18] 等应用 CFD 技术对平进口式喷水推进系统的三维流动进行了数值模拟。数值分析结果表明，进水管道入口唇角位置适当靠前且唇缘相对尖锐有利于改善进水管道的流动性能；汤苏林[19] 等应用流体计算软件 FLUENT 计算了椭圆形平进水口喷水推进器进水管内流场，并研究了 IVR 对流场的影响和不同 IVR 情况下产生气穴现象的可能性；

Svensson 曾就平进口的喷水推进器导致船尾静压升高这一现象进行过研究；魏应三[20]等对某平进口式喷水推进器进水流道，在其纵向总长度、宽、高给定的条件下，建立了倾角不同的 6 种流道模型。

丁江明[21]等提出了喷水推进器进水流道的一种参数化设计方法。将流道几何的参数化建模与流体动力性能的数值计算联合使用能够实现综合流体动力性能优良的进水流道的快速设计。该参数化设计方法用于某喷水推进艇进水流道改进设计时取得了良好效果；吴民权[22]等提出了设计低损失进口管道的一些原则；孙存楼[23]考虑了船体边界层对进口动量和来流动能的影响，并用数学方法表示了这些影响。

3. 推进泵水力性能及优化

常书平[24]等基于 Matlab-Simulink 平台开发了一套混流式喷水推进泵参数化水力设计程序，能快速优质完成混流式喷水推进泵设计时轴面投影图绘制、过流面积检查、流网绘制和逐点积分法叶片绘型等环节；杨琼方[25]等通过联合数值模拟求得设计转速下泵扬程-流量和效率-流量曲线和泵相似定理，计算得到混流式喷水推进泵量纲为 1 的特性曲线。进一步由计算流体动力学（CFD）计算得到空化条件下泵扬程和效率随吸口比转速变化的修正函数曲线；杨琼方[26]等以典型 CAD 软件 UG 为工具，完成某种混流式喷水推进泵的几何建模，应用计算流体动力学程序对上述模型进行数值计算。在设计工况和非设计工况下计算所得该混流泵性能参数均与设计所提供值有较好的一致性；曾文德[27]等针对混流式喷水推进器采用数值方法研究其流体动力性能并分析内部流场特性。

吴刚[28]等针对喷水推进轴流泵的叶轮受力进行了较为详尽的分析，并分别推出了等环量和变环量设计下的强度校核公式，可供设计人员使用；靳栓宝[29]等在一定的流量、转速和扬程下，分析叶轮水动力性能的主要几何参数，再采用升力法对叶轮进行水力设计。最后用 CFD 方法进行数值模拟计算。计算结果表明：水力效率和扬程均满足设计要求。宋少雷[30]等基于 Navier-Stokes 方程组和标准 k-ε 湍流模型，采用 SIMPLEC 算法对喷水推进轴流泵流场进行数值模拟，预测泵的效率及扬程，并分析不同工况下泵内部压力场、速度场的分布情况；刘承江[31]等采用 CFD 方法对某喷水推进双级轴流泵流体动力性能进行预报，通过与实验结果的对比确认了该方法的可信性。计算结果表明，改进后导叶的整流性能得到改善；叶方明[32]等研究了带后置导叶的喷水推进轴流泵的三维流场，模拟结果表明，导叶出口面上轴向速度与圆周速度的分布不均匀。另外，李晓晖[33]等介绍了一种采用容积式液压泵进行喷射推进的新型喷水推进器的基本原理和结构特点，并对这种新型喷水推进器的应用做了预测和探索。

4. 喷口

王长涛[34]等研究了通过控制泵转速控制喷水推进系统推力。指出在阀控模式下，在喷水泵特性曲线不变的前提下，喷口截面积决定了产生推力的大小，且具有极值点（仿真曲线中当喷口直径为某一值时可以得到最大推力）；在泵控模式下，保持喷口截面积不变的前提下，喷水泵的特性曲线决定了推力的大小，即喷水泵的转速决定了推力的大小。李慧敏[35]等通过吹风试验结果，取喷口形状的过渡曲线为双扭曲线，则实际的水力损失很小，初估可以忽略不计；金平仲[3]等通过理论推导得出了喷口的最佳喷射方向，探讨了最佳喷口形状以及分析了可调面积喷口的应用；胡德生[36]等采用船模斜拖试验获取平移操纵时船体水动力特性变化规律，然后求解喷水推进器在各种航速、转速、倒车斗位置以及喷口转向角条件下的推力。高双[4]利用推力矢量模型和船舶运动模型，分析了喷口角度变化和水泵转速变化对船舶纵向推力损失和转向力矩损失的影响，得到不同推力、不同喷口转角与船舶的转向速度、横倾角度和航速变化的关系，通过限制转向过程中的横倾角度，给出船舶安全机动时的喷口转动角度。

5. 倒车操控研究

丁江明[37]等建立了一个基于 Matlab/Simulink 软件的喷水推进双体船回转操纵性数学模型。孙存楼[38]等为预防喷水推进器在空化状态工作，对喷水推进船转弯、加速及部分推进器工作时的性能进行了研究；李冬荔[39]等针对黏性流场中船舶操纵性能预报问题，采用 FLUENT 动网格技术以及后处理系统，实现了对大型船舶操纵相关水动力特性进行数值计算。

6. 新型喷水推进器研发

杨萍[40]等利用行星轮系设计一种适用于工作在浅水区域的小型快速水下机器人及某些水上小型舰船的高效喷水推进器机构。运用 Pro/E 中的动态机构分析及仿真模块对推进装置进行动态分析，验证推进装置运动学分析的正确性和推进器工作原理的可行性。美国海军已服役的 2 艘新型濒海战斗舰"独立号""自由号"都选用了喷水推进，新型驱逐舰的演示舰 Sea-Jet 也选用了一种先进的全浸式喷水推进器——AWJ-21[41]。

近年来，俄罗斯、美国等国家研制出一些能满足特殊性能的新型喷水推进泵装置，具有代表性的有：俄罗斯研制机构研制的有较大沉深并装有防护罩的通气喷水推进器；美国设计的能在较高的吸入比转速下运行的轴流诱导轮喷水推进器；Bill Lawson 主持研发的用于船长小于 9.15m 的救生船用舷外式推进装置和韩国釜山国立大学的 M. C. Kim 等人员为两栖轮式车辆设计了吊舱式喷水推进器等。据瑞典 MJP 喷水推进器公司近日报道：第一艘配套新的 MJP650CSUI 喷水推进器的法国 EDA-R 登陆艇最近已经成功交付法国海军。

综上所述，由于喷水推进泵装置具有效率高、噪声小等优点，被广泛应用于高速艇和舰船上。国内外学者开展了喷水推进泵装置试验、优化设计数值模拟研究，取得了应用于实践的成果。

第 2 章
流场数值模拟基本理论与方法

在本书中，数值模拟研究的主要对象喷水推进泵装置是较为复杂的区域，通常借助于数值解，也即为把计算域内的有限个离散的节点上的变量求解出来。这就需要将方程组和计算域进行离散化处理。离散化方法有多种，且方法的不同会直接影响到计算结果，这就要涉及离散方法的选取以及数值模拟方法的选取。另外，不同的湍流模型所针对问题的重点不同，因此需进行湍流模型的比较和选取。

2.1 控制方程

所有流体的流动过程都要遵循质量守恒、动量守恒和能量守恒三大定律。流体流动的控制方程是一组由连续性方程、运动方程和能量方程构成的微分方程，它们反映了流动过程严格遵守质量守恒、动量守恒、能量守恒的物理本质。

2.1.1 连续性方程

在数值模拟喷水推进泵装置喷泵时，流动须遵循质量守恒定律。该定律可简单地描述为：dt 时间内流出微元体的净质量，一定等于在同一时间间隔内该微元体由于密度变化造成的净减质量。方程表示如下：

$$\frac{\partial \rho}{\partial t} + \frac{\partial (\rho u)}{\partial x} + \frac{\partial (\rho v)}{\partial y} + \frac{\partial (\rho w)}{\partial z} = 0 \tag{2.1}$$

式中：ρu、ρv、ρw 分别为沿 x、y、z 坐标方向微分原体表面单位面积的质量流量，并取流出为正号。

在定常条件下，式（2.1）又可表示为

$$\mathrm{div}(\rho \bar{v}) = 0 \tag{2.2}$$

即任意时刻流进和流出微元体的体积流量总和等于零。

2.1.2 动量方程

如前所述，动量方程反映了流动过程中动量守恒的性质。根据牛顿第二定律，微元体所受的合外力等于微元体动量的变化值。这里可把动量变化值看成微元体的惯性力，所以动量方程也即为反映了微元流体所受的外力与惯性力之间的平衡，有时也可称为运动方程。

根据动量守恒定律，可以推导出 x、y、z 几个方向的动量守恒方程，即 Navier-Stokes 方程[42]：

$$\frac{\partial(\rho u)}{\partial t} + \mathrm{div}(\rho u \bar{u}) = -\frac{\partial p}{\partial x} + \frac{\partial \tau_{xx}}{\partial x} + \frac{\partial \tau_{yx}}{\partial y} + \frac{\partial \tau_{zx}}{\partial z} + F_x \tag{2.3}$$

$$\frac{\partial(\rho v)}{\partial t} + \mathrm{div}(\rho v \bar{u}) = -\frac{\partial p}{\partial y} + \frac{\partial \tau_{xy}}{\partial x} + \frac{\partial \tau_{yy}}{\partial y} + \frac{\partial \tau_{zy}}{\partial z} + F_y \tag{2.4}$$

$$\frac{\partial(\rho w)}{\partial t} + \mathrm{div}(\rho w \bar{u}) = -\frac{\partial p}{\partial z} + \frac{\partial \tau_{xz}}{\partial x} + \frac{\partial \tau_{yz}}{\partial y} + \frac{\partial \tau_{zz}}{\partial z} + F_z \tag{2.5}$$

上式是对于任何形式的流体均适用。由于本书的研究对象是牛顿流体，将上式简化后得流体动量方程如下：

$$\frac{\partial(\rho u_i)}{\partial t} + \frac{\partial(\rho u_i u_j)}{\partial x_j} = \frac{\partial}{\partial x_j}\left[\mu\left(\frac{\partial u_i}{\partial x_j} + \frac{\partial u_j}{\partial x_i}\right)\right] - \frac{\partial p}{\partial x_i} + F_i \tag{2.6}$$

式中：ρ 为流体密度；p 为作用于流体微元体上的压力；τ 为牛顿流体作一维剪切流动时流体的黏性剪切力；τ_{xx}、τ_{xy}、τ_{xz} 等分别为作用在微元体表面上的黏性应力的分量；F_x、F_y、F_z 为流体微元体上的体积力。

2.1.3 湍流时均方程

对于工程实际中常见的湍流问题，比较关心的是湍流的时均性质。时均流动的动量方程如下：

$$\frac{\partial \bar{U}_i}{\partial t} + \bar{U}_j\left(\frac{\partial \bar{U}_i}{\partial x_j}\right) = -\frac{1}{\rho}\frac{\partial \bar{P}}{\partial x_i} + v_t\left(\frac{\partial^2 \bar{U}_i}{\partial x_j \partial x_j}\right) + B_i \tag{2.7}$$

式中：v_t 为紊动黏性系数；字母上方的横线表示时均值。

对于所有的流体控制微分方程，他们都有一个共性，即为：都描写了单位质量流体的某个物理量在输运过程中的守恒原理。例如，动量方程描写的是动量的守恒原理，方程的因变量是单位质量的动量，也即为流体的速度；连续性方程描写了质量的守恒原理，对单位质量来说，其质量就是 1。所以在连续性方程中，除了物理参数 ρ 以外，没有其他因变量。

2.2 控制方程离散

如前所述，想要求解得到流体流动的控制方程组的解析解非常难，这时我们就要求助于数值解，并通过把计算域内的有限个离散的节点上的变量求解出来，而后得到其近似解。这样就需要将方程组和计算域进行离散化处理。

2.2.1 方程离散

对流体控制方程的离散主要分为两个步骤。第一，要将连续的计算域用网格形式划分为有限个离散控制点集，然后将其微分方程以及定解条件转化到网格节点上，并得出相应的代数方程组，这就是离散方程组；第二，运用计算机求解离散方程组，得到节点上的解。整个过程在 CFD 软件中就体现为网格的划分，边界条件的设置以及计算机的求解。

2.2.2 离散方法

在流体力学中，常见的离散方法主要有 4 种：即有限差分法（Finite Difference Method，FDM）、有限元法（Finite Element Method，FEM）、有限体积法（控制体积法）(Finite Volume Method，FVM)、有限分析法（Finite Analytic Method）。无论是哪种方法，其基本思想都是将连续的定解区域离散为有限个小区域，然后对每个小区域求解，最后合并得整个区域的解。

其中从有限元的基本方法派生出来的方法很多，则称为三维单元。如有限条法、边界元法、杂交元法、非协调元法和拟协调元法等，用以解决特殊的问题。

有限分析法是在有限元法的基础上的一种改进，是在 20 世纪 70 年代由美籍华人陈景仁提出来的。该方法是在局部单元上线性化微分方程和插值近似边界的条件下，在局部单元上求微分方程的解析解，而构成整体的线性代数方程组。

2.3 湍流模型

湍流是自然界中普遍存在的流体流动状态，是流体在流动域内随时间与空间的波动组成，是一个三维、非稳态且具有较大规模的复杂过程。英国物理学家雷诺（Reynolds）1883 年由实验提出湍流这一基本流动形态。所谓湍流模型就是把湍流的雷诺应力与时均值联系起来的一些特定关系式[43]。

本书基于大型 CFD 软件 CFX 对喷水推进泵周围流场进行数值模拟。该流场是一种比较复杂的三维流动。CFX 中引入了大量的湍流模型，但目前在工程计算中存在多种湍流模型，而且大都有其适用的范围，还不存在一个通用的湍流模型。所以用该软件计算时，就会牵涉到湍流模型的选取问题。不同的湍流模型所针对的主要问题不同，现简要的介绍几种常用模型。

2.3.1 标准 k-ε 模型

标准 k-ε 湍流模型是由 Launder 和 Spalding 于 1972 年提出的。它是将速度与长度分开进行求解，主要是求解湍流动能方程和湍流耗散率的输运方程，并建立它们与湍流涡黏系数的关系。k-ε 模型适合绝大多数的工程湍流模型，其中 k 为湍动能（速度波动的变化量），其单位为 m^2/s^2。ε 为湍动能耗散（指速度波动耗散的速率），其单位是单位时间的湍动能，如 m^2/s^3。

根据相关文献，在 k-ε 模型中，湍动能 k 和湍动能耗散 ε 的输运方程如下[44]：

$$\frac{\partial(\rho k)}{\partial t}+\frac{\partial(\rho k u_j)}{\partial x_j}=\frac{\partial}{\partial x_j}\left[\left(\mu+\frac{\mu_t}{\sigma_k}\right)\frac{\partial k}{\partial x_j}\right]+\rho(Q_k-\varepsilon) \quad (2.8)$$

$$\frac{\partial(\rho\varepsilon)}{\partial t_j}+\frac{\partial(\rho\varepsilon u_j)}{\partial x_j}=\frac{\partial}{\partial x_j}\left[\left(\mu+\frac{\mu_t}{\sigma_\varepsilon}\right)\frac{\partial \varepsilon}{\partial x_j}\right]+\rho\frac{\varepsilon}{k}(C_1 P_k - C_2 \varepsilon) \qquad (2.9)$$

式中：Q_k 为湍动能的生成项；μ_t 为湍流黏度；常数 $C_1=1.44$，$C_2=1.92$，$\sigma_k=1.0$，$\sigma_\varepsilon=1.0$。

2.3.2 RNG k-ε 模型

RNG k-ε 湍流模型是由 Yakhot 和 Orzag 提出的。它是 k-ε 模型的修正方程，主要是基于 N-S 方程组进行再归一化，所得到的 k 方程和 ε 方程，与标准的 k-ε 方程非常相似，其 k 方程和 ε 方程如下：

$$\frac{\partial(\rho k)}{\partial t}+\frac{\partial(\rho k u_j)}{\partial x_j}=\frac{\partial}{\partial x_j}\left(\alpha_k \mu_e \frac{\partial k}{\partial x_j}\right)+\rho(P_k-\varepsilon) \qquad (2.10)$$

$$\frac{\partial(\rho\varepsilon)}{\partial t}+\frac{\partial(\rho\varepsilon u_j)}{\partial x_j}=\frac{\partial}{\partial x_j}\left(\alpha_\varepsilon \mu_e \frac{\partial \varepsilon}{\partial x_j}\right)+\rho\frac{\varepsilon}{k}(C_{1\varepsilon}^* P_k - C_{2\varepsilon}\varepsilon) \qquad (2.11)$$

其中

$$C_{1\varepsilon}^* = C_{1\varepsilon} - \frac{\eta(1-\eta/\eta_0)}{1+\beta\eta^3}$$

$$\eta = (2E_{ij}E_{ij})^{1/2} k/\varepsilon$$

$$E_{ij} = \frac{1}{2}\left(\frac{\partial u_i}{\partial x_j}+\frac{\partial u_j}{\partial x_i}\right)$$

式中：μ_e 为有效黏性系数；常数取值为 $\alpha_k=\alpha_\varepsilon=1.39$，$C_{1\varepsilon}=1.42$，$C_{2\varepsilon}=1.68$，$\eta_0=4.377$，$\beta=0.012$。

与标准 k-ε 模型相比，RNG k-ε 湍流模型的最大特点在于 ε 方程产生项的系数 $C_{1\varepsilon}^*$ 的计算中引入了主流的时均应变率 E_{ij}。这样在 RNG k-ε 模型中 $C_{1\varepsilon}^*$ 的值不仅与流动情况有关，而且在同一问题中也是空间坐标的函数。RNG k-ε 模型考虑了流动中的旋转及旋流流动情况，可以更好地处理高应变率及流线弯曲程度较大的流动[45]。

2.3.3 BSL k-ω 模型

BSL k-ω 模型的优点之一就是可以很好的处理近壁处低雷诺数的数值计算，此模型不涉及 k-ε 模型中复杂的非线性衰减函数。因此，更加准确，收敛效果更好。

2.3.4 Shear Stress Transport（SST）模型

SST k-ω 两方程模型在近壁区保留了原始的 k-ω 模型，在远离壁面的地方应用了 k-ε 模型，采用混合功能使两种模型平稳过渡，其中湍动黏性系数 v_t 和湍动能 k 方程以及湍流频率 ω 方程的表达式如下[46]：

$$\left.\begin{aligned}v_t &= \frac{a_1 k}{\max(a_1\omega, \Omega F_2)} \\ v_t &= \frac{\mu_t}{\rho} \\ \frac{\partial(\rho k)}{\partial t} &= \nabla\left[\left(\mu+\frac{\mu_t}{\sigma_{k3}}\right)\nabla k\right]+p_k-\beta'\rho k\omega-\nabla(\rho U k)\end{aligned}\right\} \qquad (2.12)$$

$$\frac{\partial(\rho\omega)}{\partial t}=\nabla\left[\left(\mu+\frac{\mu_t}{\sigma_{\omega3}}\right)\nabla\omega\right]+(1-F_1)2\rho\frac{1}{\sigma_{\omega2}\omega}\nabla k\nabla\omega+\alpha_3\frac{\omega}{\rho}p_k-\beta_3\rho\omega^2-\nabla(\rho U\omega)$$
(2.13)

其中

$$F_1=\tanh(\arg_1^4)$$

其中

$$\arg_1=\min\left[\max\left(\frac{\sqrt{k}}{\beta'\omega y},\frac{500\nu}{y^2\omega}\right),\frac{4\rho k}{CD_{k\omega}\sigma_{\omega2}y^2}\right] \quad (2.14)$$

$$CD_{k\omega}=\max\left(2\rho\frac{1}{\sigma_{\omega2}\omega}\nabla k\nabla\omega,\ 1.0\times10^{-10}\right) \quad (2.15)$$

$$F_2=\tanh(\arg_2^2),\ \arg_2=\max\left(\frac{2\sqrt{k}}{\beta'\omega y},\frac{500\nu}{y^2\omega}\right) \quad (2.16)$$

所需常数为：$\beta'=0.09$，$\alpha_1=0.5556$，$\beta_1=0.075$，$\sigma_{k1}=0.85$，$\sigma_{\omega1}=0.5$，$\alpha_2=0.44$，$\beta_2=0.0828$，$\sigma_{k2}=1$，$\sigma_{\omega2}=0.856$。

SST 模型为二方程模型，属于 RANS/URANS 范畴，仍然是当今的行业标准。其最大优点在于考虑了湍流剪切应力，因此不会对涡流黏度造成过度预测。张陈安[47]等通过求解在定常条件下基于 SST 湍流模型的 N-S 方程对叶栅/叶片问题的二维和三维的流场，表明 SST 湍流模型对这类问题有很好的适应性，能准确捕捉流场细节。

2.3.5 雷诺应力模型

与二方程模型不同，雷诺应力模型（RSM）是直接对时均 N-S 方程中的二阶脉动相关项提出其相应的偏微分方程组的。因为在方程组中还出现了湍动能 k 及耗散率 ε，故还要求解相应的 k 方程与 ε 方程。这必然要增加计算量，对计算机要求也提高。虽然在计算各向异性较强的流动时，雷诺应力模型较好，但对于一般的回流，其计算结果并不一定优于其他模型计算结果。所以在流体模拟计算时，一般不采用雷诺应力模型，而更偏向于使用双方程模型。

常书平[44]等为评估不同湍流模型在喷水推进器性能预报中的适用性，计算时分别采用了标准 k-ε 模型、RNG k-ε 模型和 Realizable k-ε 模型。将计算值与厂商提供值进行对比，结果表明：3 种湍流模型都可较好地预报喷水推进器的功率，最大误差小于 3%，但在预报喷水推进器推力特性过程中差异较大。综合分析后认为其在喷水推进器性能预测中的表现优劣次序依次为 RNG k-ε 模型、Realizable k-ε 模型和标准 k-ε 模型；成立[48]等在研究喷水推进器混流泵问题时，采用了标准 k-ε 模型，其结果与实验结果较为吻合。

2.4 网格剖分

2.4.1 网格的分类

网格可以分为结构网格和非结构网格两大类。

1. 结构网格

结构网格的网格单元为六面体网格，但结构网格的划分有比较严格的限制条件，一般只能在规则的区域和模型上才能生成结构化的网格。结构网格的质量一般比较好，而且生成的网格数目相对较少。因此，结构比较简单、形状比较规则的模型，使用结构化网格比较好，而对于复杂模型来说，直接使用结构化网格比较困难，有些还不可能生成。为此，在划分网格之前，可以先对其进行切割成块，然后逐块的进行网格划分，就比较容易生成结构网格了，但还是有一定的局限性。

2. 非结构网格

非结构网格的网格单元有：四面体、五面体网格。相对于六面体网格来说，非结构网格就比较容易划分。所以对于模型比较复杂的流场计算问题，一般采用非结构网格，虽然质量没有结构网格好，但是根据相关文献，其对于求解结果并没有太大的影响。因此，对于复杂模型问题，常采用非结构网格。

2.4.2 网格生成步骤

本书中的网格划分是在 ANSYS Workbench 联合 ICEM 平台下完成的，首先是将整个计算区域进行分块，然后在这些块中分别进行网格划分，最后将其进行合并成一个整体。在每个块内网格的生成步骤如下：

1. 定义单元属性

划分网格之前，针对不同的流体模型，选择不同的单元类型。定义属性包括网格单元的类型（TYPE），单元的几何参数（R），单元的材料属性（MP）等。

2. 设置建立网格所需的方法和参数

在 WB 中，可以直接定义体网格尺寸。在某些复杂或关键部位，还可以通过定义面尺寸或线尺寸对其进行加密。另外，还可以进行网格生成方式的选取，如自动划分、四面体（patch conforming patch independent）划分、扫掠划分等；在 ICEM 中，通过划分块及其相应关联以后，可以定义全局尺寸。当然，在其进行过程中，还可对其进行方法的设定。由于本书编写过程中，仅用此软件划分了一些简单的部分，所以，不对其进行详述。

3. 生成网格与网格的修正

完成前两步之后即可进行网格划分。在 WB 中，可以在 Statics 选项中检查网格数目和质量；在 ICEM 中，可以在预览网格选项中，检查其数目、质量等。如果划分的网格质量不太好，也可清除网格划分，重新定义网格单元的参数大小等。在这个过程中，需要进行不断的尝试和调节，然后再进行网格划分，直到得到质量比较好的网格为止。

在网格生成以后，就要对网格进行检查。当网格中有网格质量小于 1.5 的网格时，最好重新划分。在 Workbench 中，还有另外一种检查方式 Skewness。在该方式中，当网格质量大于 0.9 的时候，就要考虑重新划分了。在划分之前，要分析网格质量差的原因，以便能更好地生成网格。在本书编写过程中，为了得到较高质量的网格，对其进行了不断的划分以及不断的调整，因为如前所述，网格质量的优劣会直接影响计算结果的收敛和计算结果的好坏。

2.5 边界条件设置

边界条件的类型主要可分为进口（inlet）、出口（outlet）、壁面（wall）、开放式边界（opening）和对称面 5 种。现将本章中使用到的边界条件介绍如下。

1. 进口

主要是设定其流入方式、进口位置、流量等。质量和动量（mass and momentum）项，即为设置流体进入的方式，由于研究对象主要为喷水推进泵装置部分，所以将其设为质量流量速率（mass flow rate），即可直接输入单位内物质流入的质量。

2. 出口

将出口条件设定为平均静态压强（average static pressure），书中将其设置为一个大气压（atm）❶。

3. 壁面

壁面即为流体与固体边界接触面，是流体无法穿越的面。在黏性流体流动时，一般我们认为壁面处是无滑移边界条件，即界面上的流体速度和固体边界的速度相等。喷泵部分除了设置的进出口边界，其余面均默认为外部壁面。后面加装进水流道以后，在进水区域必须要建立计算域，当然计算域肯定也要进行边界条件的设置。将计算域的边界设置成标准壁面函数。

2.6 求解设置

2.6.1 求解格式

对于模拟的求解格式，主要分为 3 种模式：高阶求解模式、迎风模式和混合模式，现分别叙述如下。

1. 高阶求解模式

特点是求解准确、结果可靠性高，但收敛性不好。

2. 迎风模式

收敛性好，开始使用的是高阶模式，然后通过修改设置条件采用一阶迎风模式，与实验结果比较吻合。

3. 混合模式

如果在计算时，使用高阶求解收敛比较困难，或收敛步数过多，便可以指定混合因子。混合因子是指高阶求解和迎风模式的使用程度，当混合因子为 1 时，相当于使用高阶求解模式；当混合因子为 0 时，相当于使用迎风模式。一般情况下，设定混合因子在 0.75 以上。

---

❶ 大气压（atm），1atm=10^5Pa。

2.6.2 迭代收敛

CFX 的求解过程，就是解方程的过程。系统根据前处理的设定选定需要的方程并将设定的初始值代入方程，通过迭代求解后将两次结果相减，得到残差值。一般来说，最大残差值为 10^{-4} 时，收敛效果比较好，可以满足大多数的功能应用。而在 CFX 中，系统默认的残差值为均方根残差值，而最大残差值一般是均方根残差值的 10 倍，因此本书确定其为 10^{-5}。

2.7 本章小结

本章主要介绍了数值模拟基本理论。首先给出了流体运动控制方程：连续性方程、动量方程和能量方程等。然后对控制方程的离散目的和过程进行了分析。在湍流模型的选取方面，详细地阐述了几种模型的基本思想，本章简要地说明了网格的划分与生成，分析了不同边界条件设置方法。最后简要地介绍了求解的设置。

第 3 章
喷水推进泵装置进水流道参数化建模

由于喷水推进泵装置进水流道优化方案的选择需要计算分析不同参数的影响，增加了工作量。为计算分析方便，减少工作量，本章研究了进水流道实体模型、网格参数化；采用 UG NX 表达式编辑方式快速生成进水流道三维模型，利用草图生成进水流道各个几何参数，可通过表达式编辑进行修改。基于 ANSYS 平台，关联 UG NX、Workbench 及 ICEM CFD 实现网格参数化。通过对进水流道网格进行网格无关性分析，选择合适网格量级。

3.1 UG NX 软件参数化及装配技术

3.1.1 UG NX 软件参数化技术

UG NX 软件是一个交互式 CAD/CAM（计算机辅助设计与计算机辅助制造）系统，功能强大，可以轻松实现各种复杂实体及造型的建构。参数化建模已成为 CAD 软件的一种建模标准，可以通过对尺寸和参数进行驱动，快速修改设计模型，或衍生出相同的几何形状以及不同几何尺寸的同类模型。UG NX 参数化建模方法主要包括表达式编辑器、可视化编辑器、WAVE 几何对象链接工具和电子表格等方法。

表达式编辑器用于建立和编辑算术、条件与几何表达式，从而定义和改变部件的尺寸与性能；利用表达式，可以定义和控制部件、特征、草图及其他几何对象的尺寸与相互关系；表达式可以控制特征之间的相互尺寸与位置关系，又可以控制装配中各部件之间的关系[47]。可视化编辑器是用可视化的图形界面来修改编辑模型的表达式，实现可视化参数化模型的修改。WAVE（what if alternative value engineering）是采用关联复制几何体方法来控制总体装配结构（在不同的组件之间关联性复制几何体），从而保证整个装配和零部件的参数关联性，最适合于复杂产品的几何界面相关性、产品系列化和变型产品的快速设计。电子表格主要有 3 种：通用电子表格、编辑表达式电子表格和建模应用电子表格。UG 软件提供两种电子表格处理接口：Xess 和 Excel。当电子表格采用 Excel 时，在电子表格的下拉菜单里有一些选项能在 UG NX 软件和电子表格间传递表达式值来驱动模型更新。

3.1.2 UG NX 软件装配技术

装配模块是 UG NX 集成环境中的一个应用模块,可以将产品中的各个零件模块快速组合起来,从而形成产品的整体机构。在 UG NX 装配过程中,部件的几何体是被装配引用,因此,无论其他部件如何变化,其装配部件保持关联性。如果某部件发生变化,其装配部件将自动更新。装配时通过链接几何体而不是复制几何体,多个不同的装配可以共同使用多个相同的部件,因此所需内存少,装配文件小,既可以使用自底向上,又可以使用自顶向下的方法创建装配。本章采用 UG NX 装配技术将进水流道与喷水推进泵通过同心圆约束装配。

3.2 ICEM CFD 网格划分技术

作为专业的前处理软件,ICEM CFD 为 CAE 软件提供高效可靠的网格模型。拥有强大的 CAD 模型修复能力、自动中面抽取、独特的网格雕塑技术、网格编辑技术以及广泛的求解器支持能力。ICEM CFD 集成于 ANSYS Workbench 平台,获得 Workbench 的所有优势。ICEM CFD 六面体网格划分工具是一个半自动划分模块,允许快速创建多块结构或非结构六面体网格。ICEM CFD 六面体划分展示了一种网格生成的新方法,即大多数的操作能够自动完成或通过点击按钮完成。Block 能够基于 CAD 几何创建或互动的调整,而且这些块能够作为模板用于相似的几何,且具有完全参数化功能。

ICEM CFD 软件中可以利用 Block 块对模型进行块切割、点线面关联,最后调整网格数量。结构复杂的拓扑结构,可利用内部或外部 O 型、L 型及 C 型等分块方式划分网格,如图 3.1 所示。

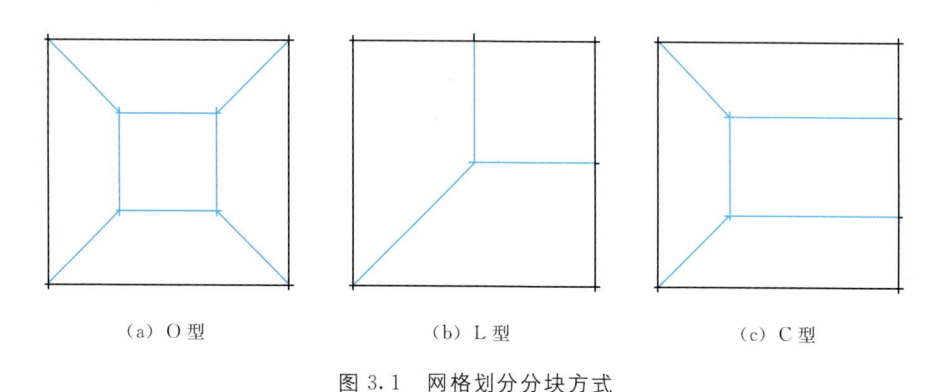

(a) O 型 (b) L 型 (c) C 型

图 3.1 网格划分分块方式

3.3 喷水推进泵装置进水流道参数化建模

喷水推进泵装置进水流道二维几何形状由水平直管段、弯管段、倾斜直管段、斜坡、唇角及叶轮轴组成,各个组成部分要求光滑连接,其三维结构图呈不断收缩的形式,如图 3.2 所示。

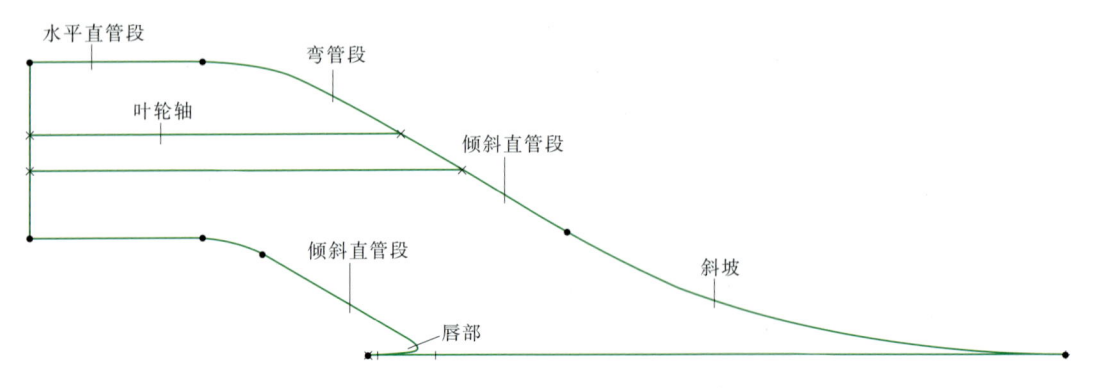

图 3.2　进水流道二维几何形状组成

进水流道参数化设计中，选择最少的参数构建几何形状，降低设计难度，缩短设计周期。参数化设计方法可采用编程生成专用 CAD 程序或者通过商用 CAD 软件平台两种方式实现。采用商用三维 UG NX 软件通过表达式编辑创建进水流道三维模型并完成参数化设计。

进水流道二维几何模型采用 13 个参数关联，分别为 $L_1 \sim L_{10}$、D、D_1、α。其中 L_1 控制水平直线段，L_2、L_3 控制弯管段曲线，L_5、L_6 控制斜坡曲线，L_7 控制水平进水口长度，L_8、L_9 控制唇角曲线，L_4、L_{10} 控制倾斜直线段，D 控制进水流道出口直径，D_1 控制叶轮轴直径。上述 13 个参数之间的约束关系通过 UG 软件表达式及草图的关联功能实现。进水流道二维构造图如图 3.3 所示。

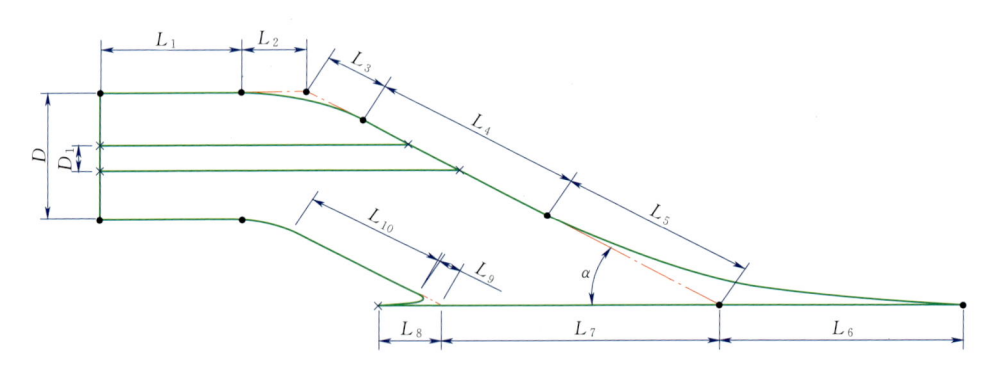

图 3.3　进水流道二维构造图

进水流道斜坡、唇角曲线对流道的性能影响比较明显，是流道设计的关键。这两段曲线可采用圆弧、贝赛尔曲线、样条曲线及高阶多项式等方式创建。采用 UG NX 软件的艺术样条 2 阶多项式实现关联，其中 L_5、L_9 控制斜坡、唇角分别与倾斜直线段相切，L_6、L_8 控制斜坡、唇角分别与进水口相切。

在进水流道三维模型创建中，进水口采用综合进水口，通过 UG NX 软件的草图关联、拉伸、扫略、切割面体及旋转等功能实现进水流道三维模型，如图 3.4 所示。通过表达式编辑任意调整几何参数，更新进水流道三维模型，表达式编辑如图 3.5 所示；采用装配技术，通过同心圆约束，装配进水流道与喷水推进泵，如图 3.6 所示。

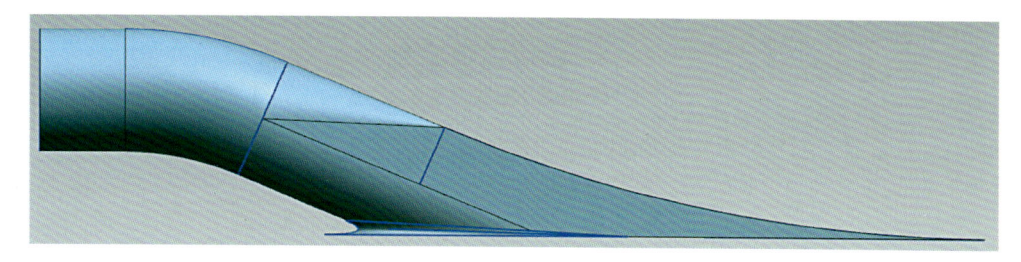

图 3.4　进水流道三维结构示意图

图 3.5　基于 UG NX 软件之进水流道表达式关联

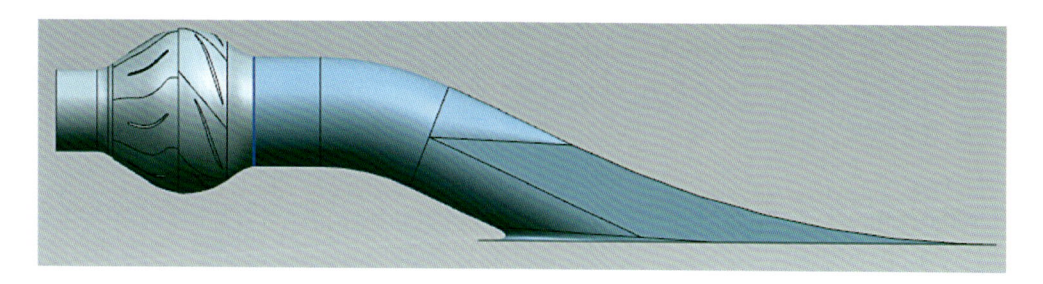

图 3.6　喷水推进泵装置三维结构图

3.4　喷水推进泵装置进水流道网格参数化

模型参数化设计后,要研究不同参数调整后所生成的模型对其性能的影响。由于方案众多,需要研究其网格参数化技巧,这样不仅可大大减少网格划分的次数和时间,而且对降低设计周期、提高工作效率有着明显的意义。基于 ANSYS 14.5 平台,协调 UG NX、Workbench 及 ICEM CFD 之间的关联实现网格参数化,如图 3.7 所示。

进水流道中的点、线、面须关联且线、面网格均须参数化,以便模型更新时网格随之更新。由于软件之间的协调可能出现错误,必要时以块方式导入,关联点线面,调整网格质量,如图 3.8 所示。

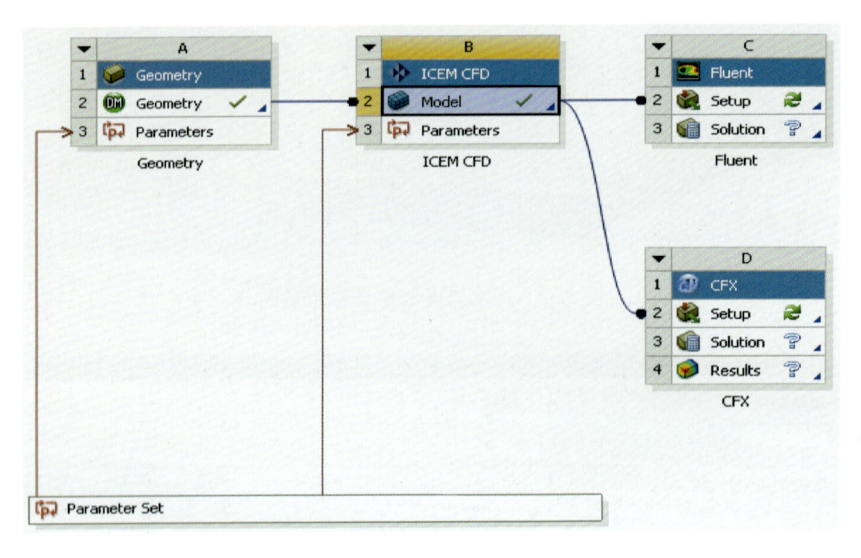

图 3.7　网格参数化流程示意图

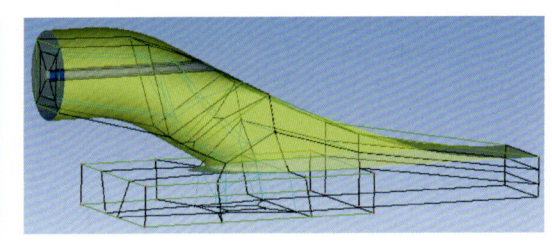

（a）进水流道分块　　　　　　　　　　　（b）进水流道块与模型关联

图 3.8　进水流道块插入网格划分示意图

3.5　喷水推进泵装置网格划分实例

进水流道网格采用六面体结构化网格。在 ICEM CFD 中进水流道采用分块划网，其中变化剧烈处如唇角等局部网格加密，分块时沿进水口方向向下延伸部分，以消除唇角、斜坡与船体连接段的尖角，这是由于 CFX 计算软件要求网格最小角度不能小于 12°；进水流道进口边界处加上边界层。图 3.9 是进水流道网格示意图。

推进泵导叶、叶轮、泵轴及轮毂头在 ICEM CFD 中分别单独划分。其中，导叶、叶轮及间隙采用周期网格。推进泵网格划分的难点在于叶轮与间隙间的处理，两者之间不能进行交界面设置，而是将两者划分为一个整体，否则在 CFX 计算软件中报错。通常情况下，由于间隙较薄及边界层网格的要求，给叶轮与间隙整体网格划分带来困难。通过网格加密及 Y 形划分的方式消除质量较差的网格。图 3.10 是喷水推进泵网格示意图。

网格质量好坏影响最后计算结果精度。网格质量差，不仅导致最后计算结果精度不高，而且计算迭代不收敛，甚至可能导致计算报错。进水流道网格质量 0.35 以上，角度 18°以上；推进泵网格质量 0.45 以上，角度 27°以上，满足计算要求。图 3.11 为喷水推进

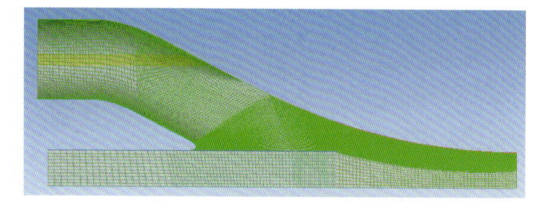

第 3 章 喷水推进泵装置进水流道参数化建模

(a) 进水流道网格

(b) 进水流道中剖面网格

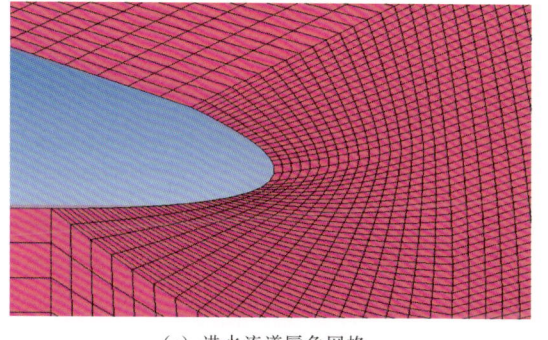

(c) 进水流道唇角网格

(d) 进水流道进口网格

图 3.9 进水流道网格示意图

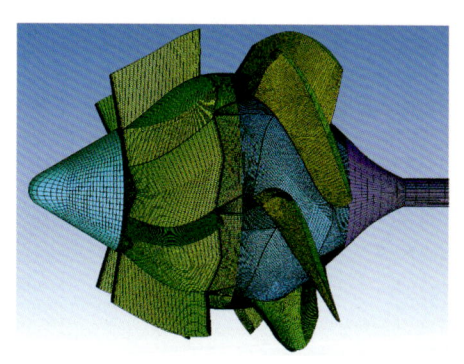

(a) 推进泵网格

(b) 间隙局部网格

图 3.10 喷水推进泵网格示意图

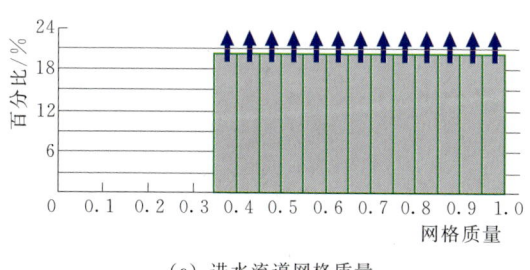

(a) 进水流道网格质量

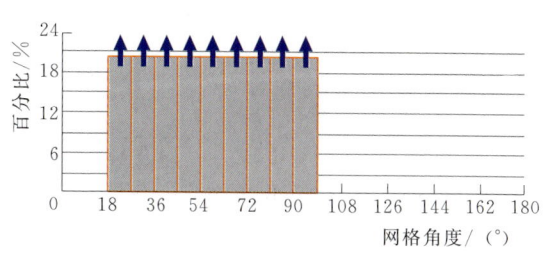

(b) 进水流道网格角度

图 3.11（一） 喷水推进泵装置网格质量示意图

19

喷水推进泵及泵装置水动力特性

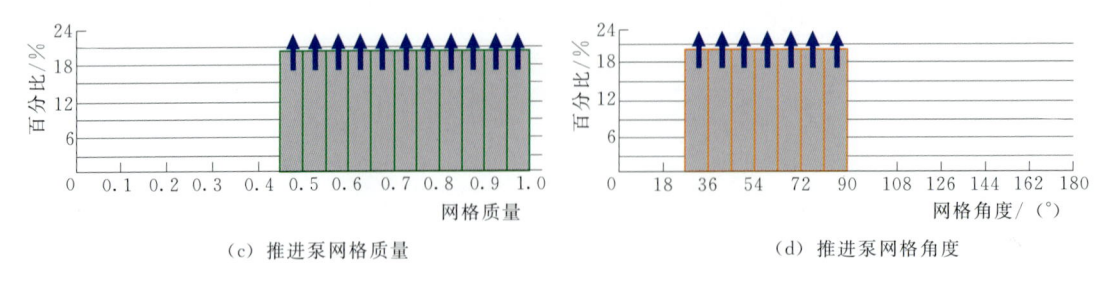

(c) 推进泵网格质量

(d) 推进泵网格角度

图 3.11（二） 喷水推进泵装置网格质量示意图

泵装置网格质量示意图。

3.6 网格无关性分析

随着计算流体力学的不断发展，CFD 技术已广泛应用于各种真实外形复杂流动的模拟。为了验证 CFD 数值模拟结果的可信度，往往通过试验方法，但这种方法成本高，周期长，特别是某种产品的初期研发不宜采用。国内外研究机构已经对 CFD 可信性分析有了一个明确的指导定义，大多采用 Richardson 外推法来评估计算域离散而引起的误差。无论是低阶还是高阶格式，随着网格的加密数值计算结果都会趋近于准确解[49]。

为分析网格数量对计算结果的影响，采用改变网格尺寸大小的方法来验证网格无关性，即随着网格不断加密后计算进水流道水力损失，直至计算结果趋于稳定。本章网格无关性验算共有 5 套网格，其网格数分别为 2314758、2454108、2619654、2752791、2853183，计算域网格数见表 3.1。

表 3.1　　　　　各个计算域网格数

区域\网格编号	1	2	3	4	5
进水流道	1251792	1391142	1556688	1689825	1790217
水体	1062966	1062966	1062966	1062966	1062966

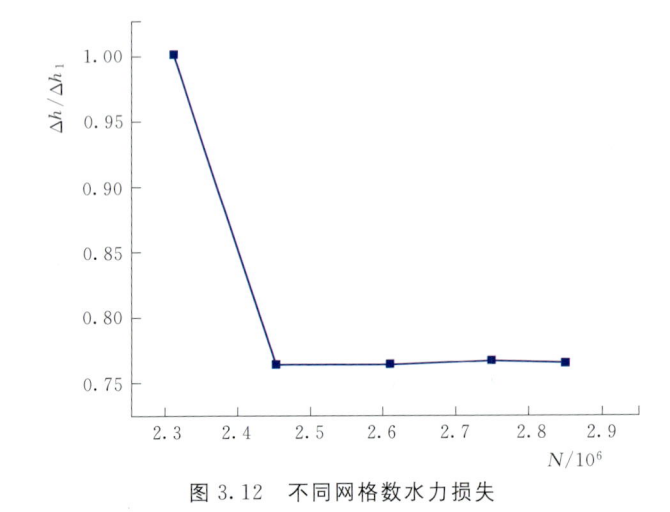

图 3.12 不同网格数水力损失

在进水流道网格无关性分析中，将流场控制体航速设置为 10m/s，进速比 IVR（流道出口速度与航速之比，即 $IVR = v_{pump}/v_s$）为 1.0，计算残差控制值设置为 10^{-5}。水力损失计算结果如图 3.12 所示。

当流场控制体网格为 245.4 万、262 万、275.3 万时，其水力损失变化分别为 2.22%、2.57%。计算结果表明，当网格数超过 2619654 时，水力损失变化很小，可视为其结果与网格无关。后续计算流场控制体（无喷泵）最终采用的网格量级为 2.6×10^6。

3.7 本章小结

本章介绍了 UG NX 建模软件参数化建模及装配技术和 ICEM CFD 网格划分技术；在 UG NX 建模软件中关联 13 个参数完成进水流道参数化建模以及与喷泵装配；在 ICEM CFD 中研究进水流道网格划分技巧，提出以 ANSYS WB 为平台的一体化网格划分和以块方式网格划分两种方法，并给出网格划分实例。对流场控制体（无喷泵）给出 5 套网格，验证网格计算无关性，最终采用的网格量级为 2.6×10^6。

第 4 章
喷水推进泵装置进水流道水力优化

4.1 引言

喷水推进泵装置进水流道若设计不佳,不仅加大水力损失,而且会引起振动与噪声,影响推进泵效率,从而影响整个装置效率。国外有关喷水推进泵装置进水流道的设计方法从未公开,无法比较与借鉴,国内也无相关具体优化设计方法。本章基于 ANSYS 软件从进水流道进速比、航速、长度、倾角、唇角及几何结构多参数来分析其水动力性能,进而选择优化方案,进一步提高流道效率,减小水力损失,最终优选性能优越的进水流道。

4.2 数学模型及计算网格

流场控制体包括进水流道、船尾底部进水口周围区域的流体。由于船体边界层的影响,沿着壁面切向速度由零发展到接近航速,这对进水流道进口动能产生影响。根据文献[50],取流场控制体的长、宽、高分别为 30D、10D、8D(D 为进水流道出口直径),如图 4.1 所示,本书中的船底水体均采用上述尺寸。

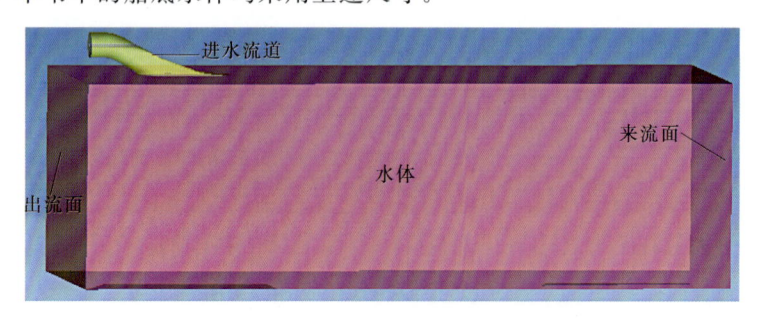

图 4.1 进水流道及船尾流场控制体

在 ICEM CFD 中对进水流道、船体分别划分网格，再进行网格组装。由于进水流道与船体过渡段曲率渐变为零，即存在尖角，须向下延伸部分，以便在网格组装时，进水流道与船体交界面采用设置 interface 处理，尽量让交接面的节点相互接近（图 4.2）。

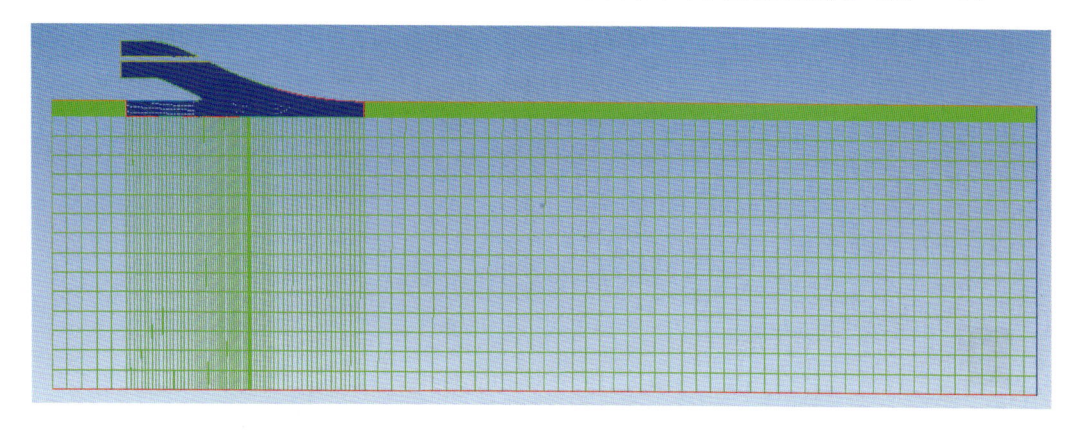

图 4.2 流场控制体中剖面网格

4.3 边界条件设置

来流面设置为速度进口，速度为 10m/s；出流面设置为环境压力；进水流道出口为流量出口，根据进速比 IVR 大小来设置出口质量流量；船底外区域及其他边界采用滑移壁面边界来处理；一阶迎风格式，时间步长为自动，计算精度为高阶，计算残差控制值为 10^{-5}。

4.4 进水流道优化目标函数

（1）判别进水流道流场优劣的依据是目标函数速度分布均匀度 V_u、加权平均角 θ[51]。

$$V_u = \left[1 - \frac{1}{\overline{u_a}}\sqrt{\frac{\sum(u_{ai} - \overline{u_a})^2}{m}}\right] \times 100\% \qquad (4.1)$$

$$\theta = \frac{\sum u_{ai}\left(90° - \arctan\dfrac{u_{ti}}{u_{ai}}\right)}{\sum u_{ai}} \qquad (4.2)$$

式中：V_u 为流道出口断面流速分布均匀度；θ 为流道出口断面速度加权平均角度；$\overline{u_a}$ 为叶轮室进口断面的平均轴向速度，m/s；u_{ai} 为叶轮室进口断面各单元轴向速度，m/s；u_{ti} 为水泵进口断面各单元的横向速度，m/s；m 为流场数值计算时该断面所划分的单元个数。

（2）压力系数 C_P 是描述喷水推进泵装置进水流道壁面静压分布变化趋势。引入压力系数 C_P 来定量描述喷水推进装置抗空泡能力。

$$C_P = \frac{P - P_{\mathrm{ref}}}{\dfrac{1}{2}\rho v_s^2} \qquad (4.3)$$

式中：P 为进水口管道表面计算点压力，Pa；P_{ref} 为参考压力，P_a；v_s 为航速，m/s。

（3）效率是评判进水流道的一个重要指标，能很大程度上反映进水流道的优劣。根据 ITTC 推荐的喷水推进装置过流断面的定义[52]，取如图 4.3 所示的断面 1A 与断面 6。

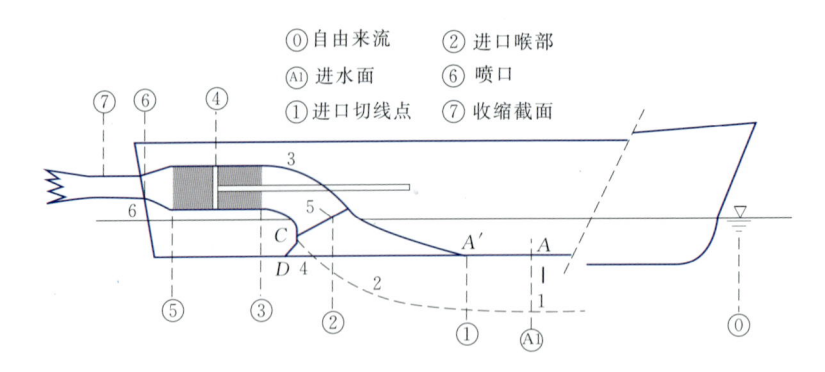

图 4.3 喷水推进装置断面位置定义

如图 4.4 所示，在 1D 距离处进水流道进流面拟合成半椭圆。第 24 届 ITTC 中推荐半椭圆进流面，长轴设为进口几何宽度的 1.5 倍。进流面流量要与进水流道出口流量相等。

图 4.4 喷水推进装置进流面位置示意图

进水流道效率计算采用断面 1A、3 的总能比值，断面 1A 进流面取为进水口前船头方向一倍直径位置处的椭圆面。进水流道效率计算公式如下：

$$\eta_{inlet} = \frac{E_{inlet}}{E_{CaptureArea}} \times 100\% \tag{4.4}$$

$$E_{inlet} = \frac{1}{2}\rho v_3^2 + P_3 \tag{4.5}$$

$$E_{CaptureArea} = \frac{1}{2}\rho v_{1A}^2 + P_{1A} \tag{4.6}$$

式中：η_{inlet}、E_{inlet}、$E_{CaptureArea}$ 分别为流道效率、进口总能及断面 1A 总能量。

第 4 章 喷水推进泵装置进水流道水力优化

4.5 流动参数优化

4.5.1 进速比 IVR

同一进水流道在不同的工作条件下其水力性能是不同的。进速比 IVR 大小决定了进水流道某一工况下流道的吸流速率和流体的扩散速率[50]。进水流道进速比 IVR 计算范围为 0.54～2.38 之间，见表 4.1。

表 4.1　　　　　　　　　进水流道计算参数

IVR	v_{tunnel}	v_{pump}	IVR	v_{tunnel}	v_{pump}
0.54	10	5.35	0.94	10	9.35
0.59	10	5.88	1.18	10	11.76
0.67	10	6.67	1.64	10	16.39
0.78	10	7.75	2.38	10	23.81

由于船体边界层、进水流道弯曲以及推进泵轴扰动等因素的影响，进水流道出流速度及压力分布是不均匀的。图 4.5 为不同进速比 IVR 流道出口总压分布云图。结果表明，随着进速比 IVR 的不断增大，进水流道出口断面总压不断增大，高压分布区域不断扩大，低压分布区域不断减小；泵轴左右总压对称分布，泵轴上部为低压区，泵轴下部为高压区并且分布区域随着进速比 IVR 不断增大而增大。

图 4.6 为不同进速比 IVR 流道出口速度分布云图。结果表明，随着进速比 IVR 的不断增大，进水流道出口断面速度不断增大，高速分布区域不断扩大，低速分布区域不断减小；泵轴左右速度对称分布，泵轴上部为低速区，泵轴下部为高速区并且分布区域随着进速比 IVR 不断增大而增大；进水流道出口断面速度分布与总压分布趋势相同。引起进水流出流不均匀的原因主要有边界水流摄入、水流减速、传动轴对水流的阻碍及进水流道弯

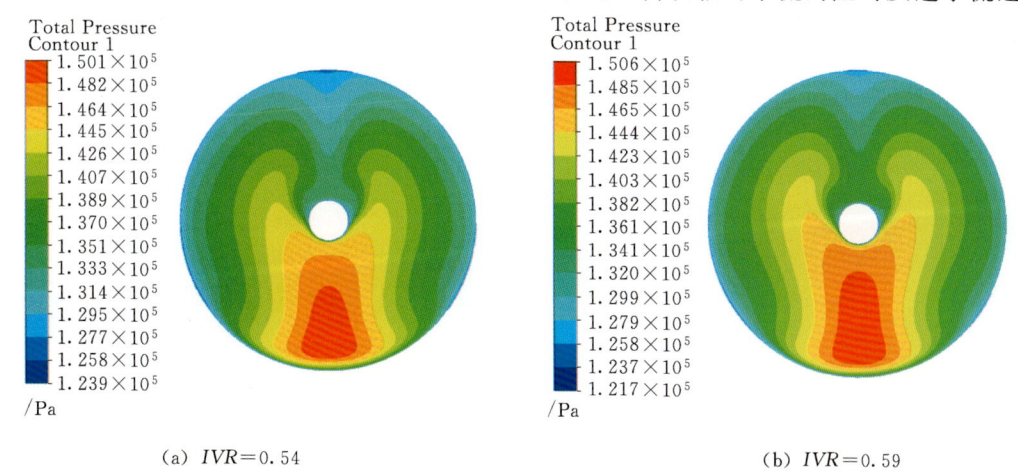

(a) IVR=0.54　　　　　　　　　　　　(b) IVR=0.59

图 4.5（一）　不同进速比 IVR 流道出口总压分布云图

(c) $IVR=0.67$

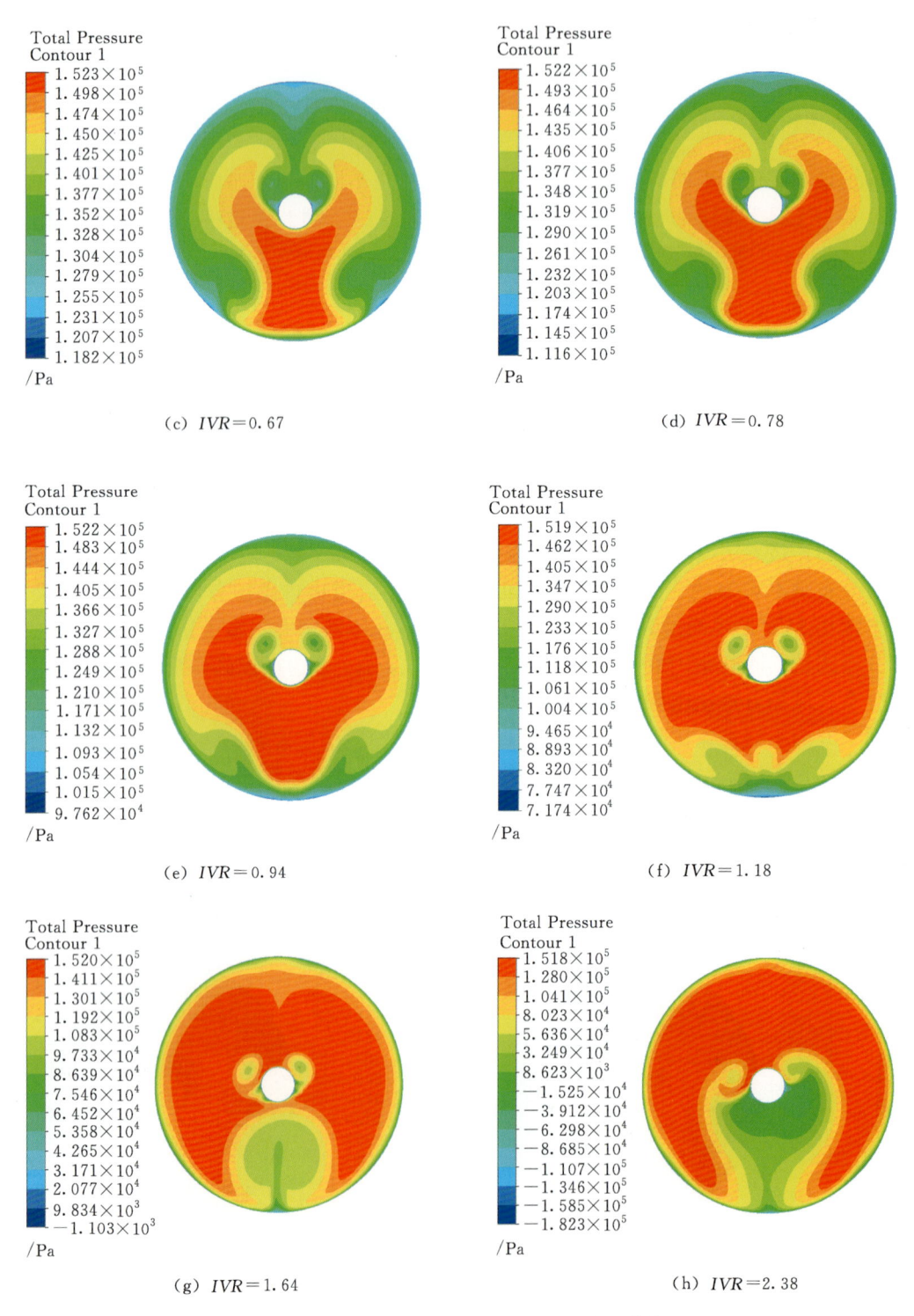

(d) $IVR=0.78$

(e) $IVR=0.94$

(f) $IVR=1.18$

(g) $IVR=1.64$

(h) $IVR=2.38$

图 4.5（二） 不同进速比 IVR 流道出口总压分布云图

管过渡处的影响；边界水流摄入取决于从边界层吸入的流量，边界层吸入比随 IVR 增大而增大，流速梯度减小，导致水均匀性增大；传动轴对水流具有阻碍作用，图中传动轴周围有狭窄的低速区，影响出口速度分布的均匀程度。

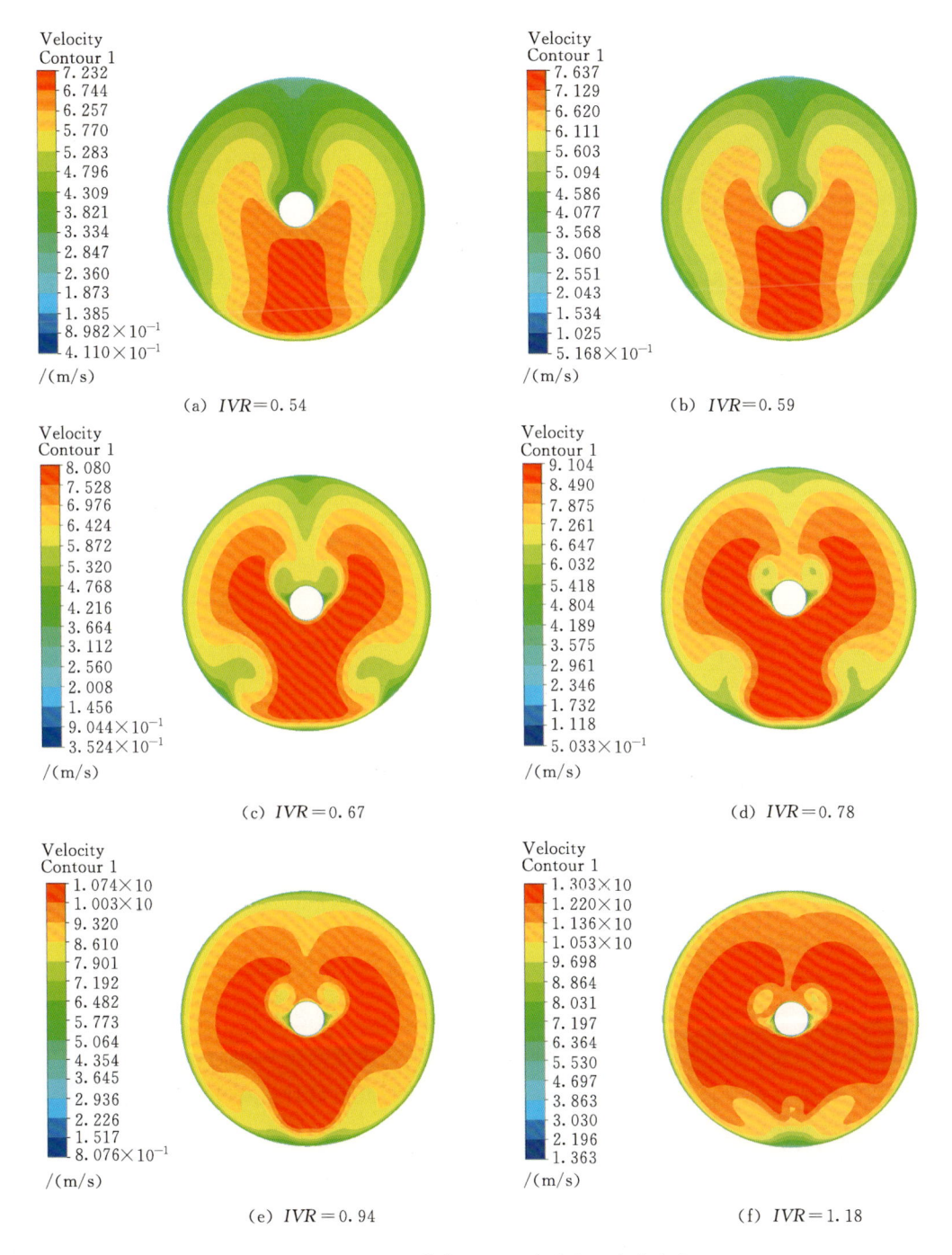

(a) IVR＝0.54

(b) IVR＝0.59

(c) IVR＝0.67

(d) IVR＝0.78

(e) IVR＝0.94

(f) IVR＝1.18

图 4.6（一） 不同进速比 IVR 流道出口速度分布云图

喷水推进泵及泵装置水动力特性

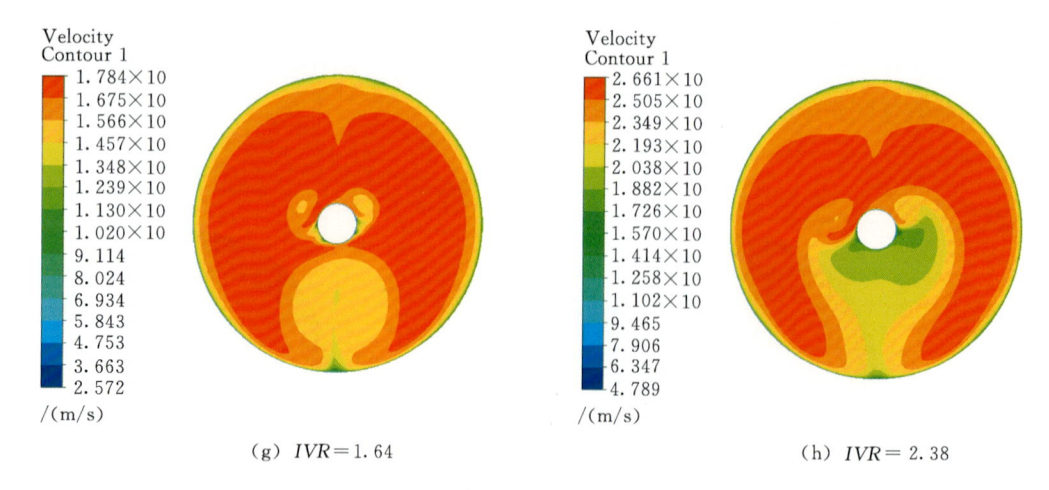

(g) IVR=1.64

(h) IVR=2.38

图 4.6（二） 不同进速比 IVR 流道出口速度分布云图

图 4.7 是进水流道出流速度分布均匀度、加权平均角随 IVR 变化规律示意图。结果表明，随着 IVR 增大，流道出口速度分布均匀度逐渐增大，最大在 0.8 左右；加权平均角变化较小，只是在 IVR 在 0.54、0.59 时略有所增加。

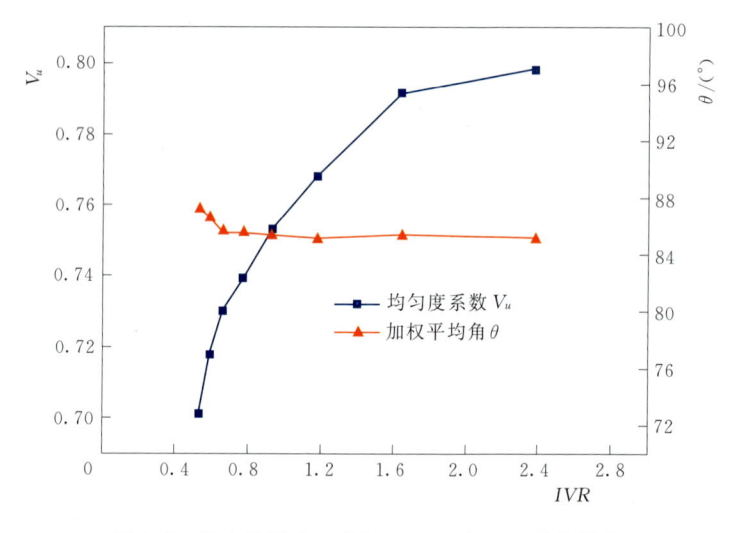

图 4.7 进水流道出口断面 V_u、θ 随 IVR 变化规律

图 4.8 是不同进速比 IVR 进水流道内部粒子迹线图。结果表明，在不同 IVR 下，进水流道内部流态较为均匀，无漩涡及流动分离现象。在流道高度一定时，斜坡长度足够长使来流均匀流入，并未发生水流剧烈碰撞现象，这说明流道设计过程中要考虑在一定长度下不发生或减小流动分离的影响。

图 4.9 是不同进速比 IVR 流场控制体中剖面静压分布图。结果表明，进速比 IVR 大小影响进水流道斜坡、唇角及进口弯管处压力分布；斜坡处、唇角压力变化比较明显，压力最小值主要分布在唇角、弯管过渡段及斜坡处，容易发生空化现象，并且随着进速比 IVR 不断变化，发生空化现象的临界点及变化趋势也随之不断变化。

(a) $IVR=0.54$

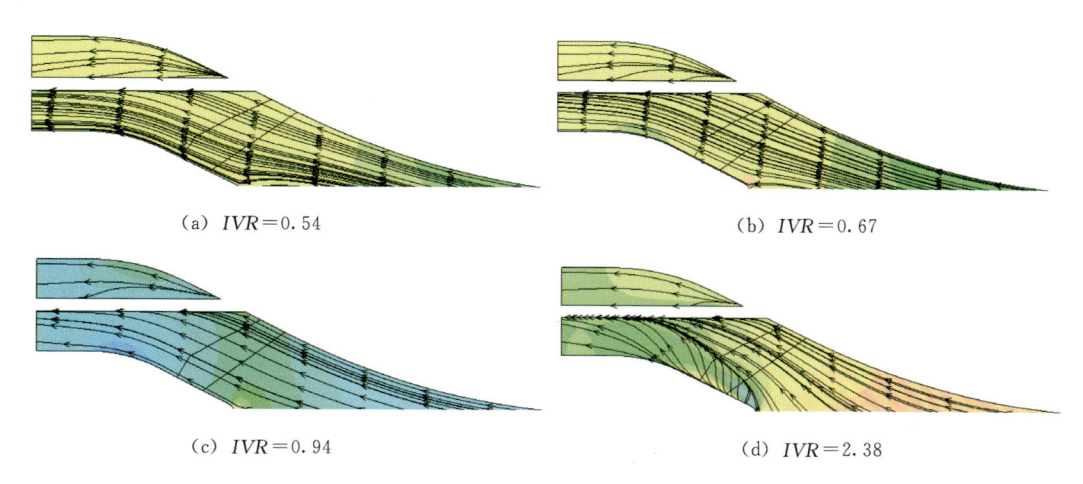

(b) $IVR=0.67$

(c) $IVR=0.94$

(d) $IVR=2.38$

图 4.8　不同进速比 IVR 流道内部粒子迹线图

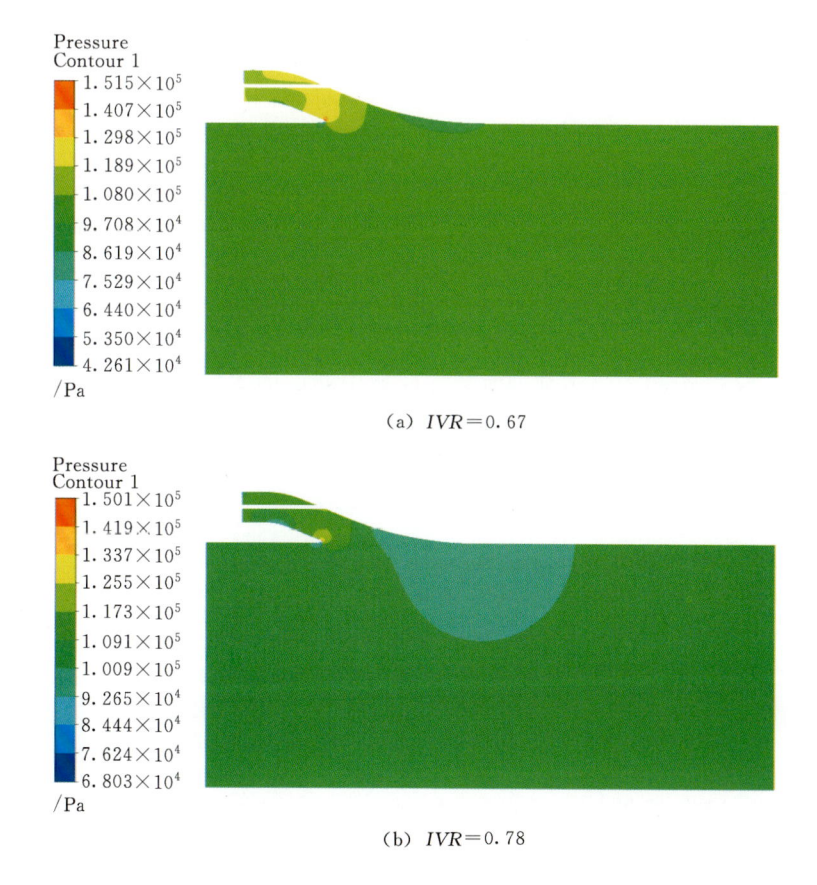

(a) $IVR=0.67$

(b) $IVR=0.78$

图 4.9（一）　不同进速比 IVR 流场控制体中剖面静压分布图

(c) $IVR=0.94$

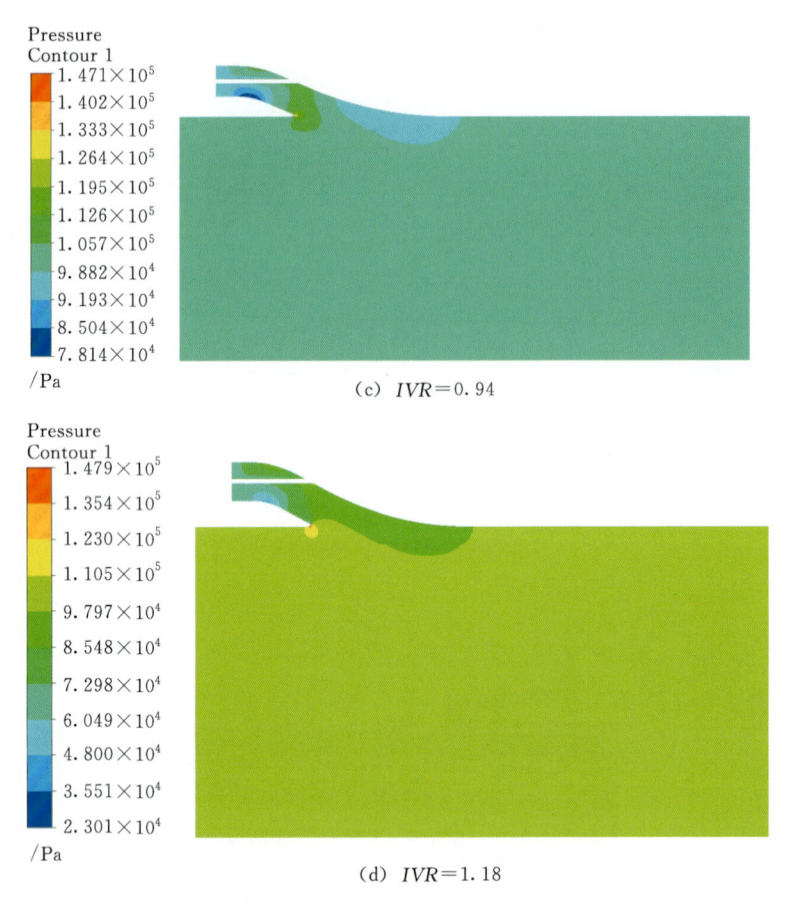

(d) $IVR=1.18$

图 4.9 (二)　不同进速比 IVR 流场控制体中剖面静压分布图

图 4.10、图 4.11 分别为喷水推进流场计算域中间面的上壁面、下壁面压力系数分布图，其中横坐标 S/D 表示流道中剖面探针所在的点与流道出口的距离 S 与流道直径之比。图 4.10 中 S/D 在 2～3 之间压力分布间断是由于传动轴存在的影响，这种影响在高 IVR 时表现更为明显，此时流道出口速度最大。图 4.10、图 4.11 表明，随着进速比 IVR 不断增大，进水流道壁面压力下降明显；在流道出口、弯管过渡处及唇角压力下降趋势较大，上壁面比下壁面更容易发生空化；进水流道的抗空化性能随进速比 IVR 的增大而逐渐变佳；进水流道 IVR 在 1.18 时已发生较大面积的空化；随着 IVR 不断增大，唇角最小压力点的位置由下缘移到上缘。图 4.12 表明 IVR 在 0.83～0.94 之间进水流道不易发生空化现象，是进水流道的运行工况范围。

通过比较不同进速比时进水流道的水力性能，当 IVR 为 0.87 时，效率为 96.2%，综合水力性能最优。

综上所述，进速比 IVR 对进水流道性能有着显著的影响。在低 IVR 时进水流道不易空化，出流均匀性能较差；在高 IVR 时进水流道空化现象严重，出流均匀性能较好；在 IVR 为 0.83～0.94 工况下综合水力性能优良。该方案进水流道最佳运行工况 IVR 为 0.83～0.94。

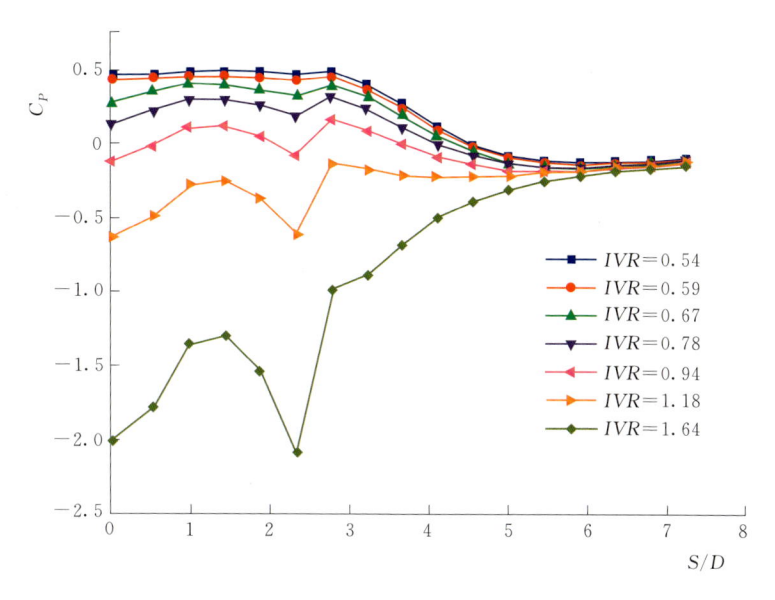

图 4.10 喷水推进装置中间面的上壁面压力随 IVR 变化

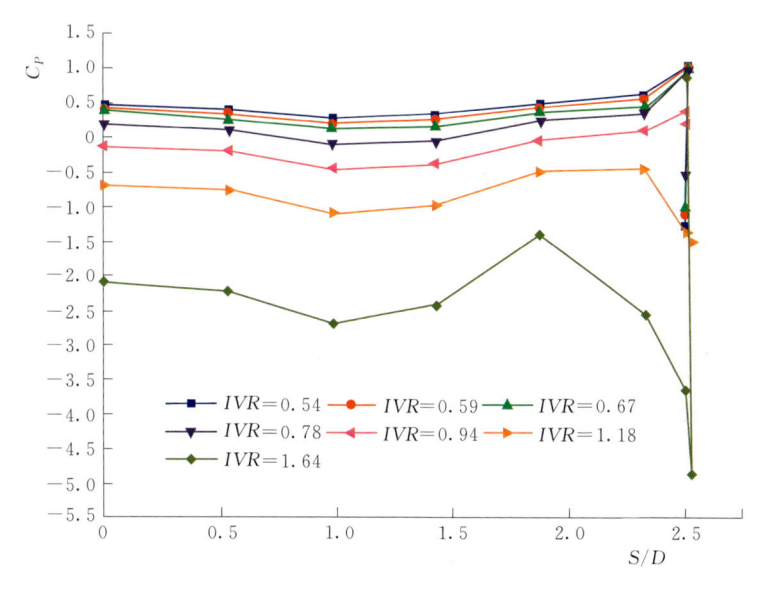

图 4.11 喷水推进装置中间面的下壁面压力随 IVR 变化

4.5.2 航速 v_s

为分析航速对进水流道水力性能的影响，研究航速 10m/s、12m/s、15m/s 下进水流道出流速度分布均匀度、出流速度分布加权平均角度、空化性能等。

在不同的航速、相同的进速比情况下，进水流道出口速度分布规律相似，只是速度大小不同，说明航速大小不改变进水流道出口速度分布趋势。

图 4.13 是不同航速进水流道出口速度分布均匀度随 IVR 变化示意图。结果表明，随

喷水推进泵及泵装置水动力特性

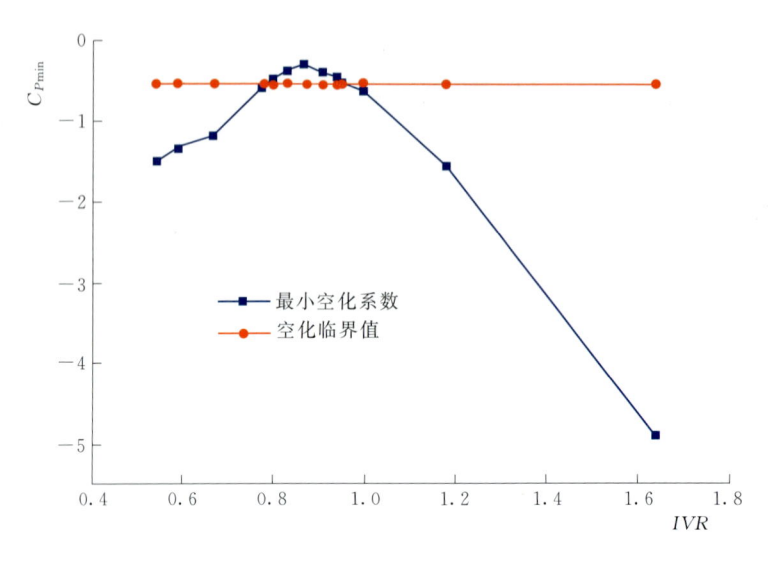

图 4.12 喷水推进装置中间面最小压力随 IVR 变化

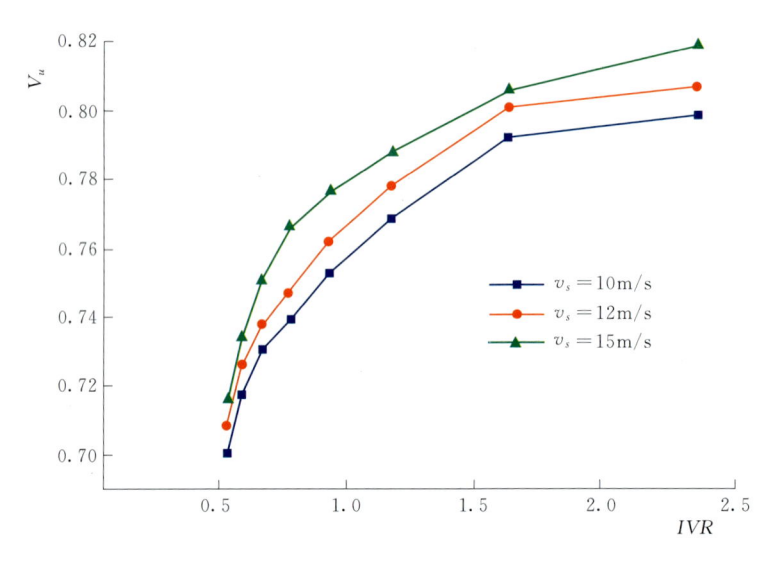

图 4.13 不同航速进水流道出口速度分布均匀度随 IVR 变化规律

着航速增大，进水流道出口断面速度分布均匀度增大，但幅度有限，最大增长幅度 3.7% 左右。航速增大时能改善进水流道均匀性能，效果有限。

图 4.14 是不同航速进水流道出口速度分布加权平均角随 IVR 变化示意图。结果表明，随着航速增大，进水流道出口速度分布加权平均角度增大，但幅度有限，最大增长幅度在 1°左右。

图 4.15 为不同航速进水流道中剖面最小压力随 IVR 变化示意图。结果表明航速大小的不同对进水流道中纵面壁面压力的影响较大；随着航速的增大，进水流道壁面最小压力整体下降，其最佳运行工况点范围缩小；低 IVR 和高 IVR 进水流道壁面最小压力下降明显，且航速越大，壁面压力下降越大；当航速达到一定值时，流道最优设计工况

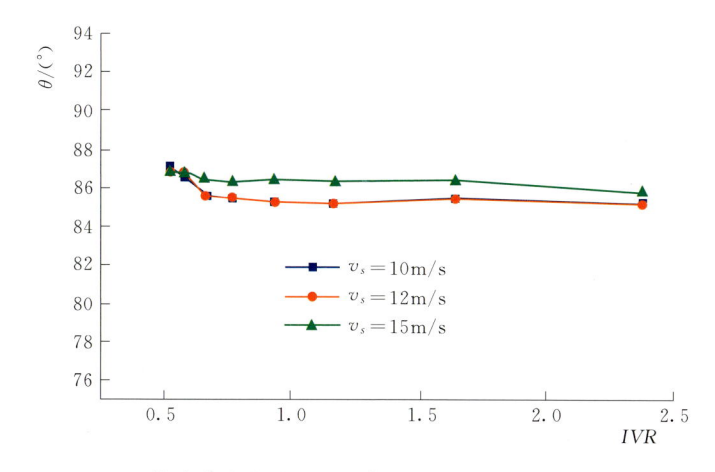

图 4.14　不同航速进水流道出口速度分布加权平均角随 IVR 变化规律

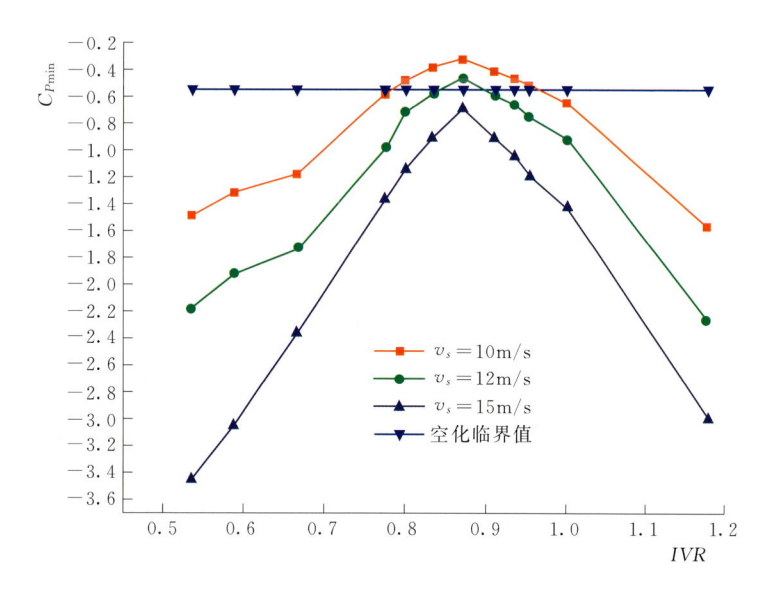

图 4.15　不同航速进水流道中剖面最小压力随 IVR 变化规律

点仍出现空化现象；航速越大，空化范围越广，这说明喷水推进船正常工况下运行时有航速限制。

综上所述，进水流道水力性能的优劣与航速有一定相关性，受到航速的限制。航速越大，进水流道出流速度分布均匀度、加权平均角度有所增加，但其空化范围越广。因此，该喷水推进装置进水流速最佳航速为 10m/s。进水流道在无喷泵情况下后续优化基于航速 10m/s。

4.6　几何参数优化

以进水流道原方案为基础，对长度、入流倾角及唇角构造几何参数进行研究，分析这些参数对进水流道水力性能和流动特性的影响，优化进水流道几何参数。研究方案见

表 4.2。

表 4.2 研究方案

方案	几何参数			航速 v_s /(m/s)	备注
	长度 L	倾角 α	唇角构造		
方案 1	7.45D	23°	上缘唇角 3°	10	长度优化
方案 2	6.38D	23°	上缘唇角 3°	10	
方案 3	5.71D	23°	上缘唇角 3°	10	
方案 4	6.38D	23°	上缘唇角 3°	10	倾角优化
方案 5	6.11D	30°	上缘唇角 3°	10	
方案 6	5.95D	35°	上缘唇角 3°	10	
方案 7	5.76D	40°	上缘唇角 3°	10	
方案 8	5.95D	35°	上缘唇角 3°	10	唇角优化
方案 9	5.95D	35°	上缘唇角 4°	10	
方案 10	5.95D	35°	上缘唇角 5°	10	
方案 11	5.95D	35°	上缘唇角 6°	10	
方案 12	5.95D	35°	上缘唇角 7°	10	

4.6.1 长度 L

为分析长度 L 对进水流道的水力性能的影响，在进水流道保持高度不变的情况下通过改变斜坡处样条曲线来改变其长度 L。分别研究了 3 种方案进水流道水力性能，其示意图如图 4.16 所示。

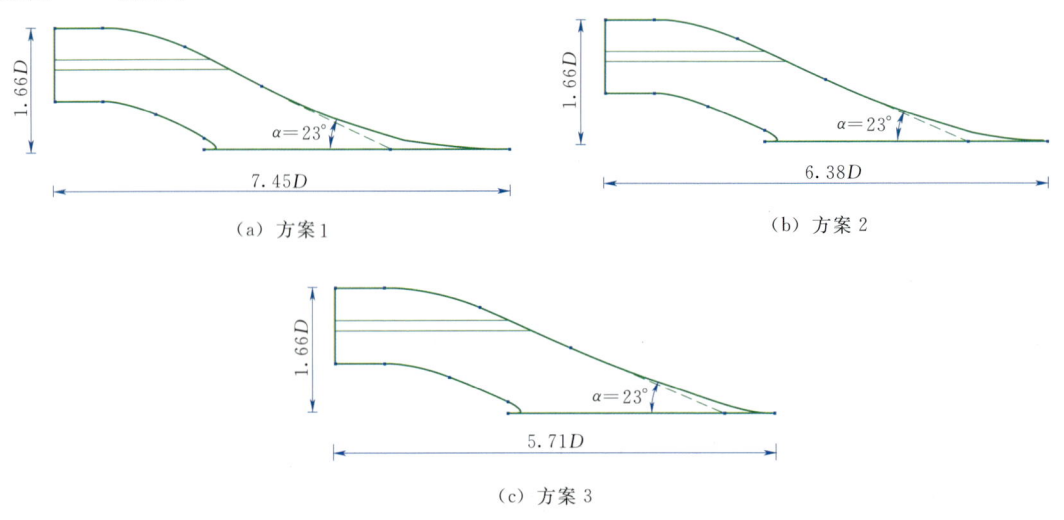

(a) 方案 1

(b) 方案 2

(c) 方案 3

图 4.16 3 种方案进水流道剖面图

图 4.17 中方案 2、方案 3 进水流道出口断面流速均匀度相对于方案 1 有较大的提高，最大均匀度系数都在 82% 以上。方案 3 在 $IVR=0.67$ 之后均匀度下降幅度很大，主要是

在低进速比下方案 3 进水流道内部出现漩涡等不良流态。图 4.18 表明方案 2、方案 3 进水流道出口断面速度加权平均角比方案 1 有小幅度的下降，这说明进水流道长度会影响其出口断面速度加权平均角的大小。综合以上分析得知方案 3 明显劣于方案 1、方案 2。方案 2 流道出口速度均匀度系数整体上相对于方案 1 有较大的提高，最大差值为 5.11%，加权平均角略有小幅度下降。

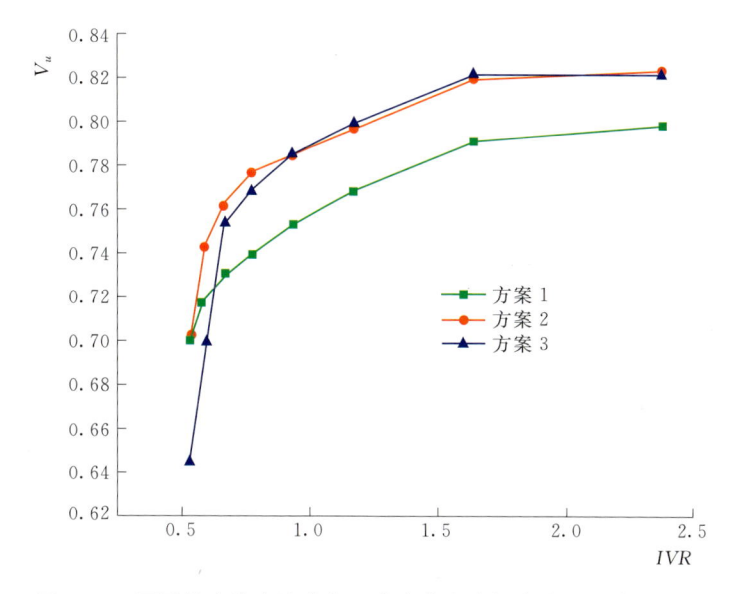

图 4.17　不同长度进水流道出口速度分布均匀度随 IVR 变化规律

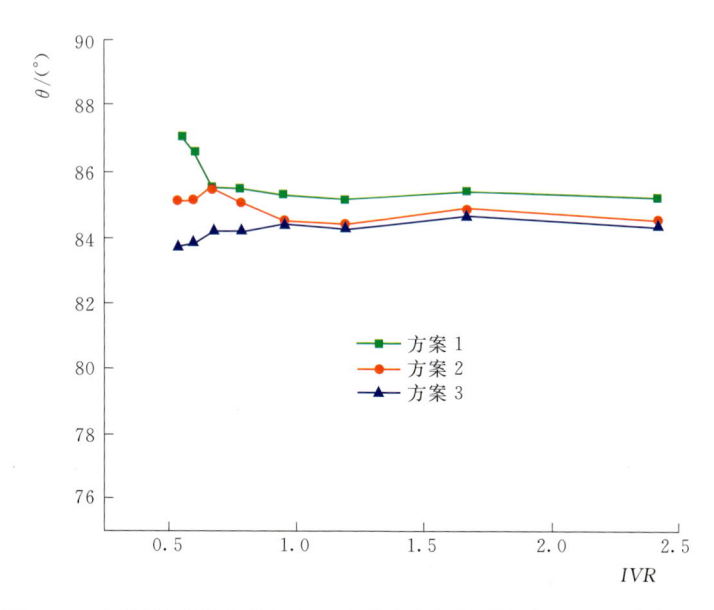

图 4.18　不同长度进水流道出口速度分布加权平均角随 IVR 变化规律

图 4.19 是不同长度进水流道中剖面最小压力空化系数随 IVR 变化示意图。结果表明，方案 3 进水流道壁面最小压力空化系数基本都处于空化临界值之下，这说明方案 3 进

水流道抗空化性能不佳；在实际运行过程中，方案 3 流道长时间运行，流道壁面局部长期处于空化下有可能遭到破坏。方案 2 在低 IVR 和高 IVR 下流道壁面最小空化系数相对于方案 1 更小，但方案 2 流道在最优工况下，即高效工作区优于方案 1，方案 1 运行工况 IVR 为 0.83~0.94，而方案 2 运行工况 IVR 为 0.78~0.95。

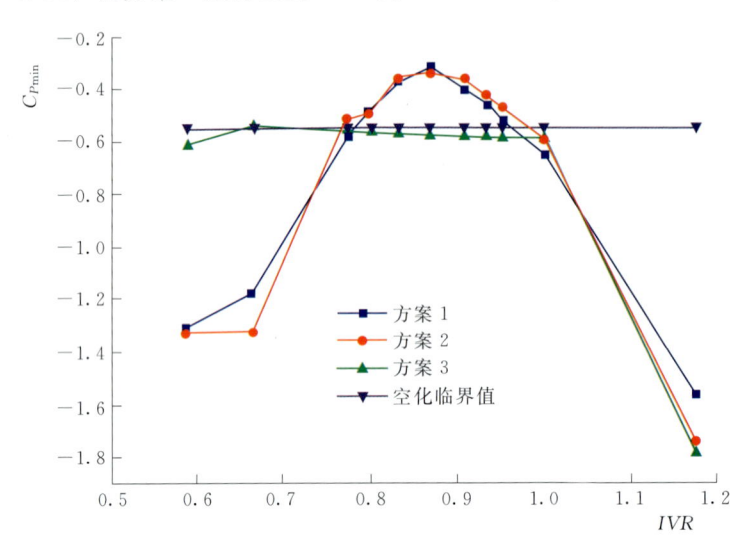

图 4.19　不同长度进水流道中剖面最小压力空化系数随 IVR 变化规律

不同方案进水流道在低进速比、小流量工况下会出现不良流态。在进速比为 0.53 的工况下，方案 1 流道内部来流均匀，无漩涡现象发生，而方案 2、方案 3 流道都已出现了漩涡等不良流态，并且方案 3 漩涡、回流现象严重。方案 3 在进速比为 0.53、0.59、0.67 的工况下均出现漩涡等不良流态，这说明在流道其他几何参数不变情况下，长度 L 的大小影响其水力性能，即进水流道在设计时要考虑斜坡曲率的大小。进水流道长度 L 在一定范围之内，斜坡曲率大，出流品质较佳；斜坡曲率较小，弯曲程度不明显，甚至接近直线，此时流道容易出现漩涡等不良流态，加大水力损失。图 4.20 是不同方案进水流道在进速比为 0.53 时内部粒子迹线示意图。

改变流道斜坡曲率，减小其长度，在一定斜坡曲率范围内水力损失系数增大较小；超出斜坡曲率合理范围之外，水力损失系数将大幅增加。在 IVR 为 0.87 时进水流道各指标见表 4.3。

表 4.3　　　　　　　　　　进水流道评价指标

方案＼指标	$\eta_{inlet}/\%$	V_u	$\theta/(°)$
方案 1	96.2	0.746	85.4
方案 2	95.4	0.781	84.8
方案 3	71.4	0.778	84.3

综上所述，进水流道长度 L 对其性能影响明显，设计时要考虑斜坡曲率大小，避免长度 L 不够而引起漩涡等不良流态。方案 2 进水流道水力性能较佳，其运行工况 IVR 为

(a) 方案 1

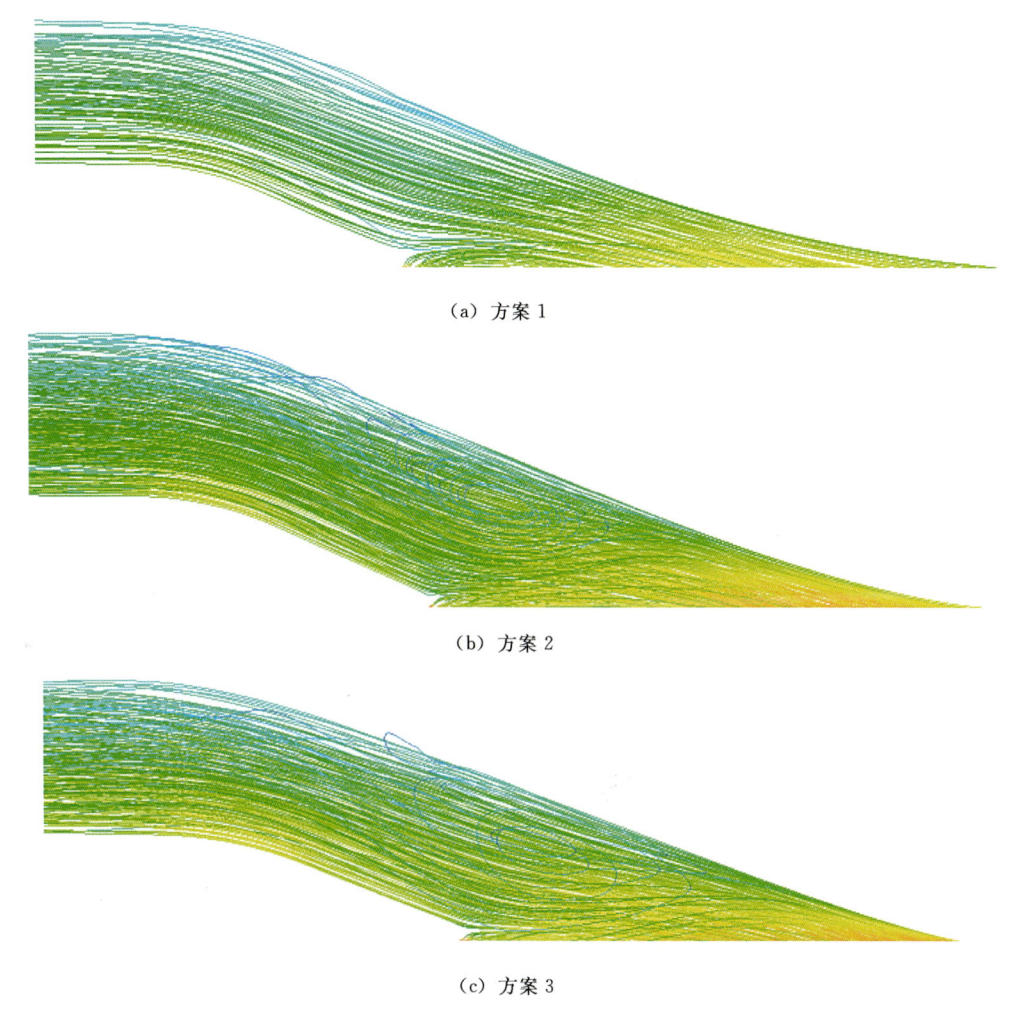

(b) 方案 2

(c) 方案 3

图 4.20　不同方案进水流道在进速比为 0.53 时内部粒子迹线示意图

0.78～0.95，拓宽了运行工况范围。选择方案 2 继续优化，通过改变入流倾角 α 进一步降低水力损失。

4.6.2　入流倾角 α

喷水推进泵装置进水流道长度、出口高度、出口直径及倾角 3 个参数是进水流道设计的关键。由于受喷水推进船尺寸、航速等限制，流道长度及出口直径调整余地有限，故流道优化过程中，倾角的水力设计尤为重要。本小节分别研究 4 种倾角方案，方案如图 4.21 所示。

图 4.22 表明，方案 5 进水流道出口断面速度均匀度较方案 4 略有逐步下降，而方案 6 与方案 7 其出口断面速度均匀度呈较大幅度的上升，这说明倾角大小对进水流道出口断面速度均匀度影响显著。4 种方案中，方案 7 其出流速度均匀度最佳，其最高均匀度达到 88% 以上。图 4.23 表明 4 种方案流道出口速度分布加权平均角差异较小，方案 6 其出口断面速度加权平均角略优于其他方案。

(a) 方案 4

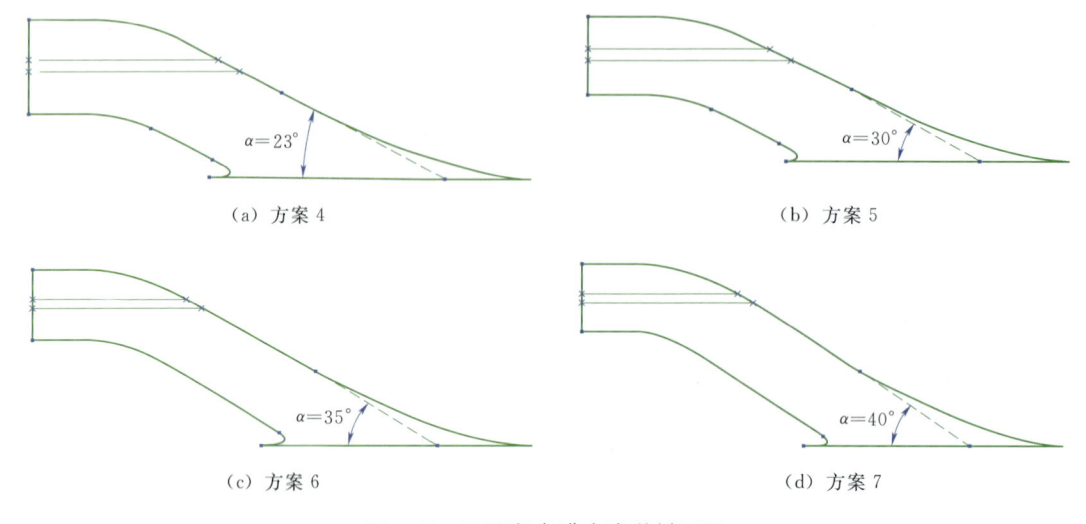

(b) 方案 5

(c) 方案 6

(d) 方案 7

图 4.21　不同倾角进水流道剖面图

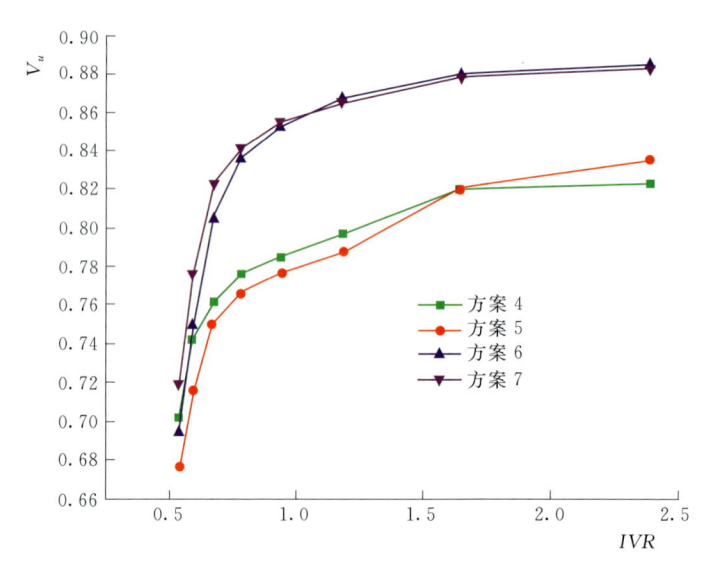

图 4.22　不同倾角进水流道出口速度分布均匀度随 IVR 变化规律

图 4.24 表明，进水流道倾角越大，流道壁面最小压力整体下降，运行工况向低进速比推移，且运行工况范围随倾角增大而逐步减小。方案 7 其壁面在各进速比基本完全空化，而方案 6 运行工况在 0.74~0.87。究其原因是流道倾角角度变化时，唇角变化剧烈，在计算分析时，对唇角进行局部修改。唇角对进水流道出流品质、壁面压力影响较大，故需对进水流道唇角进行计算分析，进一步优化进水流道水力性能。

改变进水流道入流倾角，在 30°~35°范围内，进水流道水力性能较佳；超出此范围，进水流道大面积空化，水力性能下降。在 IVR 为 0.87 时进水流道各评价指标见表 4.4。

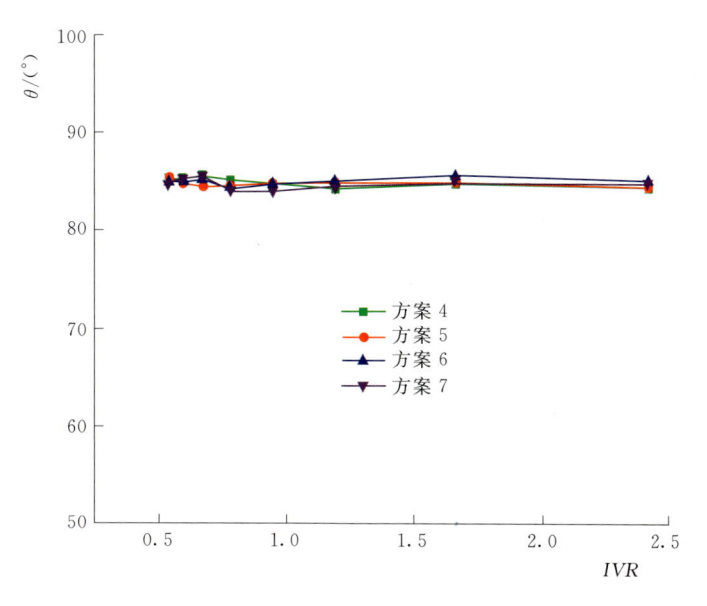

图 4.23　不同倾角进水流道出口速度分布加权平均角随 IVR 变化规律

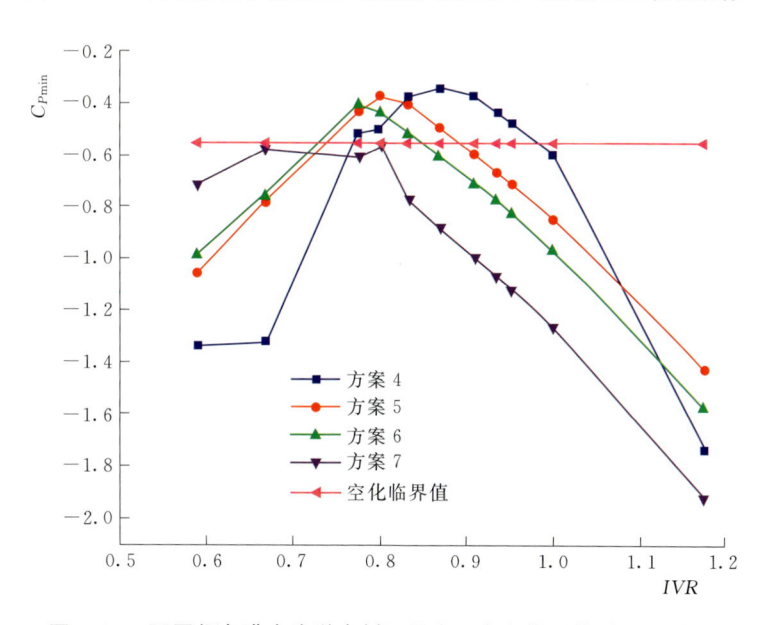

图 4.24　不同倾角进水流道中剖面最小压力空化系数随 IVR 变化

表 4.4　不同倾角的进水流道评价指标

方案 \ 指标	$\eta_{\text{inlet}}/\%$	V_u	$\theta/(°)$
方案 4	95.4	0.78	84.8
方案 5	95.7	0.77	84.6
方案 6	95.6	0.84	84.5
方案 7	95.2	0.85	84.0

综上所述，方案 6 进水流道出口速度分布均匀度有较大幅度的提升，运行工况 IVR 为 0.74～0.87，综合性能较佳。选择方案 6 进水流道继续优化，通过改变唇角结构进一步提高出口断面均匀度，增大壁面压力，拓宽进水流道工况运行范围。

4.6.3　唇角构造

平进口进水流道与船底光滑连接之处唇角曲率变化最剧烈，直接影响其水力流动性能，其线型细节仍需进一步研究。根据有关文献资料［18］得知，固定面积进水口进水流道在工况变动范围较大时，水流对进水口唇角有较大的攻角变化。唇角及其附近的流动都是进水流道水力性能研究的重点与难点。本小节研究了 5 种唇角构造方案，方案如图 4.25 所示。

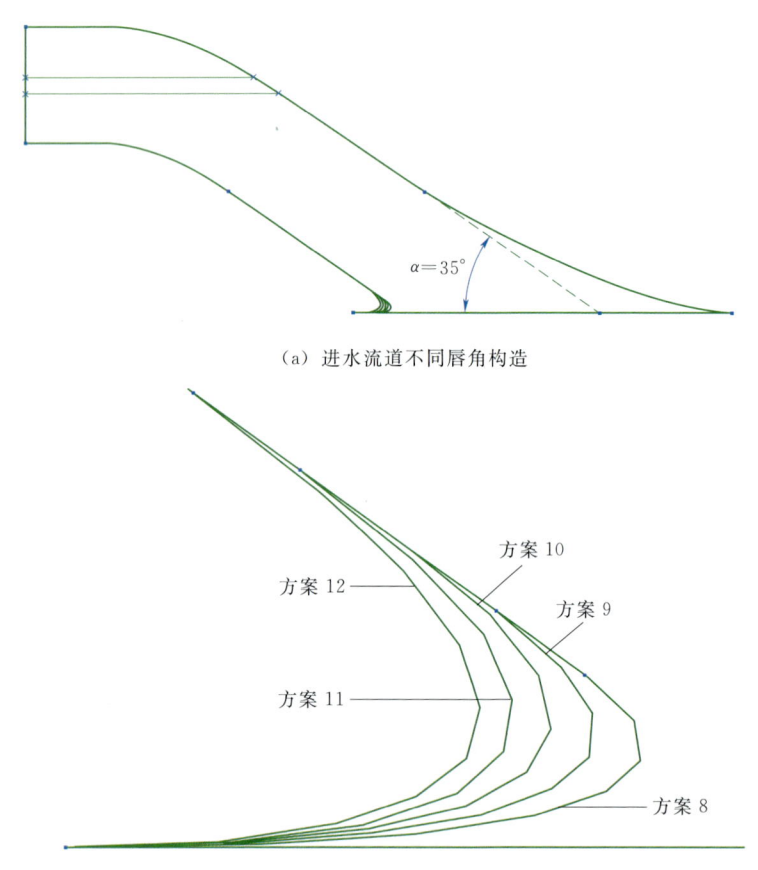

(a) 进水流道不同唇角构造

(b) 进水流道不同唇角构造局部放大

图 4.25　进水流道不同唇角构造图

图 4.26 表明，不同形式的唇角构造对进水流道出口的均匀度影响较小，仅在低 IVR 及高 IVR 时略有不同，差异较小。图 4.27 表明，各方案进水流道出口速度分布加权平均角变化不大，只是在低进速比工况下略有所差别。

图 4.28 表明，不同形式的唇角进水流道壁面压力空化系数在进速比 0.8～2.0 之间基本相同。在进速比 0.78 以下有较大差异，即在低进速比之下，唇角越尖锐，壁面压力越大，且不易空化，出流品质较佳，水力性能较好。方案 8、方案 9 工况运行范围在 IVR 为 0.69～

第 4 章　喷水推进泵装置进水流道水力优化

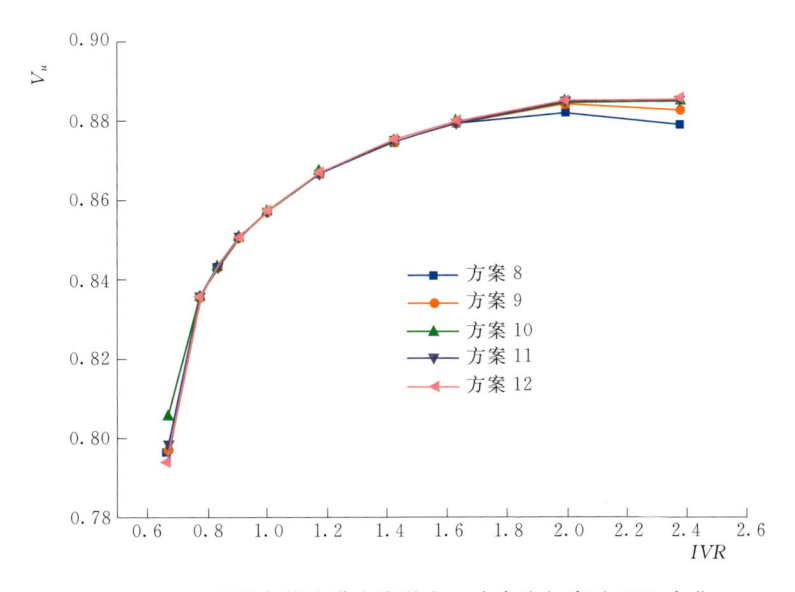

图 4.26　不同唇角构造进水流道出口速度均匀度随 IVR 变化

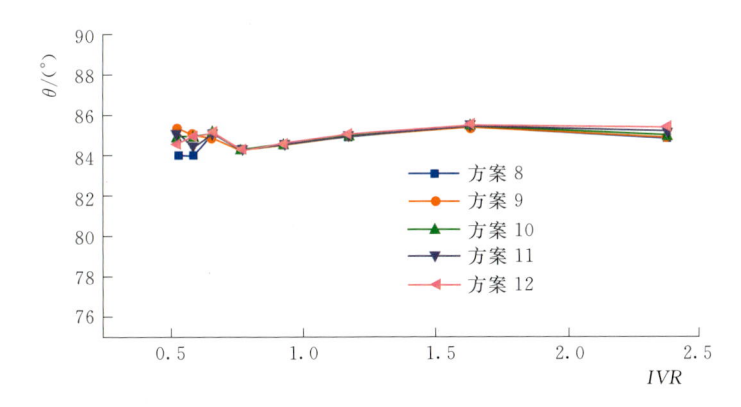

图 4.27　不同唇角构造进水流道出口速度加权平均角随 IVR 变化

0.87，优于其他方案。通过优化对比不同形式的唇角构造，达到拓宽运行工况范围的目的。

本小节中唇角构造是以唇角下缘起点相同，唇角上缘终点不同的样条曲线形式，这说明改变唇角上缘，其整流效果差异较小，但主要表现在最小压力有所不同，即运行工况范围不一样。在 IVR 为 0.87 时进水流道各评价指标见表 4.5。

表 4.5　　　　　　　　　不同唇角的进水流道评价指标

方案 \ 指标	$\eta_{\text{inlet}}/\%$	V_u	$\theta/(°)$
方案 8	95.6	0.847	84.5
方案 9	95.6	0.847	84.5
方案 10	95.6	0.847	84.5
方案 11	95.6	0.847	84.5
方案 12	95.6	0.847	84.5

41

喷水推进泵及泵装置水动力特性

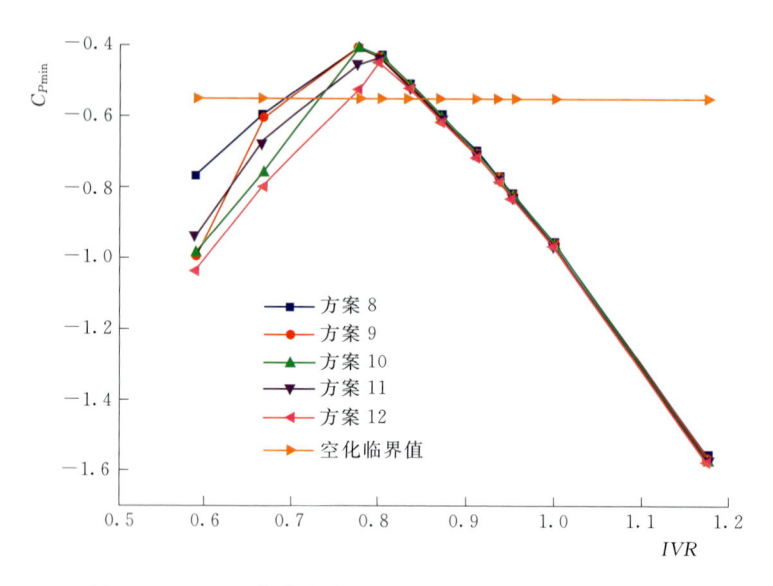

图 4.28　不同唇角进水流道最小压力空化系数随 IVR 变化

综上所述，改变进水流道唇角构造，其评价指标略有变化，变化微小；4 个评价指标并不呈一致增大或减小，但进水流道壁面压力随着进水流道几何参数变化影响较大，其工况运行范围减小幅度较大。方案 8 与方案 9 进水流道水力性能较佳，其运行工况 IVR 为 0.69～0.87，拓宽了进水流道运行工况范围，达到了优化目的。方案 8 唇角比方案 9 尖锐，故选择方案 9 为无喷泵情况下优化方案，其几何参数分别为：入流倾角 α 为 35°，长度 L 为 6.38D，上缘唇角 4°。

4.7　本章小结

本章基于 CFD 技术，采用 CFX 计算软件，从流动参数与几何参数对进水流道进行水力优化，完成无喷泵情况下水力优化。通过计算分析和方案对比，并拟定进水流道优化方案。本章所得结论如下：

对原方案进水流道分别从进速比、航速两个重要流动参数进行水力优化，分析流动参数对其水力性能的影响，并总结了其水力性能变化规律。

（1）进速比 IVR 对进水流道性能有着显著的影响。在低 IVR 时进水流道不易空化，出流均匀性能较差；在高 IVR 时进水流道空化现象严重，出流均匀性能较好；在 IVR 为 0.83～0.94 工况下综合水力性能优良；原方案进水流道最佳运行工况 IVR 为 0.83～0.94。

（2）进水流道水力性能的优劣与航速有一定相关性，并受到航速的限制。航速越大，进水流道出流均匀性能有所提高，但其空化范围越广。因此，原方案进水流速最佳航速为 10m/s，其后续优化在无喷泵情况下基于该航速。

通过 UG NX 软件调整原方案进水流道几何参数，基于 CFD 分别优化了长度、倾角及唇角构造，获得了进水流道优化方案。

（1）进水流道长度 L 对其性能影响明显，设计时要考虑斜坡曲率大小，避免长度 L 不够而引起漩涡等不良流态。方案 2 进水流道水力性能较佳,其运行工况 IVR 为 0.78~0.95,拓宽了运行工况范围。

(2) 改变进水流道入流倾角,在 30°~35°范围内,进水流道水力性能较佳;超出此范围,进水流道大面积空化,水力性能下降。方案 6 进水流道出口断面速度分布均匀度有较大幅度的提升,运行工况 IVR 为 0.74~0.87,综合性能较佳。

(3) 改变进水流道唇角构造,其评价指标变化微小,并不呈一致增大或减小,但壁面压力随着唇角构造变化影响较大,其工况运行范围减小幅度较大;唇角越尖锐,进水流道抗空化性能越好;进水流道优化方案几何参数分别为:入流倾角 α 为 35°,长度 L 为 6.38D,上缘唇角 4°,运行工况 IVR 为 0.69~0.87。

第 5 章
喷水推进泵叶轮水力性能和流动特性

5.1 引言

为了获得试验用混流泵、推进泵及泵装置的水力性能，采用 CFD 方法对其进行数值模拟研究。首先对文献［45］中试验用混流泵段进行了数值模拟计算。为了便于测试轴功率，试验用混流泵段根据试验需要进行了修改，将计算结果与试验结果进行比较，验证了计算的可靠性。由于试验用混流泵与实际喷水推进泵结构不一致，因此将试验用混流泵段的进出口过渡段和轮毂进行模型修改，并进行数值模拟计算。本章对两个泵段模型进行了水力性能和流动特性的比较分析。

5.2 试验用泵段水力性能数值模拟

5.2.1 计算区域

本节主要对如图 5.1 所示的试验用混流泵段进行数值模拟研究。计算区域包括进口段、叶轮（6 片）、叶片间隙、导叶体（7 片）和出口段。

5.2.2 网格划分

对于叶轮和导叶体等结构较复杂部分，采用 ANSYS Workbench 来进行四面体网格离散，并在叶片附近进行加密。由于其他区域模型结构简单，采用了 ICEM 对其进行六面体 O 型网格剖分。网格如图 5.2 所示。

其中，进出口网格数分别为 10 万和 7 万，叶轮网格数为 175 万，导叶体网格数为 83 万，叶片间隙网格数为 13 万，总网格数达 288 万。

5.2.3 设置边界条件及求解设置

速度入口主要应用于不可压流体，而水可以近似地认为是不可压流体，因此该装置模

第 5 章 喷水推进泵叶轮水力性能和流动特性

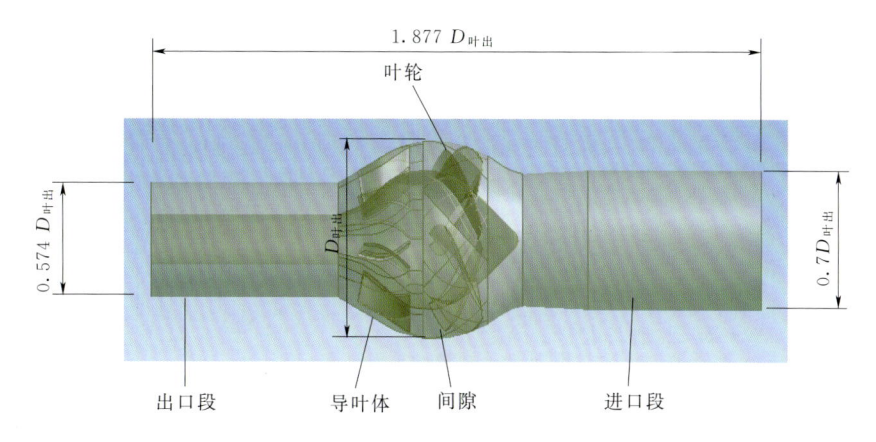

图 5.1 试验用混流泵段模型
$D_{叶出}$——叶轮室的出口直径

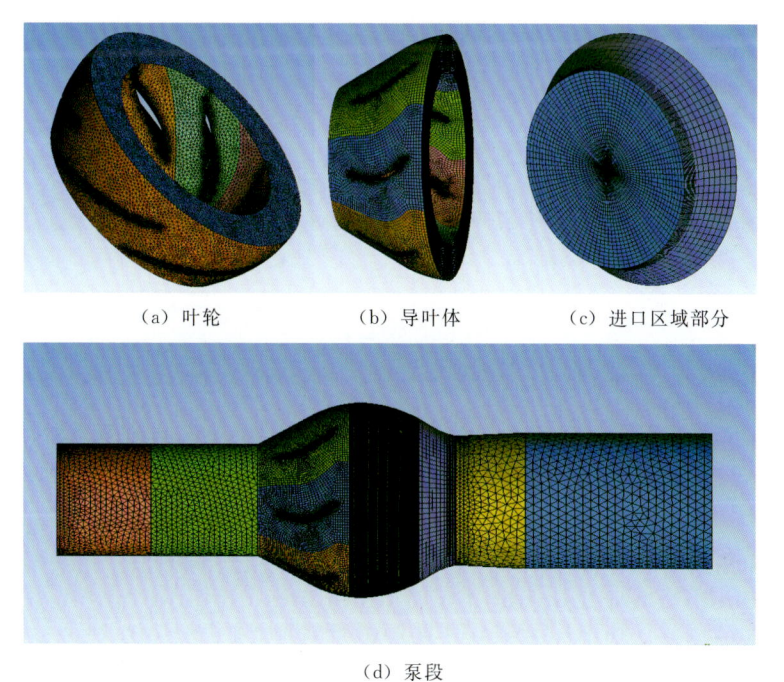

(a) 叶轮 (b) 导叶体 (c) 进口区域部分

(d) 泵段

图 5.2 试验用混流泵段网格示意图

型的进口设为速度进口（normal speed），由于面积一定，即将进口设为流量进口（mass flow rate）；出口为平均静压出口（average static pressure），设定参考压力为 1atm；叶轮为旋转区域，叶轮的叶片和轮毂为相对静止壁面条件，叶轮外壳为绝对静止壁面条件；导叶体、喷口及进水流道边壁均设为无滑移壁面条件。其参考压力设为 10^5 Pa。

求解的设置主要包括求解格式、湍流模型和计算步数等方面。泵转速为 700r/min[48]。计算工况为（10%～120%）Q_d。开始采用高阶迎风格式，标准 k-ε 湍流模型，计算步长设定为 500 步（计算结果证明收敛度较好），无热传递。

45

在初步设置好这些边界条件以后，该数值模型就可以在 CFX 中进行计算了。

5.2.4 湍流模型计算对比

在同一流量点下，网格数为 288 万，选取几种常用的湍流模型（对应流量 $Q=0.105\text{m}^3/\text{s}$）进行计算，结果见表 5.1。研究表明，在相同的流量条件下，所使用的计算方程不同，其结果亦有差异。将不同湍流模型的计算结果与文献 [45] 计算结果做对比，发现其各计算值相差不大，但在标准 $k\text{-}\varepsilon$ 紊流模型计算条件下，其值与实验值比较一致，故选用标准 $k\text{-}\varepsilon$ 作为计算用模型。表 5.1 中的值均是与文献 [45] 计算结果的比值。

表 5.1　不同湍流模型计算性能值

湍流模型	标准 $k\text{-}\varepsilon$	SSG	$k\text{-}\omega$	RNG	SST
$H_s/H_{s实}$	0.9926	1.0348	1.0174	1.0566	1.01226

注　H_s 值为不同模型计算的静扬程值；$H_{s实}$ 为实验值。

5.2.5 计算结果与分析

在 CFX 中计算以后，在后处理中将计算结果进行分析整理，得出泵的性能曲线及流动特性。

所取的测压断面接近泵，动压水头较难确定，因此取断面上的静水压力周向平均差作为静扬程。为便于与试验结果相比较，取断面上的 4 个周向压力的平均值进行分析。静扬程取值断面示意图如图 5.3 所示。

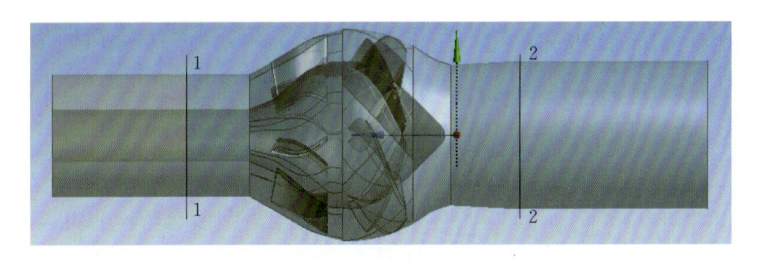

图 5.3　静扬程取值断面示意图

其中，相应的扬程、功率和效率的计算主要采用式（5.1）～式（5.4）：

$$P = P_{\text{out}} - P_{\text{in}} \quad (5.1)$$

$$H = \frac{P}{\rho g} \quad (5.2)$$

$$N = \frac{2\pi T n}{1000 \times 60} \quad (5.3)$$

$$\eta = \frac{\rho g Q H}{N} \quad (5.4)$$

式中：P 为静压，Pa；T 为扭矩，N·m；N 为功率，kW；H 为推进泵扬程；P_{in} 为推进泵进口总压；P_{out} 为推进泵出口总压；ρ 为介质密度；g 为重力加速度；η 为推进泵效率；Q 为流量；n 为水泵叶轮转速。

第5章 喷水推进泵叶轮水力性能和流动特性

将以上设置条件的模型进行计算对比，如图5.4所示。分析可得，在马鞍区附近的扬程与实验数据相差甚大。说明在前处理时，某些设置可能与实际条件不符。因此，进行求解条件的修改设置。

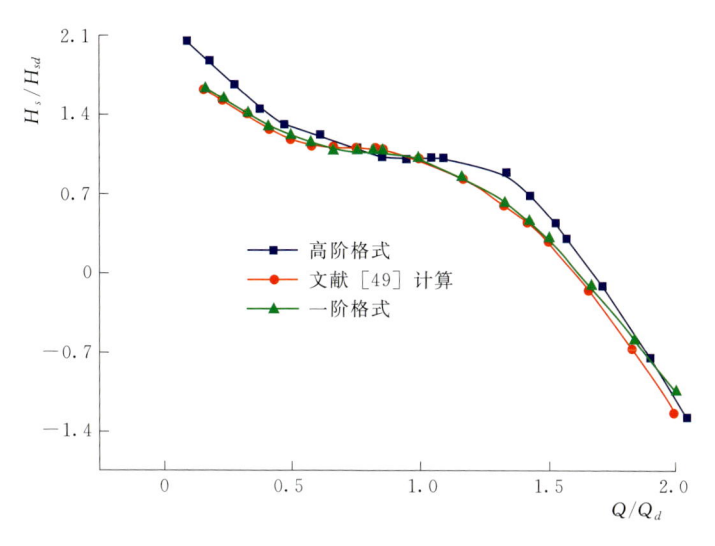

图5.4 不同格式计算结果与试验结果比较

经过不断地进行条件的修改并对比，最后将部分求解设置进行修改：对流项的离散采用一阶迎风差分格式，选取标准k-ε湍流模型，收敛精度为10^{-5}，再进行计算。如图5.4所示，采用一阶离散格式计算时，性能曲线与文献[53]试验结果较为吻合。

图5.5为一阶求解模式所得试验用混流泵总扬程和静扬程性能曲线，由图可知，随着流量的增加，动压水头差逐步增大以及水力损失均会增大，其占总扬程值比例逐步增加。

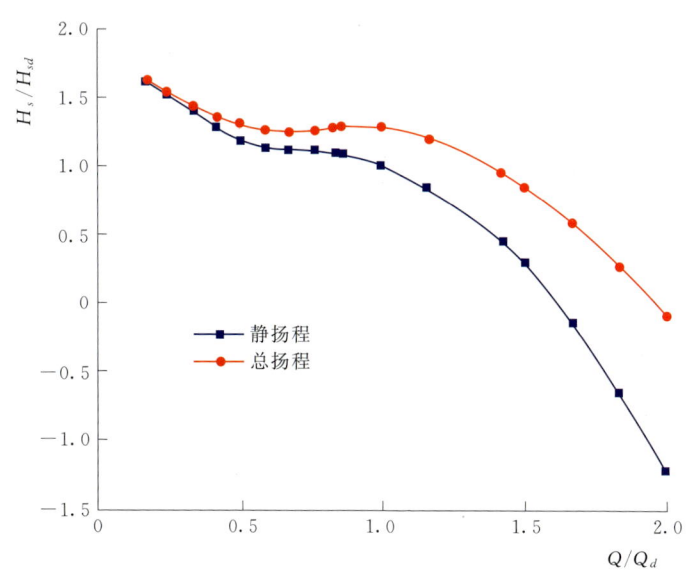

图5.5 试验用混流泵总扬程和静扬程

图 5.6 为计算试验用泵段的流量功率和流量效率性能曲线，由图可知：在一定的范围内，随着泵流量的增大，效率和功率均有先增大后减小的趋势。研究表明，该模型高效区较宽，是一个性能较为优良的混流泵模型。

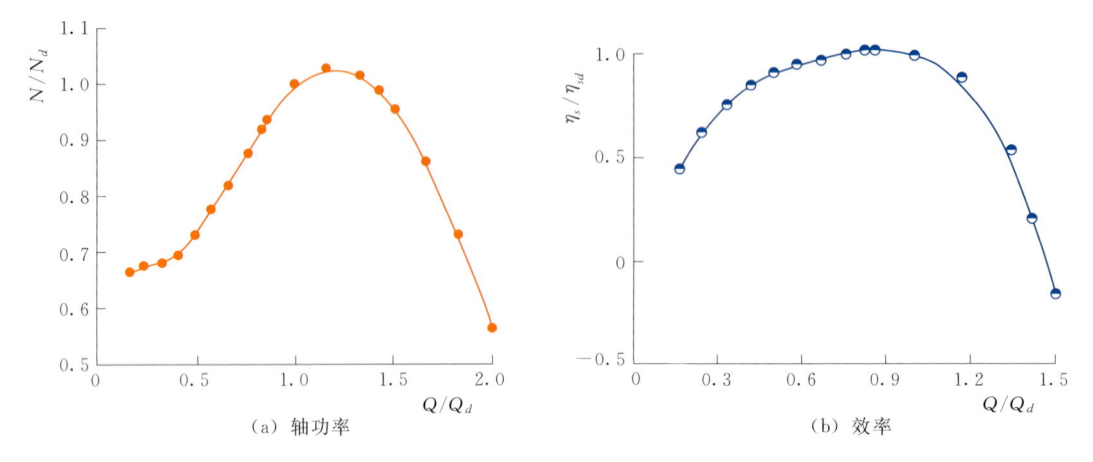

图 5.6　试验用泵段的流量功率和流量效率性能曲线

5.3　推进泵段水力性能数值模拟

5.3.1　计算域

由于试验用混流泵段是在实际喷水推进泵基础上进行了修改，为了喷水推进泵装置的计算，在试验用混流泵段模型基础上对其进行了模型修改。试验用混流泵模型为便于测试泵轴推力，将泵轴装在了泵的出口侧。而实际泵轴是在进口侧，且泵轴直径并没有那么大。根据相关文献，将泵轴的位置、直径、进出口断面半径以及轮毂头方向进行了修改，修改模型时，在 DM 中将轮毂在 X 方向进行倒置，并将泵轴设在进口一侧，减少其尺寸；出口断面面积的选取主要依照文献 [48]。将其修改以后，对其水力特性进行 CFD 数值模拟研究。

推进泵模型为修改后模型，即将试验用混流泵模型修正为喷水推进泵段，如图 5.4 所示。与试验用混流泵段相同，该泵的计算区域分为 4 个部分，即进口段、出口段、叶轮以及导叶体。修改后实体模型如图 5.7 所示。

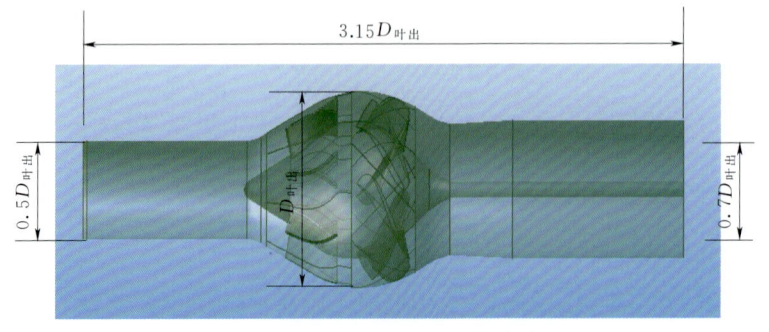

图 5.7　修改后实体模型图（推进泵模型）

5.3.2 网格及无关性分析

由于其叶轮和导叶体部分并没有改动，故只需要对进出口段进行网格剖分即可，而后进行网格组装。理论上，模型的网格数越多，由网格引起的求解误差会越小。但是，网格数增加的同时，对于计算机的配置要求也增加了，计算速度也会变慢。所以，在保证求解精度在一定范围的基础上，网格数量不能过大。为此，分析了网格数量对计算结果的影响。针对实验用混流泵段，选择 5 个不同的网格数量级对该模型进行了求解，网格数分别为 212 万、247 万、288 万、316 万和 367 万，并且每个网格量级均计算了 18 个流量工况点。

图 5.8 为在设计流量工况下，不同网格量级下的静扬程和效率比较图。由图可知，当网格数变化时，在同一个流量工况点下，其性能也有相应的变化。从网格数在 288 万开始，其性能开始趋于稳定。

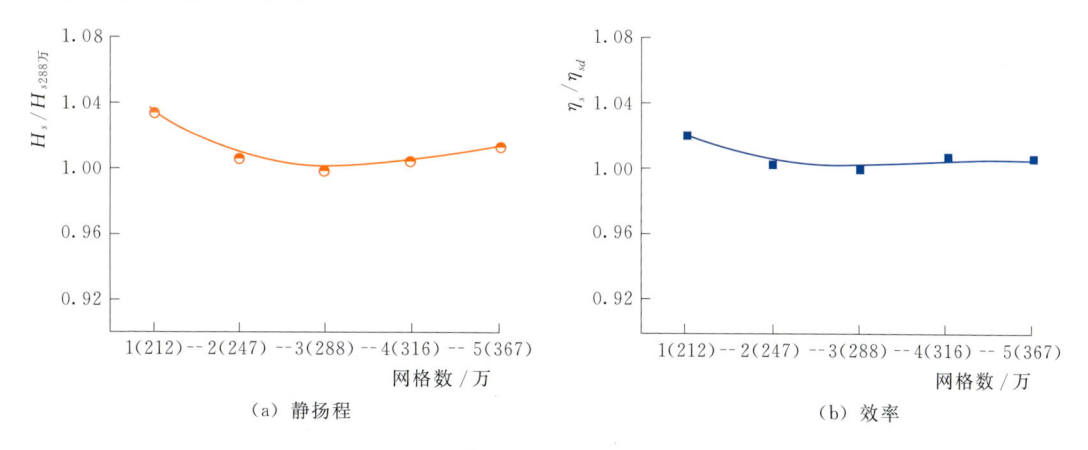

(a) 静扬程

(b) 效率

图 5.8 不同网格量级下的静扬程和效率比较图

图 5.9 为不同网格数条件下的流量扬程和流量效率性能曲线。由图中各性能曲线图进行对比以后，可以发现，当网格数较少时，效率波动较大；当网格数逐步增大时，网格数在 288 万左右时，其性能趋于稳定，288 万网格数已可以满足混流泵的计算求解精度。研究表明，当网格量级为 300 万左右时计算水力性能与网格无关。网格数量级选取 288 万，其网格示意图如图 5.10 所示。

5.3.3 边界条件及求解设置

边界条件及求解条件的设置与试验用泵段相同。

5.3.4 计算结果及分析

图 5.11 比较了修改后模型与试验用泵段的水力性能。计算表明：将模型修改以后，其总体性能有所降低。在小流量范围内，总体差别比较小，但功率差别比较明显。当流量增大时，其总扬程、静扬程和效率之差变大，其主要原因是推进泵段出口面积较小。

对 7 个工况点内部流动特性进行分析，即 $0.167Q_d$、$0.417Q_d$、$0.667Q_d$、Q_d、$1.33Q_d$、

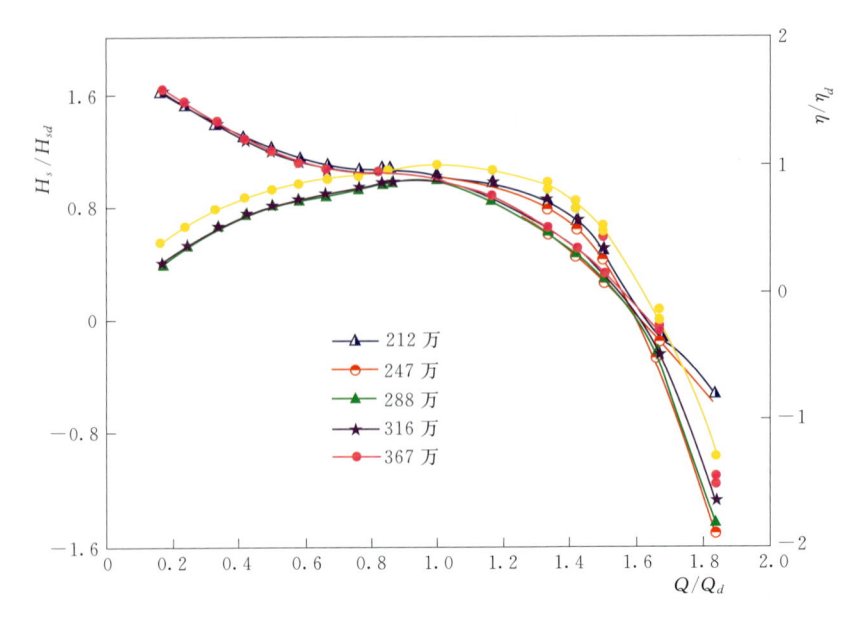

图 5.9　不同网格量级的水力性能对比图

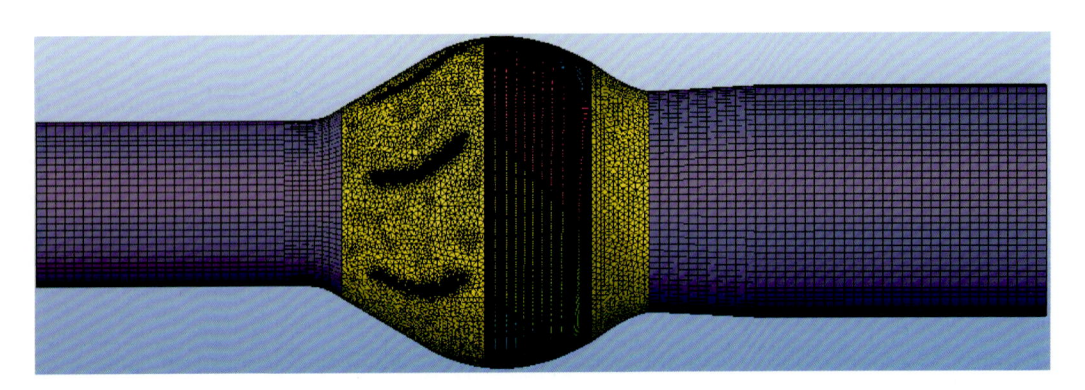

图 5.10　推进泵网格示意图

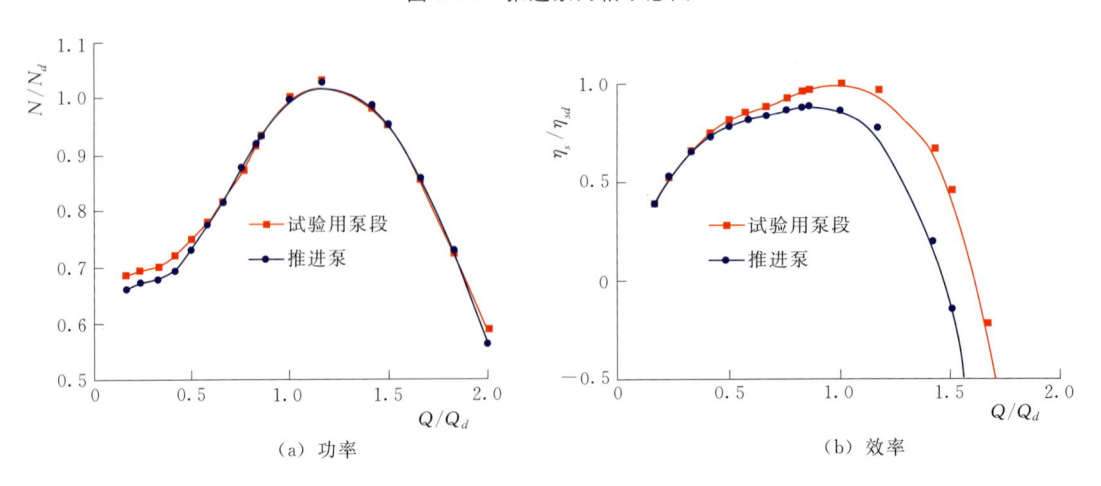

(a) 功率

(b) 效率

图 5.11 (一)　试验用泵及推进泵模型性能对比曲线

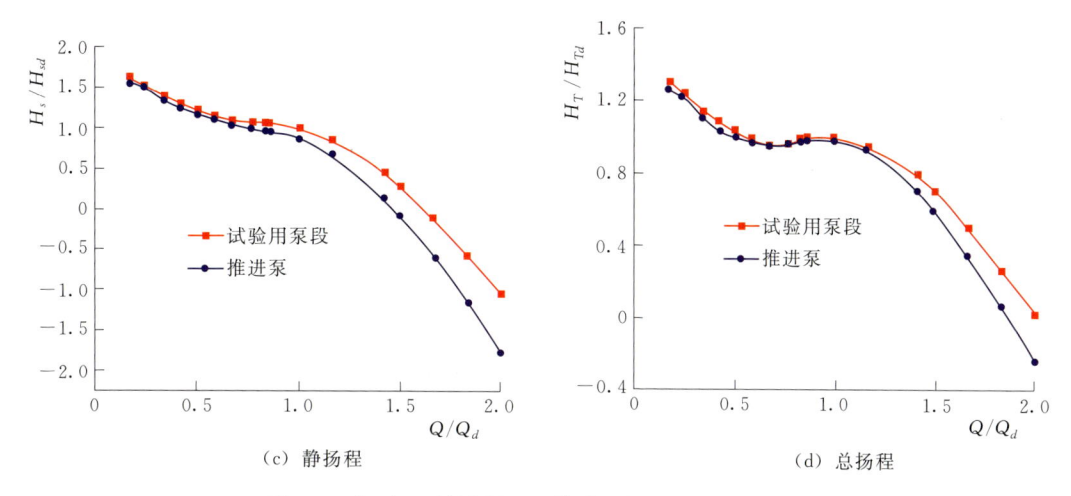

第 5 章 喷水推进泵叶轮水力性能和流动特性

(c) 静扬程

(d) 总扬程

图 5.11（二） 试验用泵及推进泵模型性能对比曲线

$1.67Q_d$、$2.0Q_d$。

1. 流线及轴面静压力分布

图 5.12 是推进泵三维流线及轴面上的静压力分布云图。由图可以看出，在小流量点 [图 5.12（a）~（c）] 时，轴面上流线的分布比较紊乱。在 $0.167Q_d$ 时，叶轮进口前面区域流线比较紊乱，这导致叶轮叶片上的水流分布极其不均匀。经过叶轮旋转加速，水流流入导叶体后的水流流态仍比较乱，最后从出口流出的水流流态很差。由图 5.12 可知，出口处的流线都集中在了喷口中间部分。综上分析，在小流量时，推进泵各个部件区域流线紊乱，其出口段轴面上的压力分布却比较均匀。

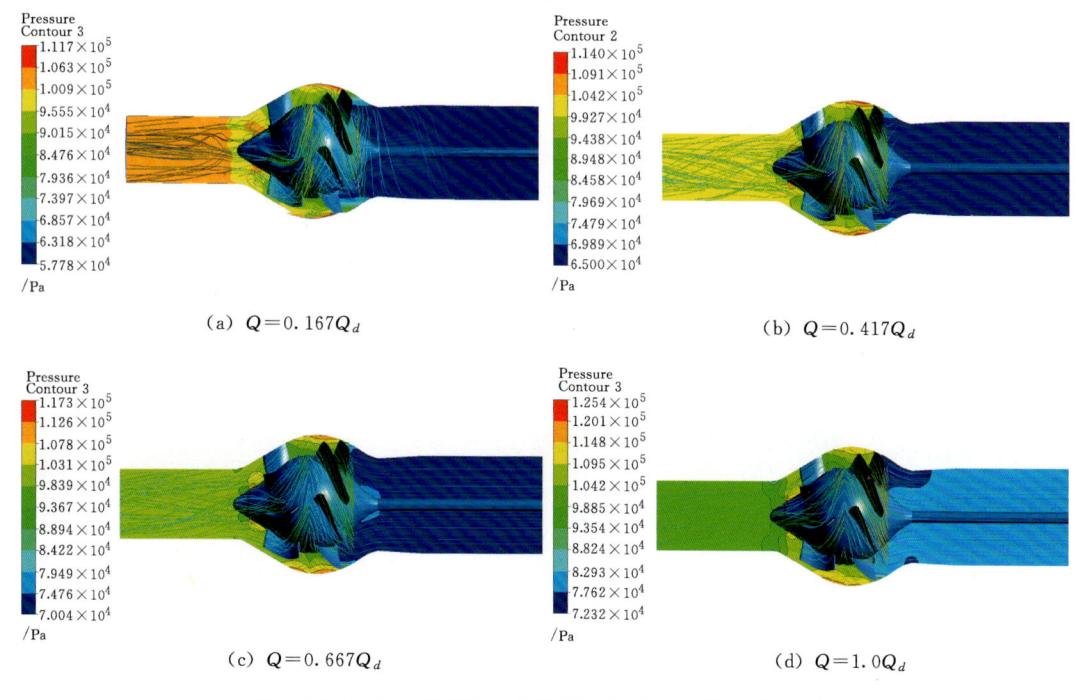

(a) $Q=0.167Q_d$

(b) $Q=0.417Q_d$

(c) $Q=0.667Q_d$

(d) $Q=1.0Q_d$

图 5.12（一） 推进泵三维流线及轴面上的静压分布云图

喷水推进泵及泵装置水动力特性

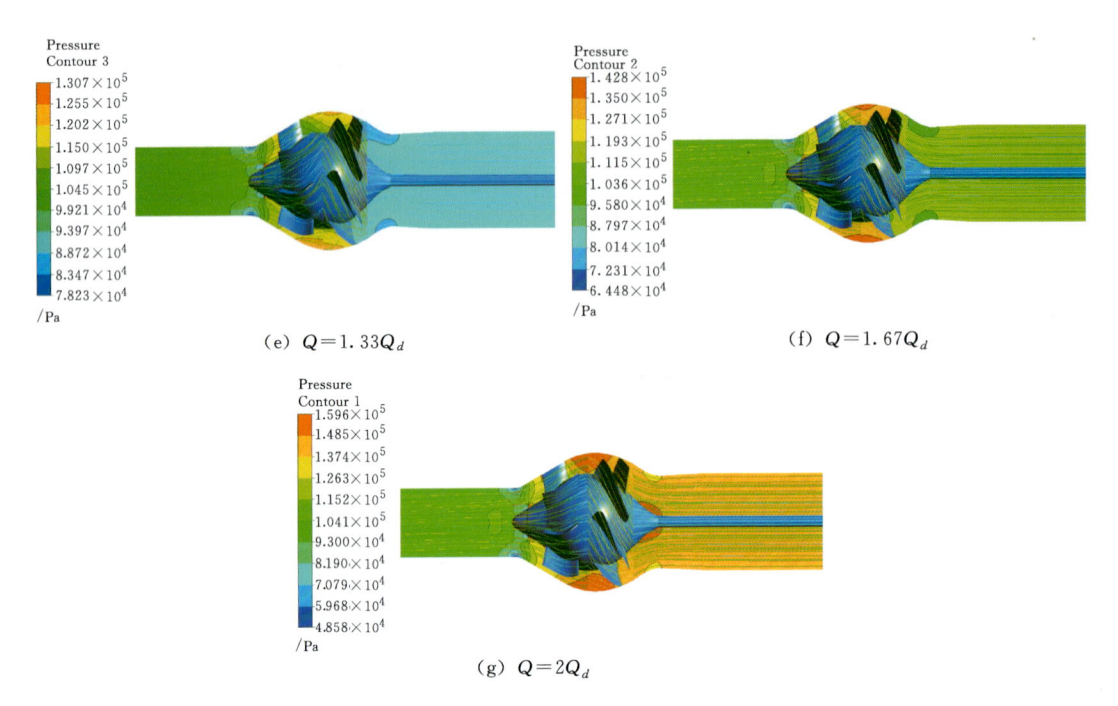

(e) $Q=1.33Q_d$

(f) $Q=1.67Q_d$

(g) $Q=2Q_d$

图 5.12（二） 推进泵三维流线及轴面上的静压分布云图

随着流量的增加，流线分布也逐渐变的均匀。由图中可以看出，当流量大于设计流量，即大流量点[图 5.12（e）～（g）]时，流线的分布已经较为均匀。同时，轴面的压力分布开始变得不均匀。当流量达到 $1.67Q_d$ 时，导叶体出口处明显的出现低压区。当流量为 $2Q_d$ 时，出口段的压力分布更加不均匀，并且在叶轮前面中心区域靠轴部分压力较高。

2. 纵剖面轴向速度分布

图 5.13 是推进泵的纵剖面轴向速度云图。由图可以看出，在小流量工况时，泵段出口段的轴向流速相对比较均匀，而进口段流速不均匀。随着流量的增大，在轴面的纵向区域开始出现明显的 3 个速度区域，如图 5.13（g）所示。其中，上下边壁处速度分布较为一致且较为均匀，而中间部分的速度分布不均匀，速度由导叶体向喷口呈增大趋势。叶轮进口段区域的速度分布随着流量增大，越来越均匀。在导叶体后的出口段，轮毂头部会产生与流出水流相反的速度，小流量工况时，速度变化值较小，大流量工况时，速度变化值较大。

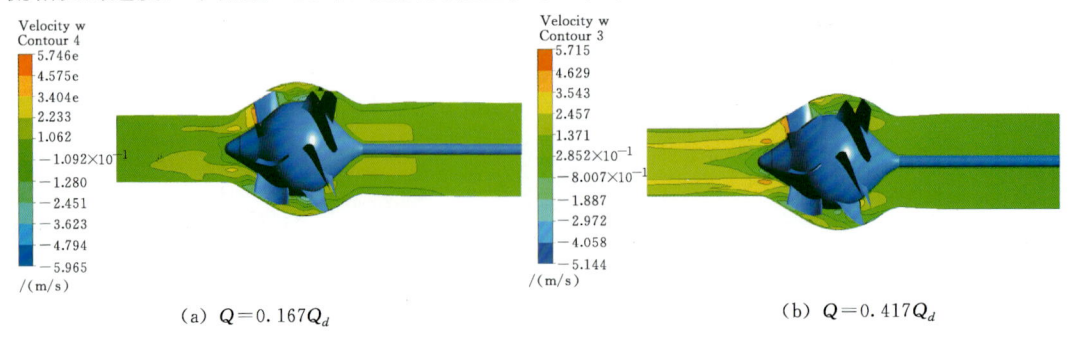

(a) $Q=0.167Q_d$

(b) $Q=0.417Q_d$

图 5.13（一） 推进泵纵剖面轴向速度分布云图

(c) $Q=0.667Q_d$

(d) $Q=1.0Q_d$

(e) $Q=1.33Q_d$

(f) $Q=1.67Q_d$

(g) $Q=2Q_d$

图 5.13（二）　推进泵纵剖面轴向速度分布云图

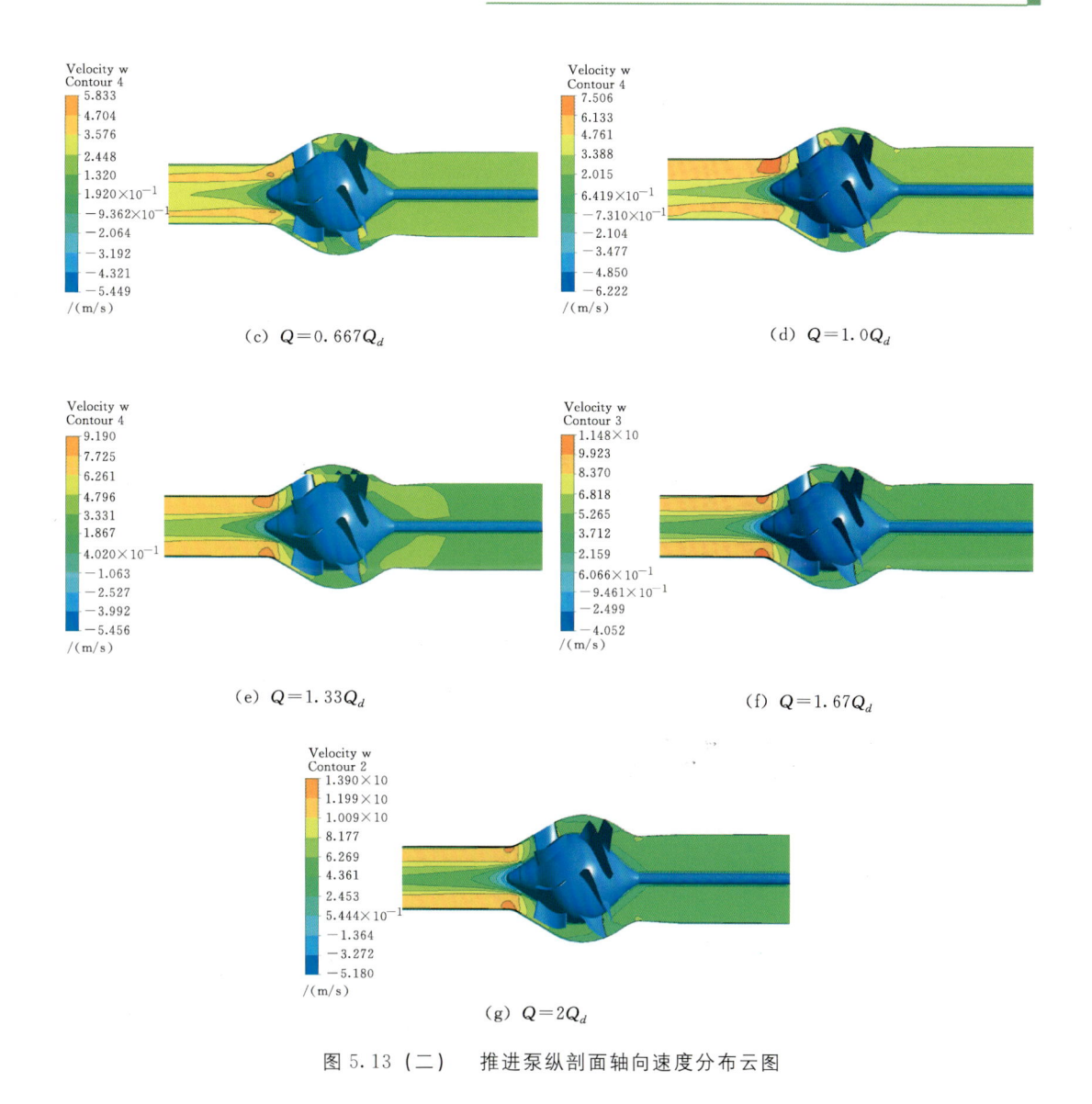

5.4　本章小结

本章采用 CFD 计算方法，通过建立计算模型、网格划分、边界条件的设定等，完成了整个的计算过程。主要对喷水推进泵装置进行了数值模拟计算。首先，对试验用混流泵段进行 CFD 计算，并与前人所得数据进行对比。然后，对试验用混流泵模型进行修改，并对该推进泵进行数值模拟计算分析，与试验用混流泵段性能进行比较。最后，对整体喷水推进泵装置进行组装及数值模拟计算分析。本章所得结论如下：

（1）对试验用混流泵段进行 CFD 研究，获得了其在不同流量下的水力性能，计算结果与实验结果较为吻合，表明计算方法和结果可信。

（2）由于试验用混流泵与实际喷水推进泵结构不一致，因此将试验用混流泵段的进出口过渡段和轮毂进行模型修改。通过计算，获得了修改后的推进泵在不同流量工况点下的水力性能。研究表明，在小流量工况时，推进泵段内流态较差；在设计流量工况时，流态逐步变好；在大流量工况时，泵内流态较好。

第 6 章
喷口对喷水推进泵装置水力性能的影响

喷水推进泵装置喷口的作用是喷出水流以提供推力。实际应用中大多采用圆形喷口。但圆形喷口所提供推力是否较大，效率如何，水力性能是否优越，缺乏研究依据。喷口的形状、尺寸以及喷口段的过渡形式对整个装置的性能产生什么影响，如何影响泵及装置内的流动特性、推进效率和推力等缺少系统研究，因此，有必要对喷水推进泵装置喷口进行深入仔细研究。本章基于 CFD 技术，对喷口几何参数进行数值模拟研究，其分析结果可为选择喷口形式提供依据，从而可进一步提高喷水推进泵装置的水力性能及应用效率。另外，本章还开展了不同航速对泵装置性能影响和不同喷口形式在不同工况下推进泵装置水力性能研究。

6.1 研究方案

本章以第 3 章的喷水推进泵装置为建模原型，在 ANSYS 建模软件中对喷口进行修改。喷口几何参数主要包括喷口面积、喷口形状以及喷口段曲线过渡形式，通过修改这些参数并进行数值模拟计算，分析其对喷水推进泵装置水力性能和流动特性的影响。研究方案见表 6.1。

表 6.1 研究方案

方案	喷口面积	喷口形状	a/b	喷口段过渡形式	航速/(m/s)	备注
方案 1	5.67% $A_{叶出}$	圆形	1	直线渐缩型	8	
方案 2	8.86% $A_{叶出}$	圆形	1	直线渐缩型	8	
方案 3	10.72% $A_{叶出}$	圆形	1	直线渐缩型	8	
方案 4	12.76% $A_{叶出}$	圆形	1	直线渐缩型	8	
方案 5	15% $A_{叶出}$	圆形	1	直线渐缩型	8	喷口面积对泵装置性能影响
方案 6	17.36% $A_{叶出}$	圆形	1	直线渐缩型	8	
方案 7	19.93% $A_{叶出}$	圆形	1	直线渐缩型	8	
方案 8	25% $A_{叶出}$	圆形	1	直线型	8	
方案 9	31.98% $A_{叶出}$	圆形	1	直线渐扩型	8	
方案 10	39.06% $A_{叶出}$	圆形	1	直线渐扩型	8	

续表

方案	喷口面积	喷口形状	a/b	喷口段过渡形式	航速/(m/s)	备注
方案11	15% $A_{叶出}$	椭圆形	1.3		8	
方案12	15% $A_{叶出}$	椭圆形	1.5		8	
方案13	15% $A_{叶出}$	椭圆形	1.8		8	
方案14	15% $A_{叶出}$	椭圆形	2		8	
方案15	15% $A_{叶出}$	方形	1		8	喷口形状对泵装置性能影响
方案16	15% $A_{叶出}$	方形	1.3		8	
方案17	15% $A_{叶出}$	方形	1.5		8	
方案18	15% $A_{叶出}$	方形	1.8		8	
方案19	15% $A_{叶出}$	方形	2		8	
方案20	15% $A_{叶出}$	倒角方形	1		8	
方案21	15% $A_{叶出}$	倒角方形	1.1		8	
方案22	15% $A_{叶出}$	倒角方形	1.3		8	
方案23	15% $A_{叶出}$	倒角方形	1.5		8	
方案24	15% $A_{叶出}$	倒角方形	1.8		8	
方案25	15% $A_{叶出}$	圆形	1	直线渐缩型	8	喷口段过渡形式对泵装置性能影响
方案26	15% $A_{叶出}$	圆形	1	先曲线后直线平直出口型	8	
方案27	15% $A_{叶出}$	圆形	1	先曲线再直线后曲线渐缩出口型	8	
方案28	15% $A_{叶出}$	圆形	1	直线渐缩型	4	航速对泵装置性能影响
方案29	15% $A_{叶出}$	圆形	1	直线渐缩型	6	
方案30	15% $A_{叶出}$	圆形	1	直线渐缩型	8	
方案31	15% $A_{叶出}$	圆形	1	直线渐缩型	12	
方案32	15% $A_{叶出}$	圆形	1	直线渐缩型	16	

注　$A_{叶出}$是叶轮室出口面积；a/b是指椭圆长短轴之比和倒角方形的长宽边之比。

6.2 喷口尺寸对喷水推进泵装置性能影响

6.2.1 喷口模型

研究了10种不同面积的圆形喷口泵装置的水力性能，其中面积范围为（5.67%～39.06%）$A_{叶出}$。在Workbench中对模型进行喷口修改后，喷口三维模型如图6.1所示。

(a) 方案1（5.67% $A_{叶出}$）　　(b) 方案2（8.86% $A_{叶出}$）　　(c) 方案3（10.72% $A_{叶出}$）

图6.1（一）　不同面积圆形喷口方案三维实体模型

(d) 方案 4（12.76% $A_{叶出}$）　　　(e) 方案 5（15% $A_{叶出}$）　　　(f) 方案 6（17.36% $A_{叶出}$）

(g) 方案 7（19.93% $A_{叶出}$）　　　(h) 方案 8（25% $A_{叶出}$）　　　(i) 方案 9（31.98% $A_{叶出}$）

(j) 方案 10（39.06% $A_{叶出}$）

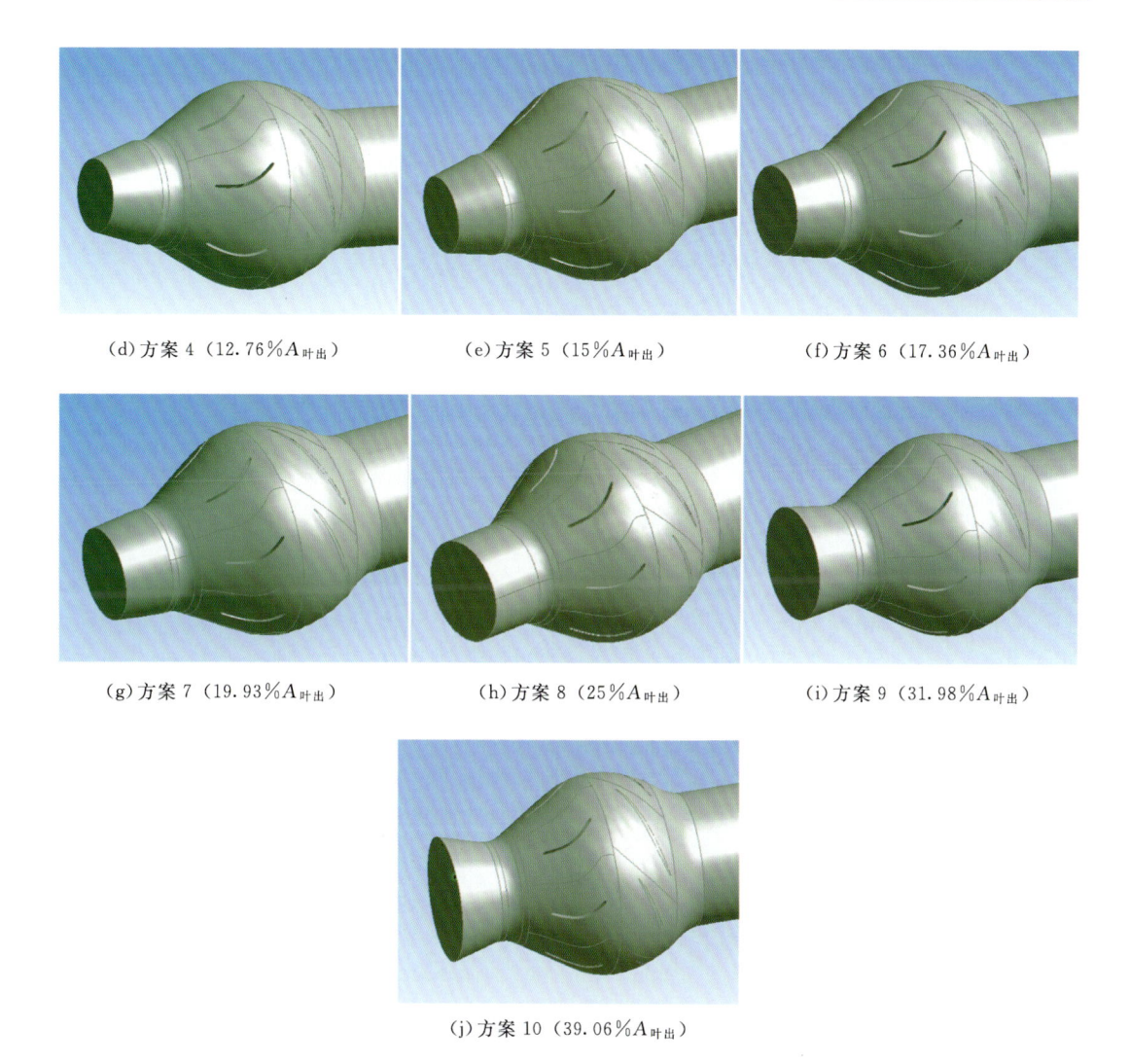

图 6.1（二）　不同面积圆形喷口方案三维实体模型

6.2.2　边界条件

该装置相对于第 5 章只改变了喷口的形状。为了与第 5 章所用模型进行对比分析，边界条件的设置与第 5 章相同，即进口设为速度进口（normal speed）；出口均为平均静压出口（average static pressure），设定参考压力为 10^5 Pa；叶轮为旋转区域，叶轮的叶片和轮毂为相对静止壁面条件，叶轮外壳为绝对静止壁面条件；导叶体、喷口、进水流道及船底区域水体部分壁面均设为无滑移壁面条件。参考压力设为 10^5 Pa。求解设置同第 5 章。

6.2.3　不同喷口尺寸对装置性能影响

1. 水力特性

图 6.2 为各个面积与性能关系曲线。由图可知，随面积的增大，效率先增大，后减小，

喷水推进泵及泵装置水动力特性

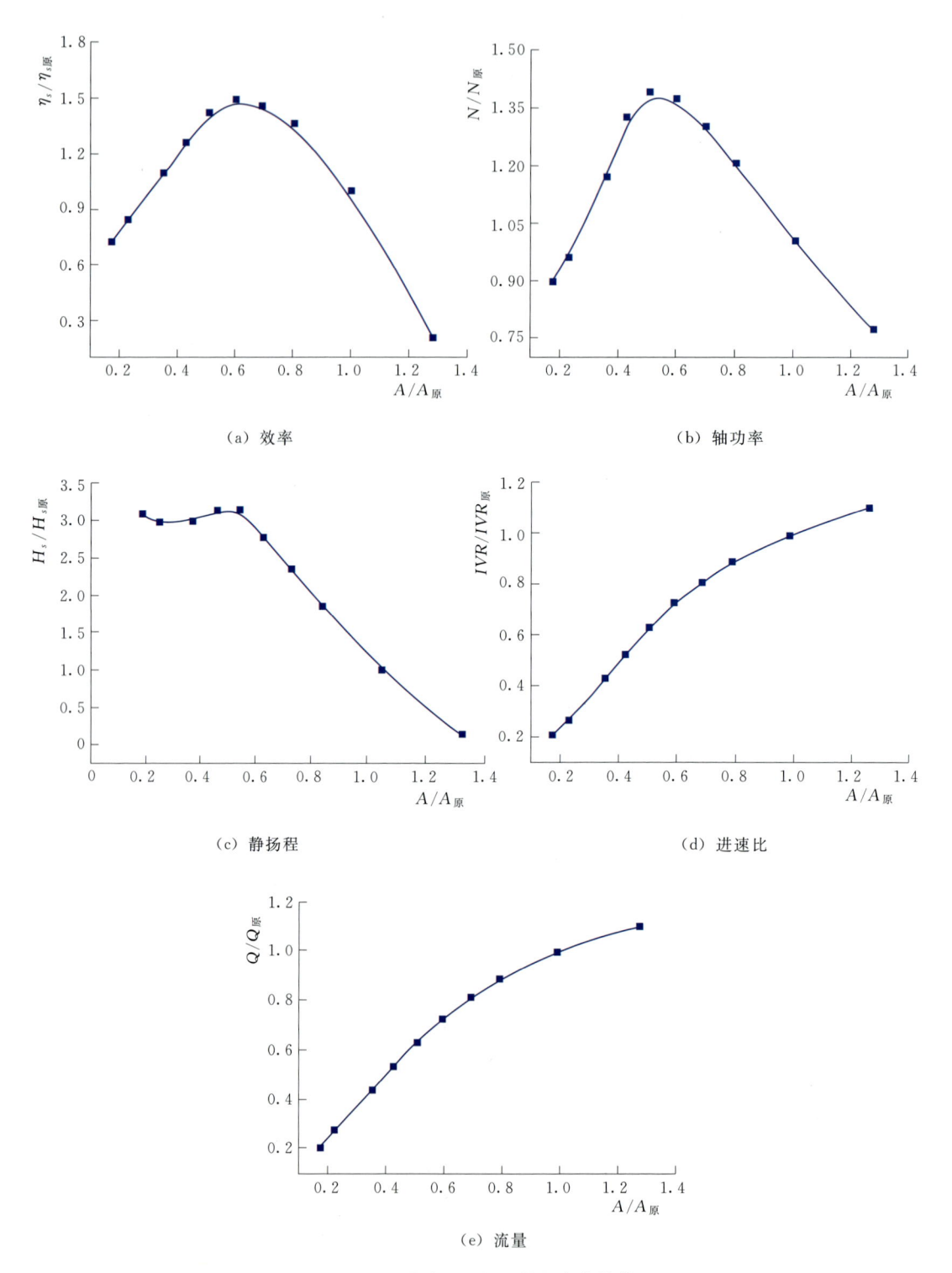

(a) 效率

(b) 轴功率

(c) 静扬程

(d) 进速比

(e) 流量

图 6.2　不同喷口面积下装置水力性能

且在（0.6～0.8）$A_{原}$ 即（0.15～0.2）$A_{叶出}$ 范围内有最高效率点；轴功率也随面积的增大先增大后减小，在 $0.6A_{原}$（$0.15A_{叶出}$）时有最大轴功率点；静扬程随面积的增大呈现先减小后增大再减小的趋势，存在典型的马鞍区。而喷水推进泵装置的进速比和流量随着面积的增大而增加。但是当面积增大到 $0.7A_{原}$（$0.174A_{叶出}$）时，增长率开始变小（$A_{原}$ 为方案8喷口面积）。

为了研究喷口面积对喷水推进泵装置的影响，除了考虑以上性能曲线外，还可以从推力和系统效率性能方面进行对比分析。

系统推进效率 η_c 的物理意义是系统的输出功率与推进泵的输出功率的比值[3]。因此，系统效率：

$$\eta_c = \frac{F_T v_s}{\gamma Q H} \tag{6.1}$$

考虑管道损失系数 K_1，由于 $Q = A v_{out}$，将其带入（6.1）可得

$$\eta_c = \frac{2(\lambda - \alpha)}{\lambda^2 - 1 + K_1} \tag{6.2}$$

式中：K_1 为管道损失系数，其值范围为 0.40～0.50，取 0.45；λ 为 v_{out} 与 v_s 的比值。

由式（6-1）、式（6-2）可得如图 6.3 性能曲线。由图可知，装置所产生的推力是随着面积的增大呈现先增大后减小的关系，也即为当喷口面积为方案8的出口面积的0.6倍左右，即叶轮室出口面的0.15倍时，喷水推进泵装置获得最大推力和推进效率，且喷口速度分布比较均匀。

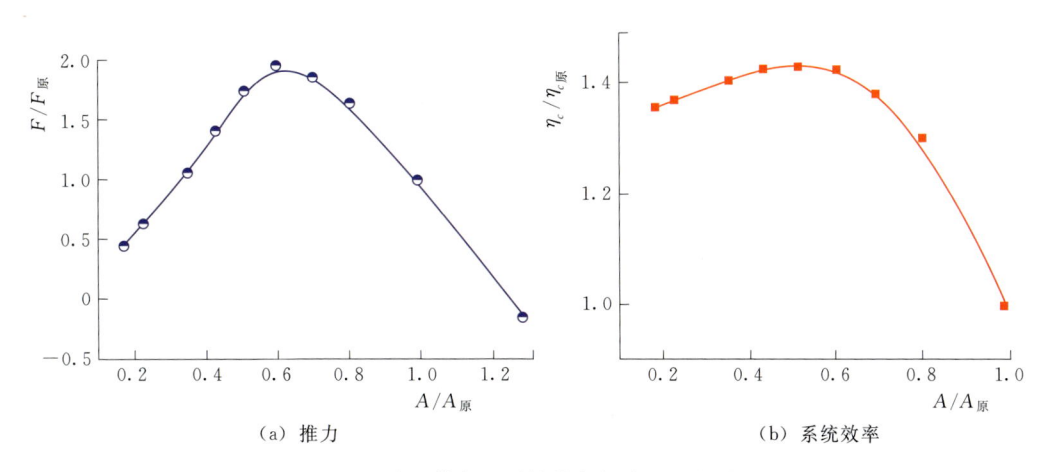

(a) 推力

(b) 系统效率

图 6.3 装置推力及系统效率与喷口面积关系

2. 内部流动特性

图 6.4 为不同面积喷口轴向速度分布云图，当面积较小时，喷口中心局部速度比较大。当喷口面积为 $0.15A_{叶出}$ 时，整个喷口的速度分布比较均匀，且出流速度较大。面积再增加时，速度开始明显变小，且分布亦开始不均匀。当面积为叶轮室出口面积的0.39倍时，可以看到速度分布不均匀，不同大小速度呈同心圆分布，从圆中心向边壁方向速度呈先增大后减小趋势。

喷水推进泵及泵装置水动力特性

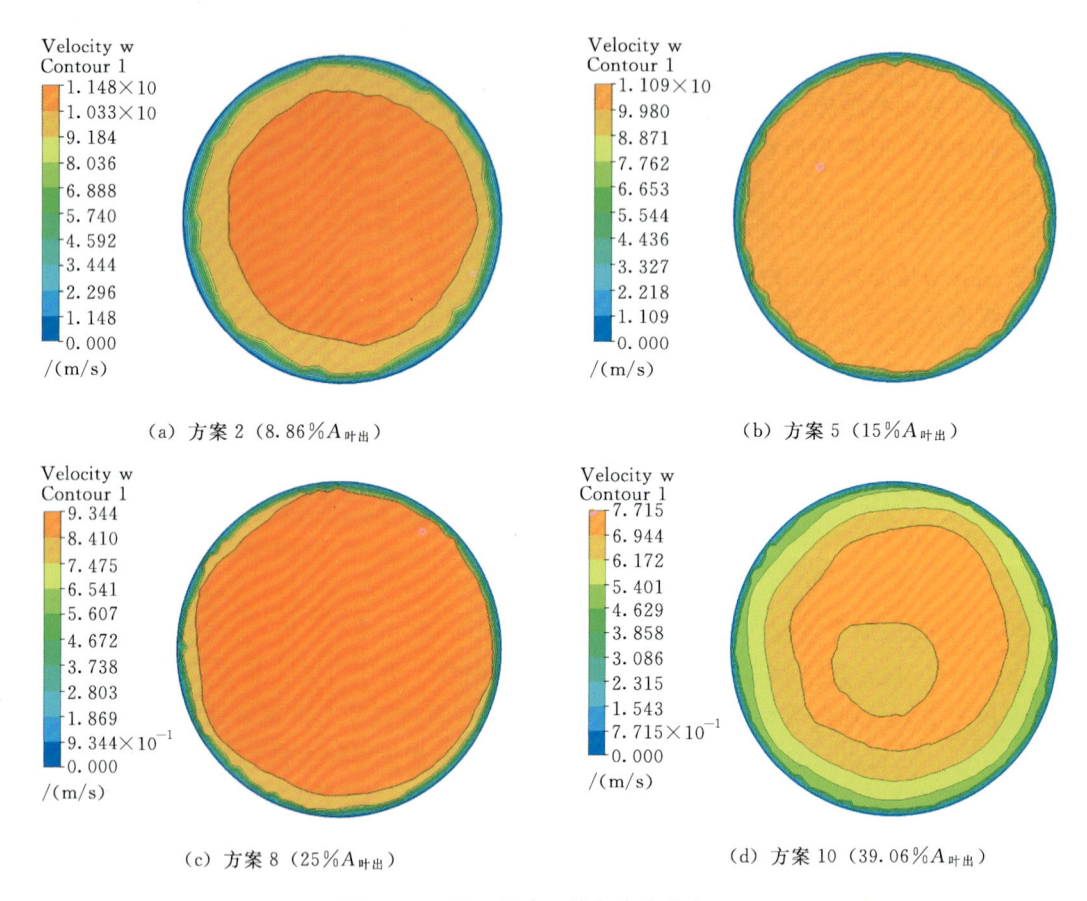

(a) 方案 2（8.86%$A_{叶出}$）

(b) 方案 5（15%$A_{叶出}$）

(c) 方案 8（25%$A_{叶出}$）

(d) 方案 10（39.06%$A_{叶出}$）

图 6.4 不同面积喷口轴向速度分布云图

图 6.5 是喷水推进泵装置纵剖面轴向速度分布云图。由图可得，当喷口面积较小时，喷口处的轴向速度分布很不均匀，并且由导叶体出口到喷口的速度变化较大。但当喷口面积大于方案 8 喷口面积时，可以从图 6.5（d）看到，导叶体附近有局部低速区，且喷口的轴向速度极不均匀。

图 6.6 为喷水推进泵装置不同喷口面积条件下的三维流线图及静压力云图。由图可看出，当喷口面积为 $0.0886A_{叶出}$ 时，泵内流态比较混乱。尤其在导叶体及出口处，水流流线出现混掺乃至回流。当面积增大到 $0.15A_{叶出}$ 时，泵内流态开始变好。虽然压力分布不均匀，但是压力逐步增大，变化比较均匀。面积继续增大到 $0.25A_{叶出}$ 和 $0.39A_{叶出}$ 时，流态较好，可喷口周边空间并没有太多水流经过，并且在进水段，压力分布不均匀，导叶体出口段压力在小范围内进行急剧变化。该面积条件下，推进泵压力普遍较低，出口段压力尤其低。综合以上内容，对于后文不同的喷口形状、喷口曲线过渡形式和不同的航速及工况的水力性能影响研究，其喷口面积均采用方案 5 对应喷口面积进行计算。

综上所述，当喷口面积为方案 8 面积的 0.6 倍，即为推进泵叶轮室出口面积的 0.15 倍左右时，装置推力有最大值，推进效率较高，流态较好，且喷口速度分布比较均匀。

第 6 章 喷口对喷水推进泵装置水力性能的影响

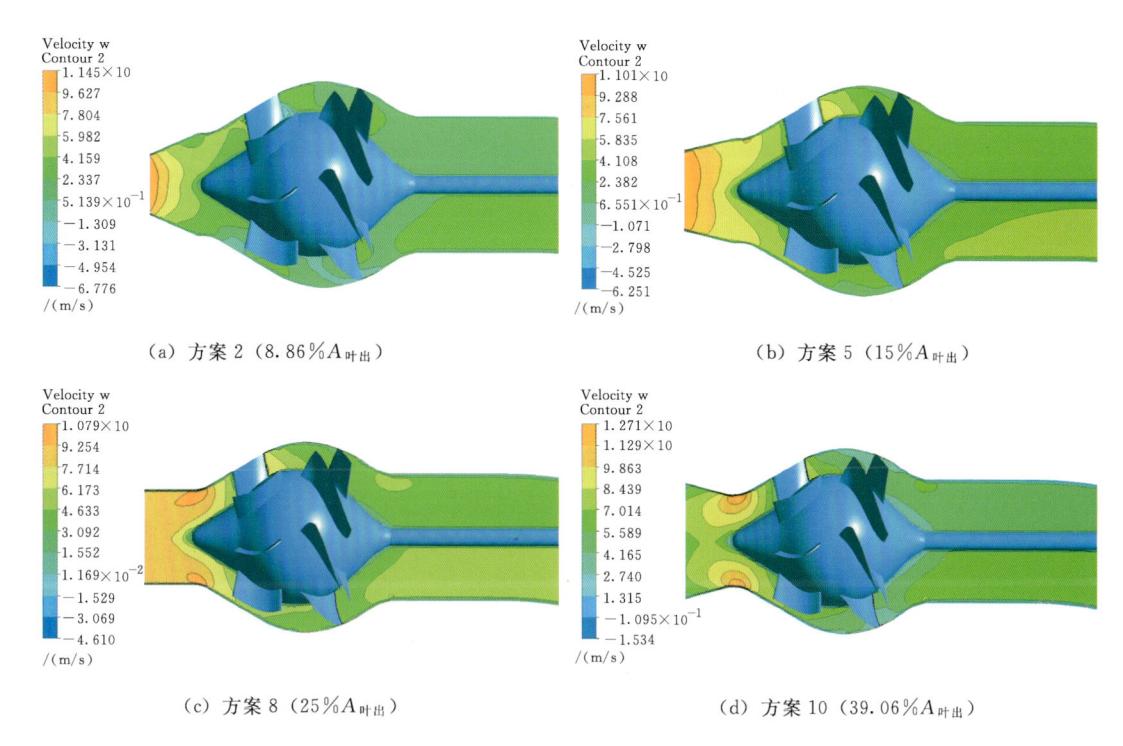

(a) 方案 2（8.86% $A_{叶出}$）

(b) 方案 5（15% $A_{叶出}$）

(c) 方案 8（25% $A_{叶出}$）

(d) 方案 10（39.06% $A_{叶出}$）

图 6.5 喷水推进泵装置纵剖面轴向速度分布云图

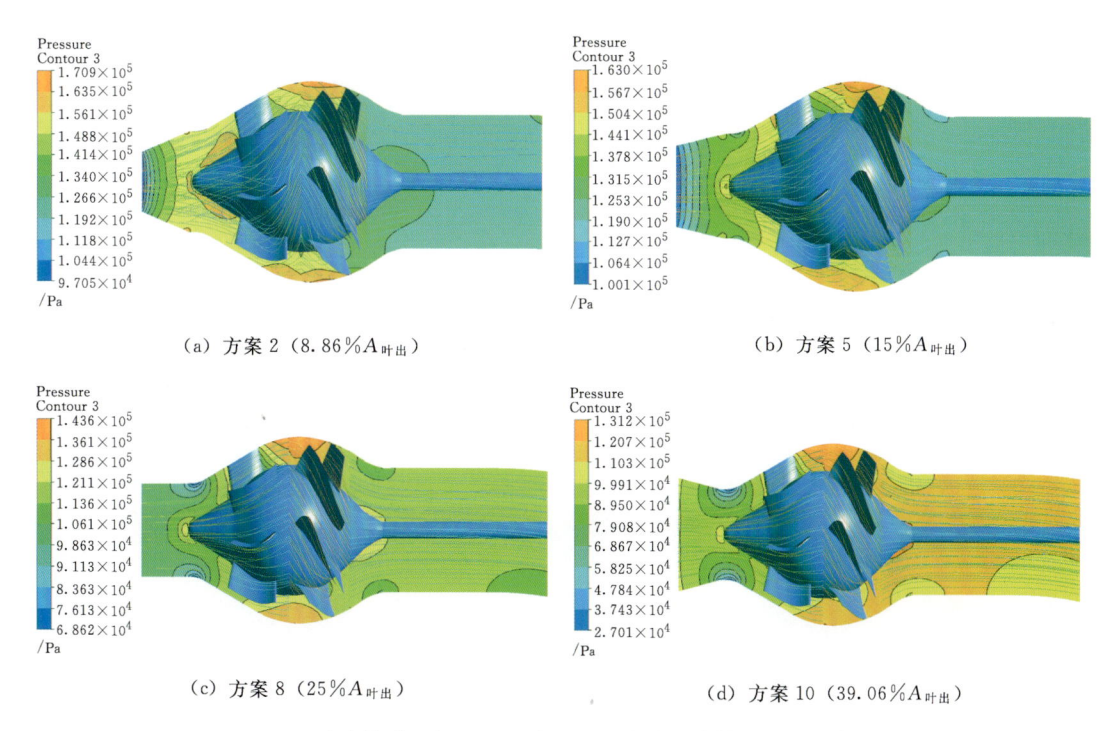

(a) 方案 2（8.86% $A_{叶出}$）

(b) 方案 5（15% $A_{叶出}$）

(c) 方案 8（25% $A_{叶出}$）

(d) 方案 10（39.06% $A_{叶出}$）

图 6.6 喷水推进泵装置不同喷口面积条件下流线图及静压力云图

6.3 喷口形状对喷水推进泵装置水力性能影响

6.3.1 喷口模型

椭圆形喷口亦可称为鸭嘴形。如上所述，椭圆形喷口面积采用方案5喷口面积，通过改变长短轴的尺寸比例，探讨其尺寸比例对装置的水力性能影响，进而将圆形喷口的性能与该喷口形状进行对比。在面积一定的条件下，分析喷口形状对喷水推进泵装置的水力性能影响。其长短轴 a、b 比例分别设为 1.3、1.5、1.8、2。在 UG 中进行建模，建立的三维模型如图 6.7 所示。

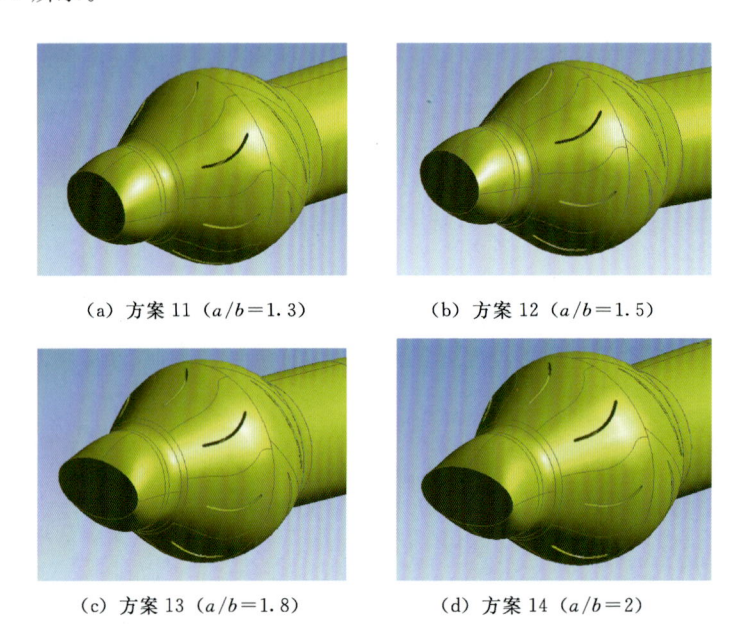

(a) 方案 11（$a/b=1.3$）　　(b) 方案 12（$a/b=1.5$）

(c) 方案 13（$a/b=1.8$）　　(d) 方案 14（$a/b=2$）

图 6.7　椭圆形喷口三维模型

方形喷口三维模型如图 6.8 所示。分析长宽比 a/b 对装置的性能影响，a/b 分别为 1、1.3、1.5、1.8、2。

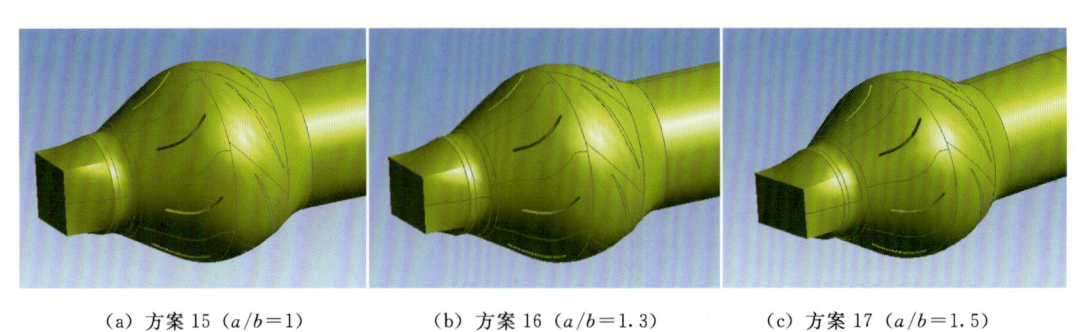

(a) 方案 15（$a/b=1$）　　(b) 方案 16（$a/b=1.3$）　　(c) 方案 17（$a/b=1.5$）

图 6.8（一）　方形喷口三维模型

第 6 章 喷口对喷水推进泵装置水力性能的影响

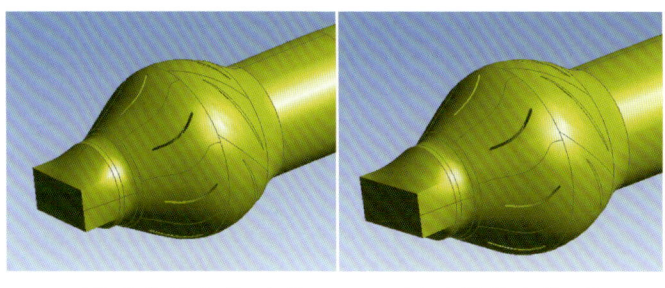

(d) 方案 18（$a/b=1.8$）　　(e) 方案 19（$a/b=2$）

图 6.8（二）　方形喷口三维模型

其中，方形长度 a、宽度 b 取值如图 6.9 所示。

倒角方形喷口三维模型如图 6.10 所示。其中倒角半径 $R=25\mathrm{mm}$，a/b 分别为 1、1.1、1.3、1.5、1.8。倒角方形长度 a、宽度 b 取值如图 6.11 所示。

6.3.2　结果分析

在考虑喷口形状对装置性能影响的时候，我们将上节推力最大时所对应方案 5 的喷口面积，作为椭圆形喷口、方形喷口和倒角方形喷口的面积，将其进行网格划分以及求解设置并计

图 6.9　方形喷口示意图

(a) 方案 20（$a/b=1$）　　(b) 方案 21（$a/b=1.1$）　　(c) 方案 22（$a/b=1.3$）

(d) 方案 23（$a/b=1.5$）　　(e) 方案 24（$a/b=1.8$）

图 6.10　倒角方形喷口三维模型

喷水推进泵及泵装置水动力特性

算以后，在后处理中得出结果，整理并各自除以 $a=b$ 时的各性能值，得性能曲线图，如图 6.12～图 6.14。

1. 喷口形状对装置性能影响

从图 6.12 可以看出，当面积一定时，椭圆形喷口对应泵装置的推力随着 a/b 值的增大而减小，即 a/b 值的变化对椭圆形喷口泵装置性能有显著影响，其最大推力和效率小于圆形喷口（$a/b=1$）泵装置对应的推力和效率。进速比随着 a/b 值的增大而减小，即泵进口的速度减小。分析以下各图可知，进速比、流量、功率及静扬程虽然随 a/b 值有一定的变化，但是变化值并不大。

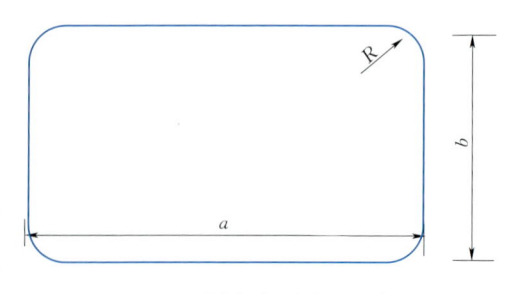

图 6.11　倒角方形喷口示意图

从图 6.13 可以看出，当面积一定时，方形喷口对应泵装置的各性能值随着 a/b 值的增大，其变化并不大。并且其对应最大推力和系统效率，均小于圆形喷口泵装置对应的最大推力和效率，但差值很小。

从图 6.14 可以看出，当面积一定时，倒角方形喷口对应泵装置的推力随着 a/b 值的增大而减小，a/b 值较小时，推力及效率变化不大；当 a/b 值大于 1.3 时，推力及效率变化值均变大，其最大推力和系统效率均小于圆形喷口（$a/b=1$）泵装置对应的推力和效率。进速比随着 a/b 值的增大而减小，即泵进口的速度减小。分析以下各图可知，进速比、流量、功率及静扬程性能值随 a/b 比值增大有一定的变化，但是变化值并不大。

2. 水力特性

针对于不同形式的喷口，除圆形外，在 a、b 比值均为 1.5 条件下，得出喷口处的轴向速度云图，如图 6.15 所示。进行对比分析后发现，4 种形式的喷口，圆形喷口与方形喷口的速度分布比较均匀，另外两种形式的喷口，其轴向速度由喷口中心区域向上下边壁逐渐减小，即速度不均匀。

图 6.16 是 4 种喷口形式泵装置的纵剖面轴向速度云图。由图分析可知，圆形与方形喷口处的速度分布比较均匀，另外两种形式的喷口速度较高区域均集中在喷口中间部分。对于其他位置的速度，四者较为一致，差别不大。

图 6.17 是喷水推进泵三维流线图及轴面静压分布云图。将不同喷口形式的图进行对比，可以知道，在一定的面积下，其推进泵的流线分布比较一致。圆形喷口的静压变化是渐变式的，而椭圆形喷口和倒角方形喷口的出口段静压分布不均匀，方形喷口推进泵装置的整体压力分布变化范围较小，且比其他两种形式喷口的压力分布均匀。在叶轮室进口处，方形喷口对应装置的压力较大，且压力分布较不均匀，其他形式喷口泵装置叶轮室进口处静压分布较均匀。

对比分析不同 a/b 值的椭圆形喷口以及倒角方形喷口对装置的性能影响，可以得出其 a/b 值的变化对喷水推进泵装置的静扬程、静压效率和功率性能影响比较小，但对装置推力影响较大，不同 a/b 值的方形喷口对装置的性能影响变化很小。

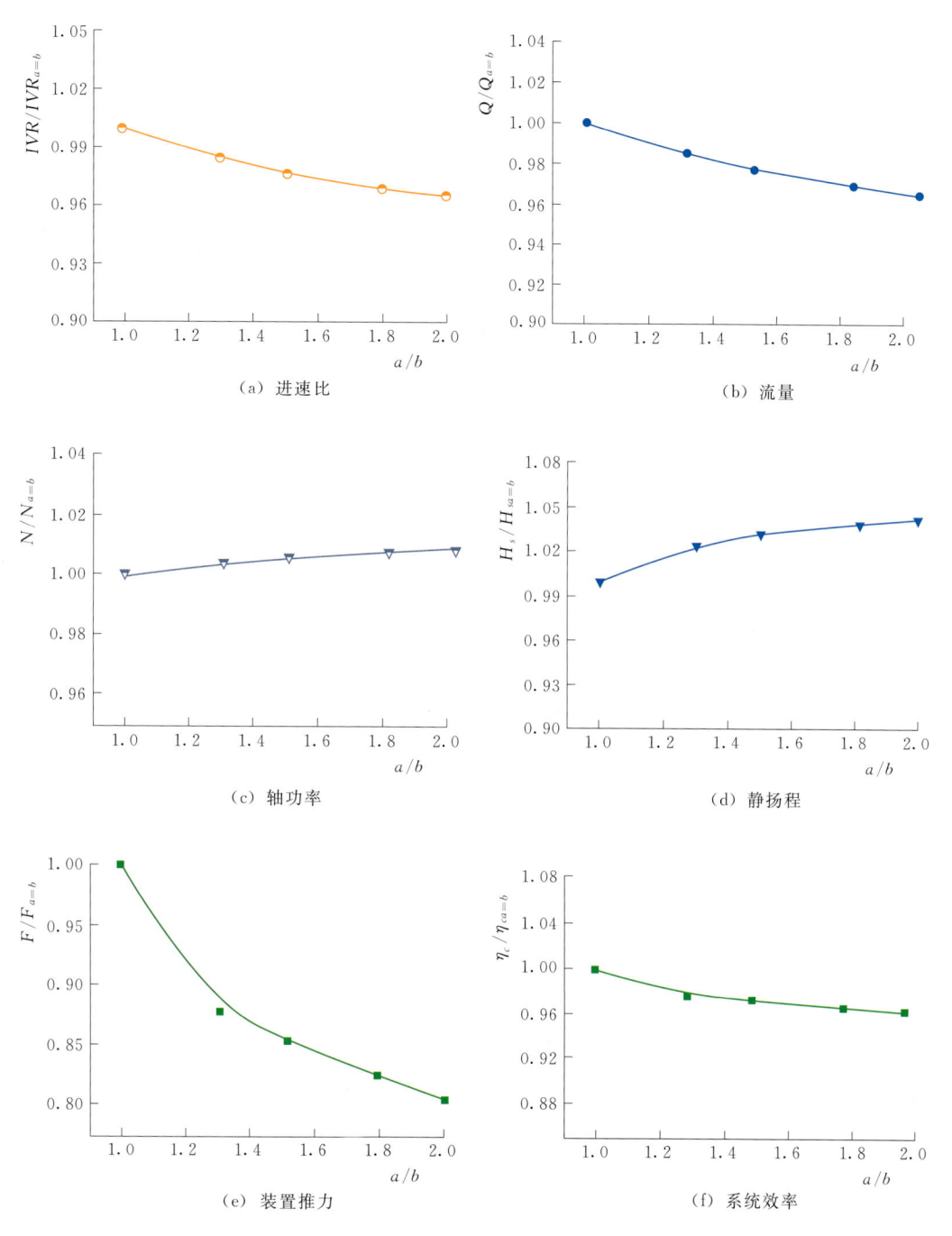

第 6 章　喷口对喷水推进泵装置水力性能的影响

(a) 进速比

(b) 流量

(c) 轴功率

(d) 静扬程

(e) 装置推力

(f) 系统效率

图 6.12　椭圆形喷口装置性能曲线

(a) 进速比

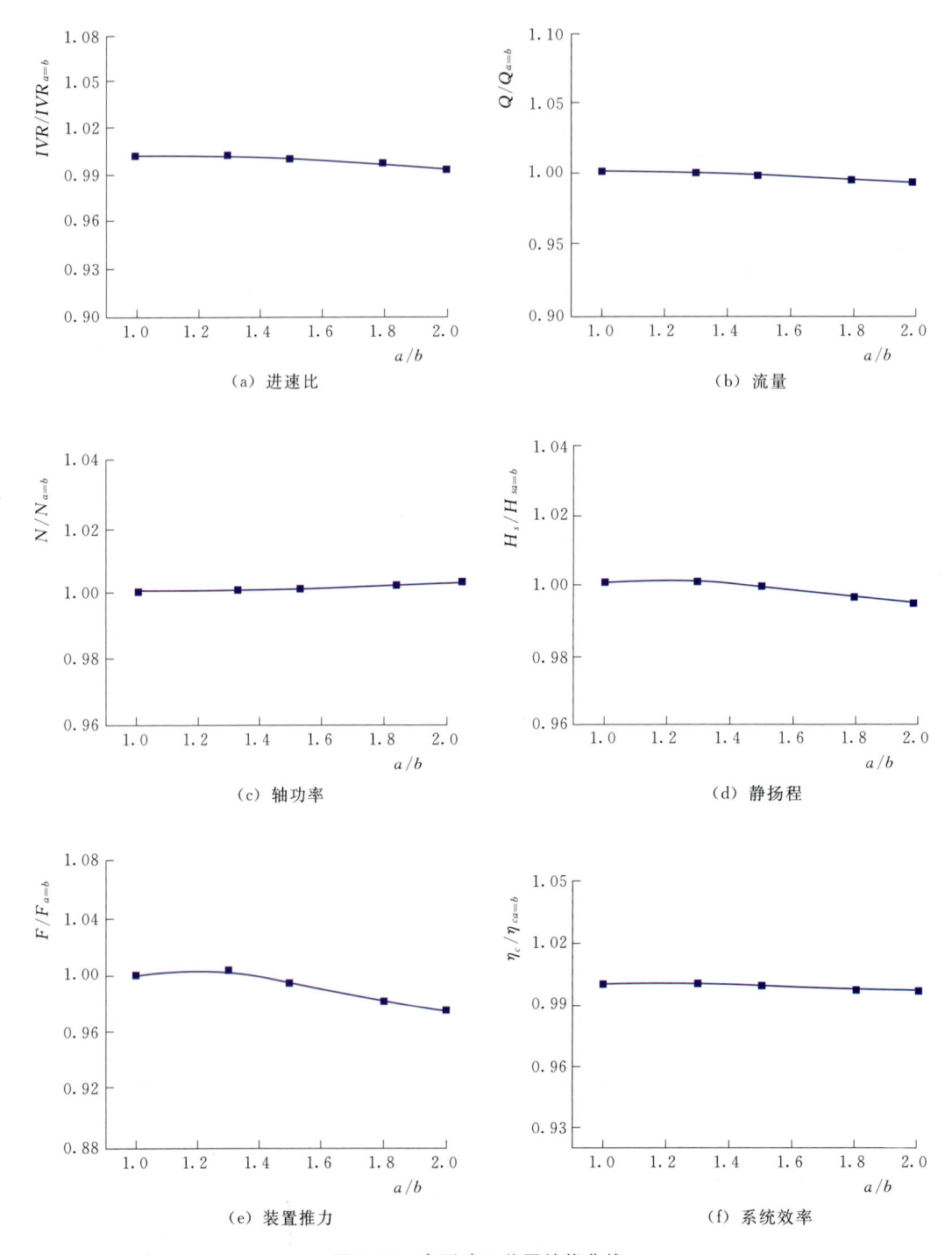

(b) 流量

(c) 轴功率

(d) 静扬程

(e) 装置推力

(f) 系统效率

图 6.13 方形喷口装置性能曲线

第 6 章 喷口对喷水推进泵装置水力性能的影响

(a) 进速比

(b) 流量

(c) 轴功率

(d) 静扬程

(e) 装置推力

(f) 系统效率

图 6.14 倒角方形喷口装置性能曲线

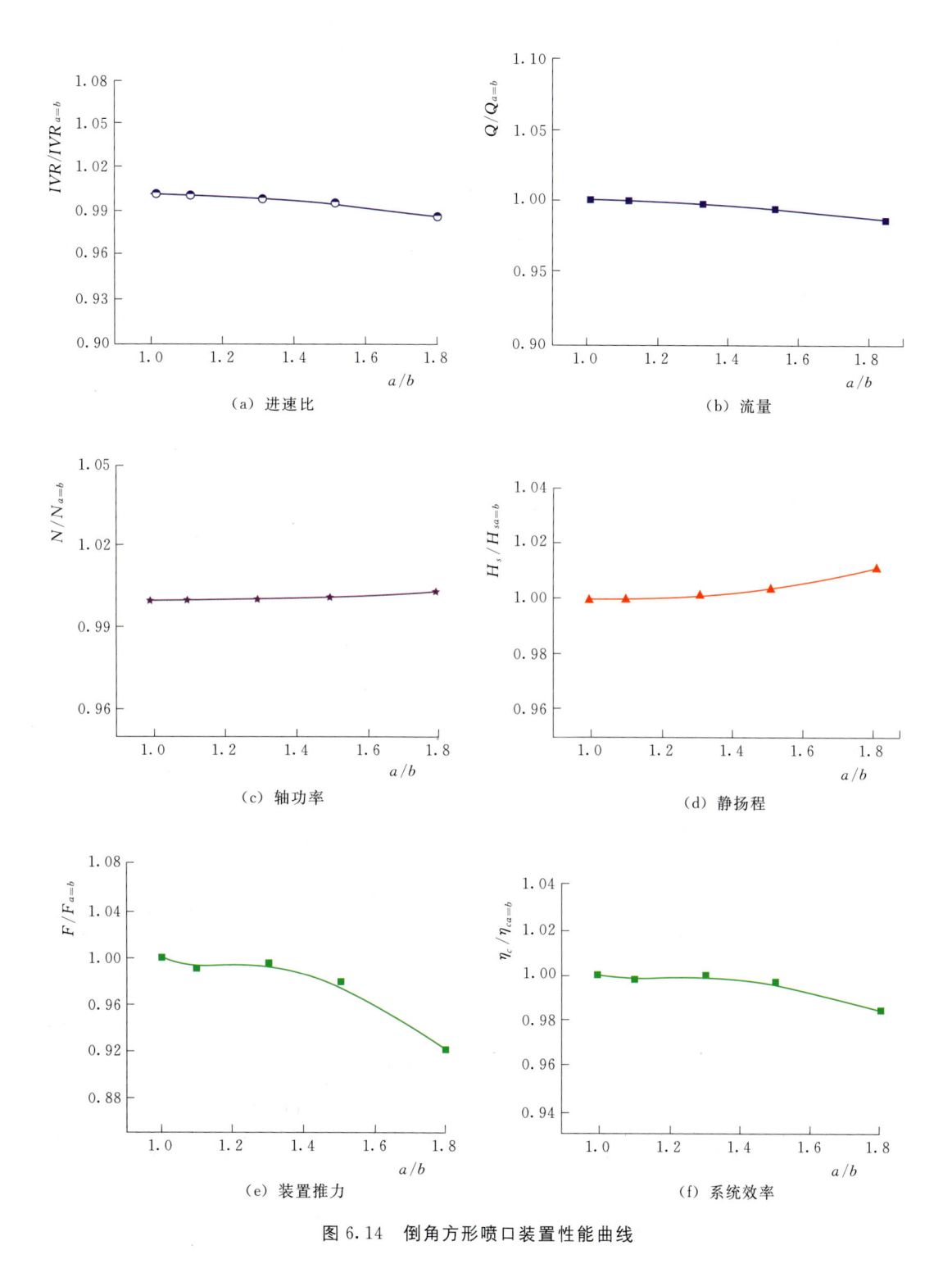

(a) 方案 5（圆形） (b) 方案 12（椭圆形）

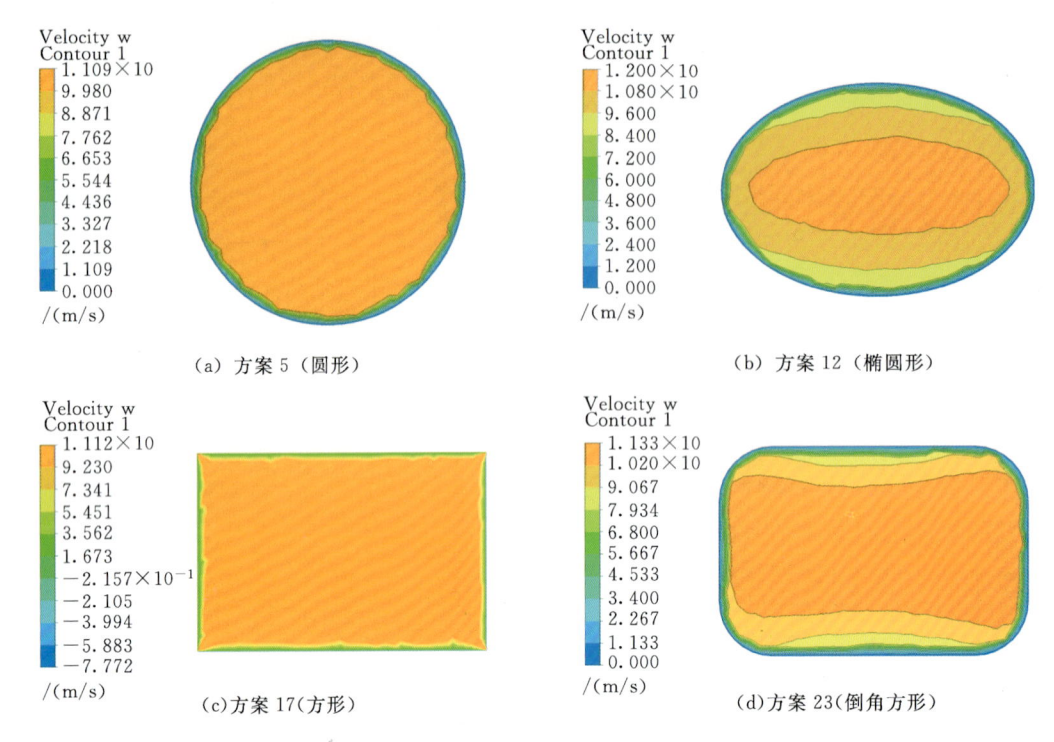

(c) 方案 17（方形） (d) 方案 23（倒角方形）

图 6.15　不同喷口形式的轴向速度云图

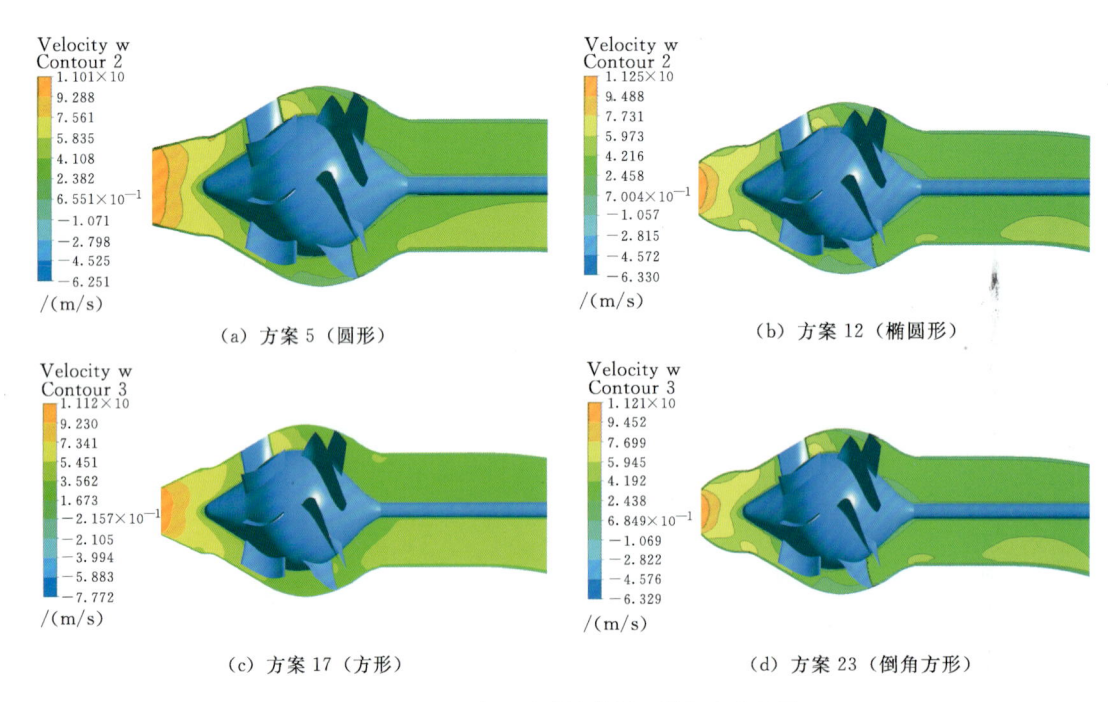

(a) 方案 5（圆形） (b) 方案 12（椭圆形）

(c) 方案 17（方形） (d) 方案 23（倒角方形）

图 6.16　不同喷口形式的纵剖面轴向速度云图

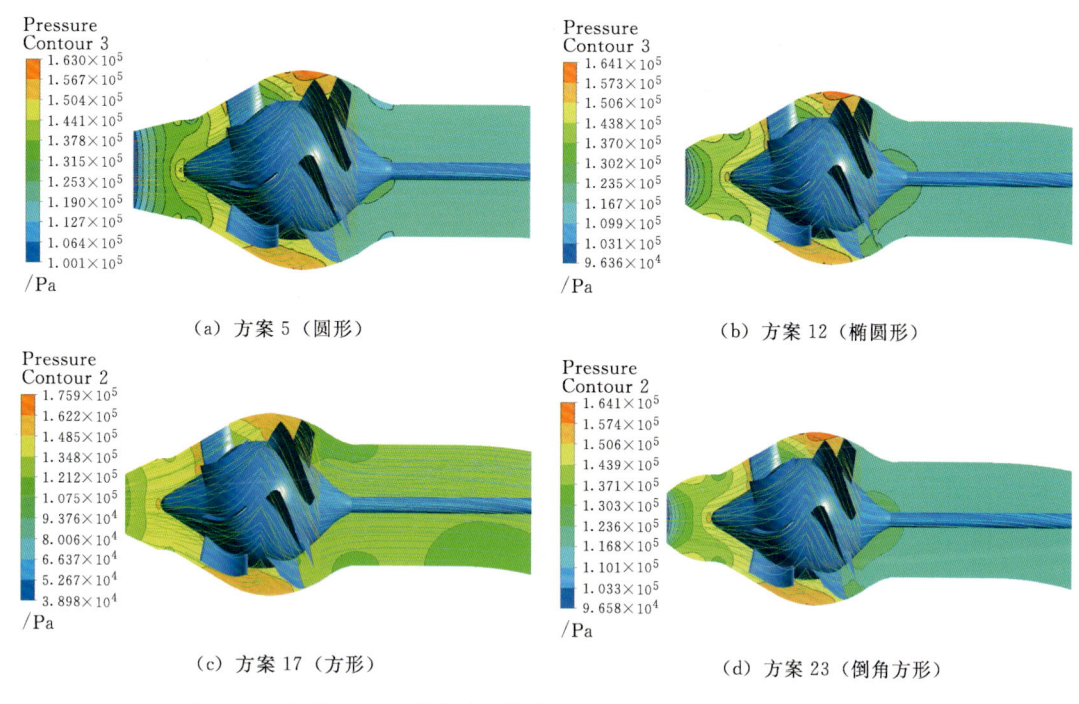

第 6 章 喷口对喷水推进泵装置水力性能的影响

(a) 方案 5（圆形）

(b) 方案 12（椭圆形）

(c) 方案 17（方形）

(d) 方案 23（倒角方形）

图 6.17 不同喷口形式的喷水推进泵三维流线图及轴面静压分布云图

6.4 喷口出口段过渡曲线形式对装置性能影响

喷口曲线的过渡形式主要分为 3 种[3]：直线渐缩过渡型，先曲线后平直线型和先曲线后直线再内缩曲线型。本节对喷口出口段过渡曲线形式的研究，主要基于方案 5，研究三种形式的喷口过渡曲线形式对装置的水力性能影响，三维实体模型如图 6.18 所示。

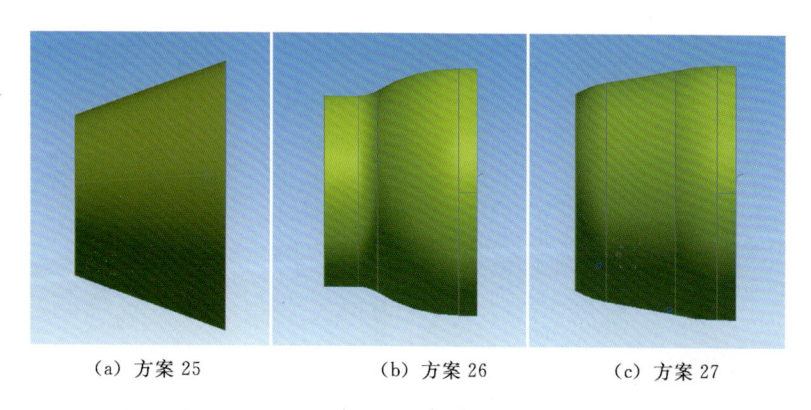

(a) 方案 25　　　(b) 方案 26　　　(c) 方案 27

图 6.18 喷口出口段过渡曲线形式

表 6.2 为各种形式过渡曲线的水力性能与方案 25 水力性能的比值。其中，推力取值是从流道进口到喷口段的轴向推力。由表可以得出，3 种形式的喷口，方案 25 所对应的系

喷水推进泵及泵装置水动力特性

统推进效率和推力最大，但其值及系统推进效率值与方案 26 的值比较相近。主要是因为这两种形式的喷口水力损失都比较小，而方案 27 的喷口由于在喷口处收缩过于剧烈，故水力损失较前两者大。

表 6.2　　各种形式水力性能比较

方案＼性能	$N/N_原$	$F/F_原$	$IVR/IVR_原$	推进效率 $\eta/\eta_原$
方案 25	1	1	1	1
方案 26	1.0116	0.915	0.98	0.985
方案 27	1.0033	0.689	0.976	0.918

图 6.19～图 6.21 为各方案的喷口轴向速度云图、纵剖面轴向压力云图和轴向速度云图。由图 6.19 可得，在同一个面积下，前两种过渡曲线形式的喷口轴向速度分布比较均匀，而方案 27 形式的喷口速度却是呈同心圆状分布的，中心轴向速度大，越向外，速度则越小。图 6.20 表明，3 种形式的流线分布比较一致。方案 25 进、出口段区域压力分布比较均匀渐变，其他两种方案压力分布不均匀。方案 26 的叶轮处的局部高压区范围较大。通过图 6.21 可得，3 种过渡形式的喷口曲线所对应的喷水推进泵装置的纵剖面轴向速度分布比较类似，而在喷口处，方案 27 对应的喷口中心轴向速度较高。

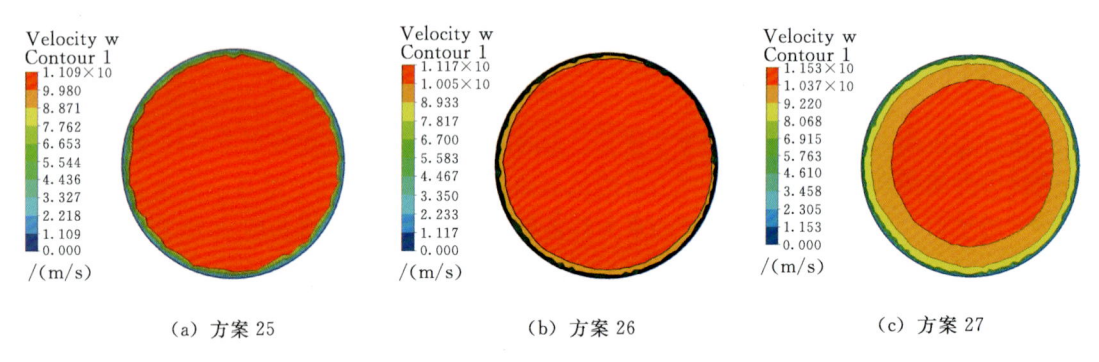

（a）方案 25　　（b）方案 26　　（c）方案 27

图 6.19　推进泵喷口轴向速度云图

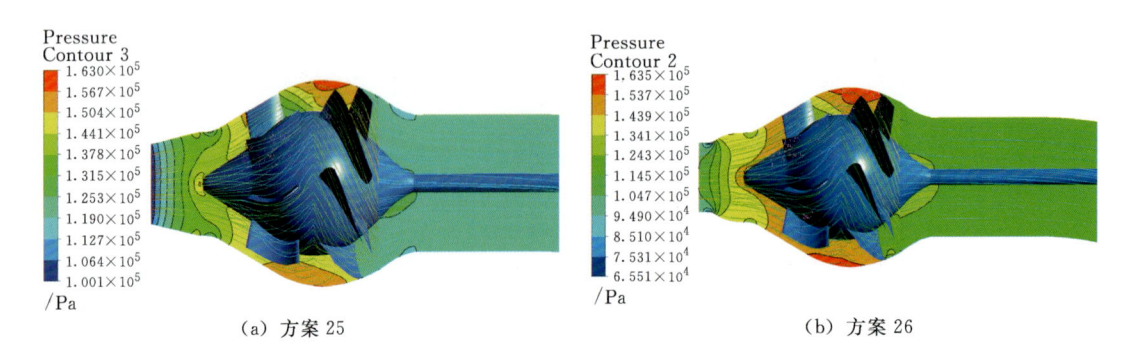

（a）方案 25　　（b）方案 26

图 6.20（一）　推进泵三维流线图及纵剖面轴向压力云图

（c）方案 27

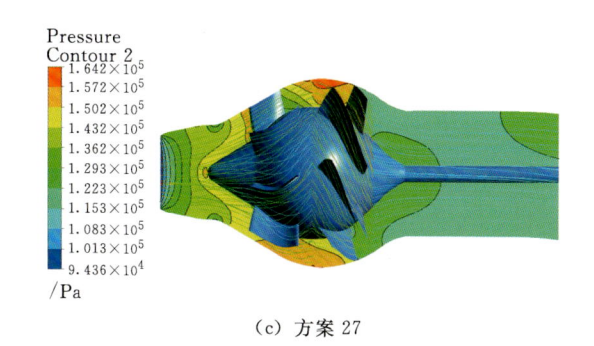

图 6.20（二） 推进泵三维流线图及纵剖面轴向压力云图

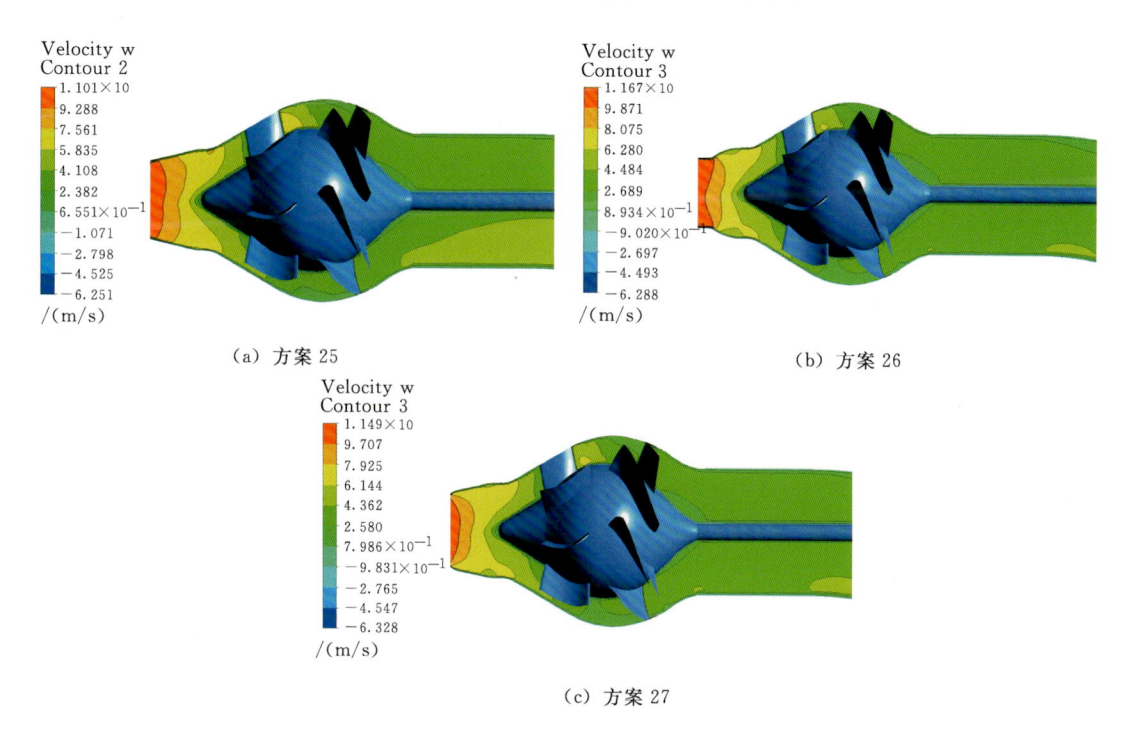

（a）方案 25　　（b）方案 26

（c）方案 27

图 6.21 推进泵纵剖面轴向速度云图

6.5 不同航速下对泵装置的性能影响

以上所研究内容，均是在 8m/s 航速条件下展开的。为了分析航速对喷水推进泵装置喷口的性能影响，本节不改变喷水推进泵装置各种求解设置条件，通过改变航速进行计算并对比分析。方案 28 到方案 32 为不同航速下计算方案。

图 6.22 为不同航速下装置所对应的性能曲线。由图可知，进速比、推力和流量均随着航速的增大而增大，航速越高，水流喷出流量越大，获得推力也较高，但是整体推进效率对应不同航速有极值点。当航速为 8～16m/s 范围时，处于高效区。研究表明，在一定范围内，低航速时，推力及效率都低。当航速增大到某一值时，其效率最高。再增大航

速，虽然推力继续增大，但推进效率开始降低，即喷水推进泵装置得不到有效利用。故过大或过小航速都不宜选取，应与船体本身性能结合，选取高效区对应的航速行驶较好。

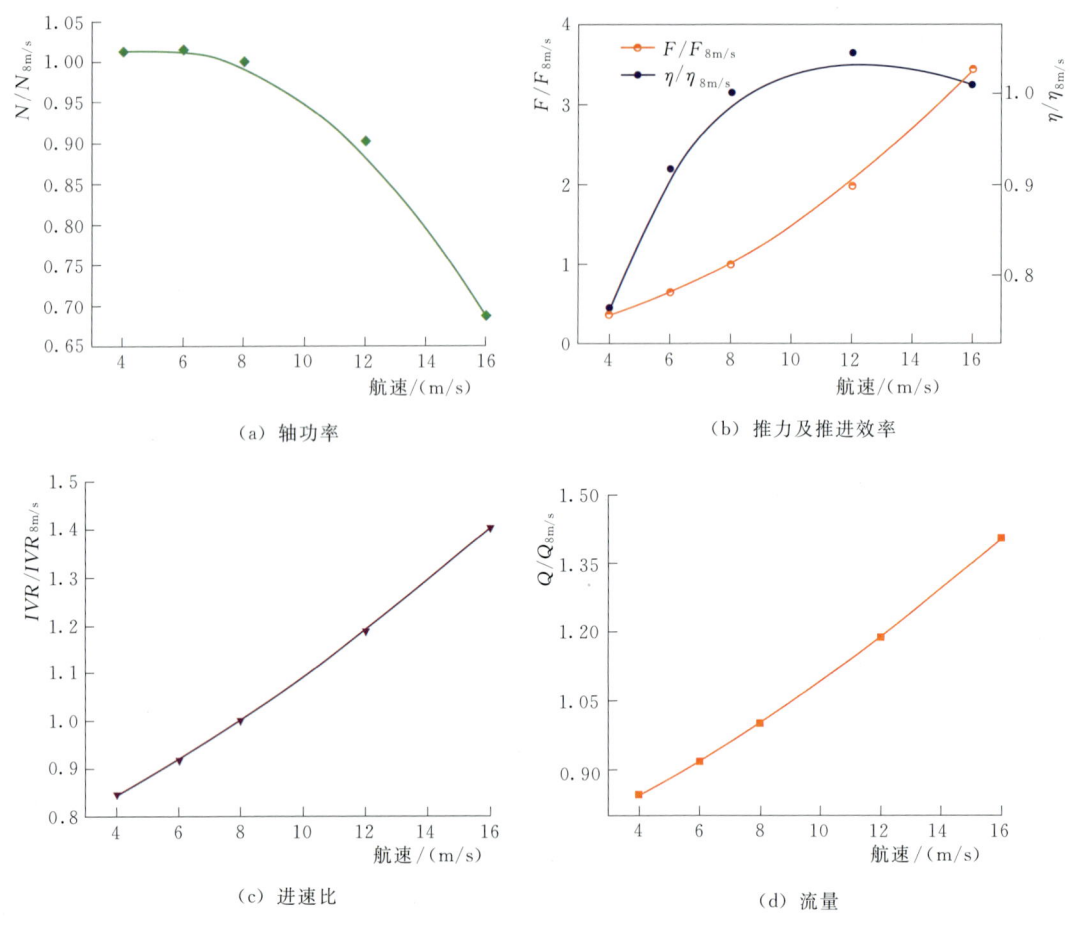

(a) 轴功率

(b) 推力及推进效率

(c) 进速比

(d) 流量

图 6.22　不同航速下泵装置性能曲线

图 6.23 为不同航速下喷口轴向速度分布云图，图 6.24 为不同航速下推进泵纵剖面轴向速度分布云图。由图 6.23 可知，航速越高，喷口的轴向速度越大，流量也越大。在低航速时，喷口的轴向速度分布不均匀。在设计航速时，轴向速度分布比较均匀，再增大航速，速度又开始变的不均匀。当航速达到 16m/s 的高航速时，其分布较为均匀。

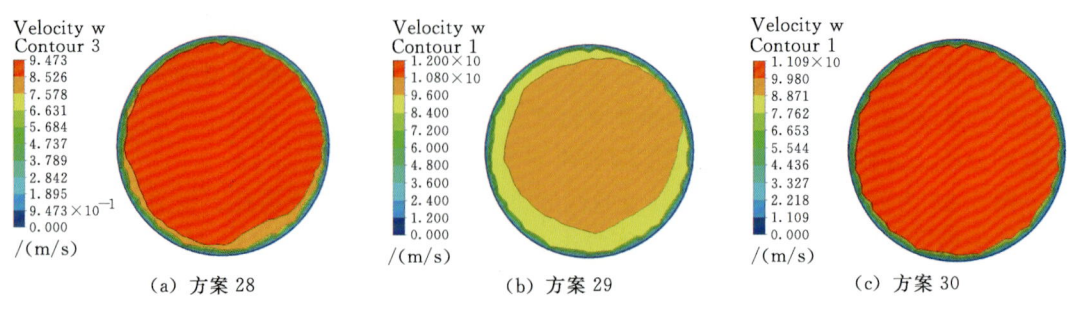

(a) 方案 28　　(b) 方案 29　　(c) 方案 30

图 6.23（一）　不同航速下喷口轴向速度分布云图

(d) 方案 31   (e) 方案 32

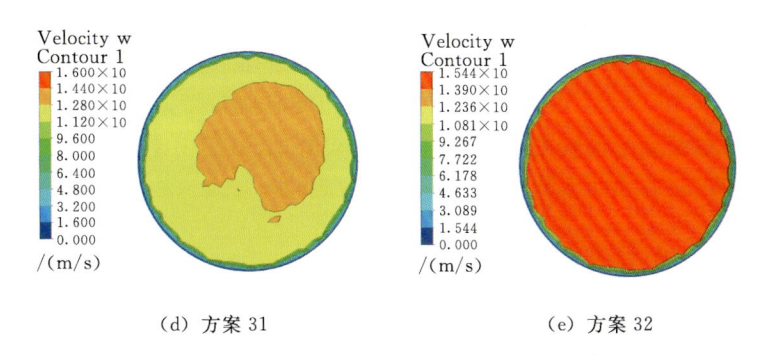

图 6.23（二） 不同航速下喷口轴向速度分布云图

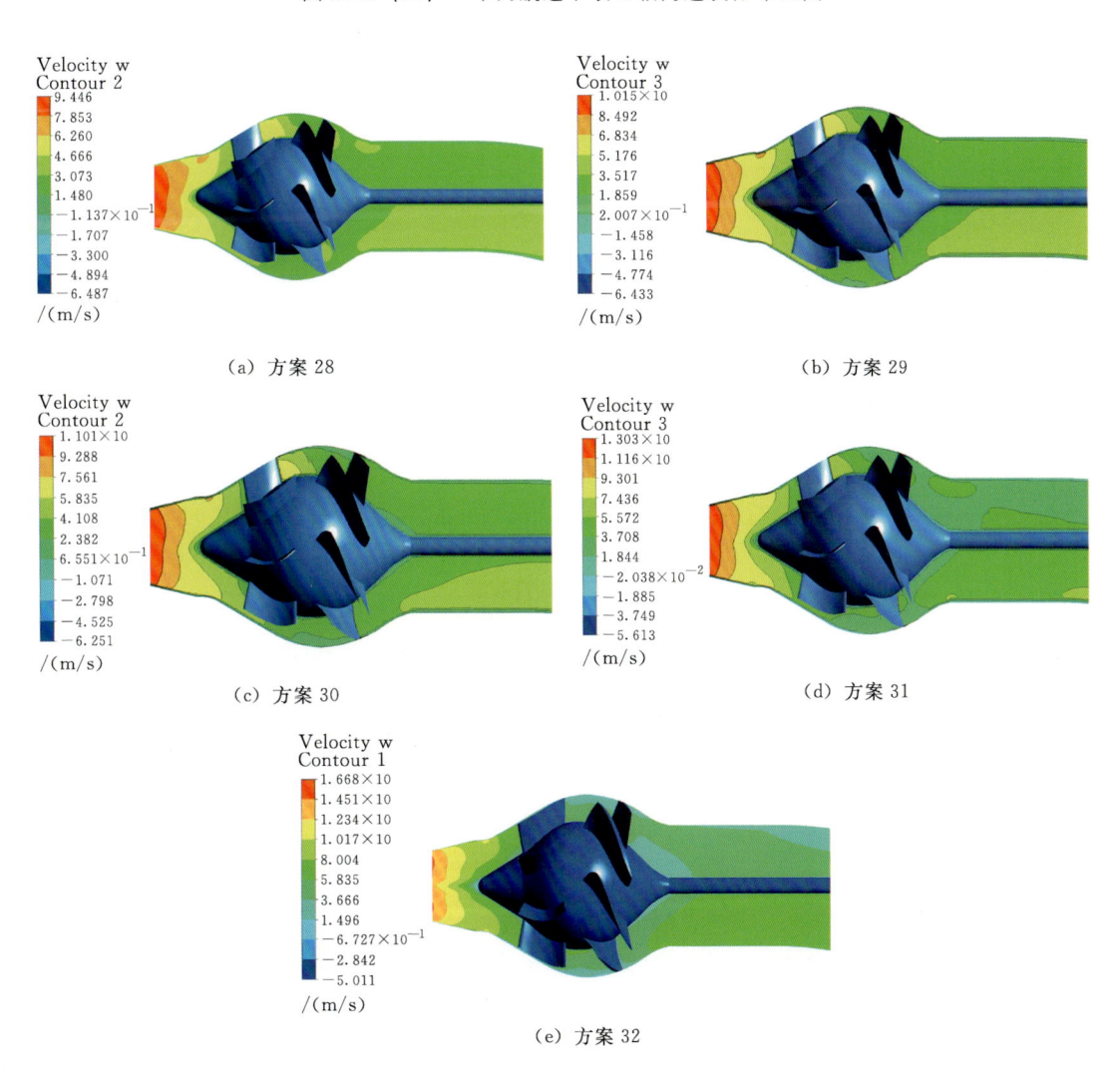

(a) 方案 28   (b) 方案 29

(c) 方案 30   (d) 方案 31

(e) 方案 32

图 6.24 不同航速下推进泵纵剖面轴向速度分布云图

由图 6.24 可知，在航速为较低航速时，泵段轴向速度大小由叶轮前进口段到喷口的变化趋势是由低到高，而高航速时，轴向速度分布反而由高变低。这在实际应用中，是一

73

种能量的浪费。在叶轮室进口前区域，随航速增大，其轴向速度分布也变得均匀。

图 6.25 为不同航速下的推进泵三维流线图以及泵轴面的静压云图。分析其变化趋势可得，在航速小于 8m/s 时，其导叶体到出口段的流态比较差，大于 8m/s 时，流态较好。在高航速时，压力变化范围较大。相反，低航速时，压力变化比较缓慢，并且高低压差不大。即航速过高，会造成动力的浪费，而航速过低时，泵内流线紊乱，流态较差。

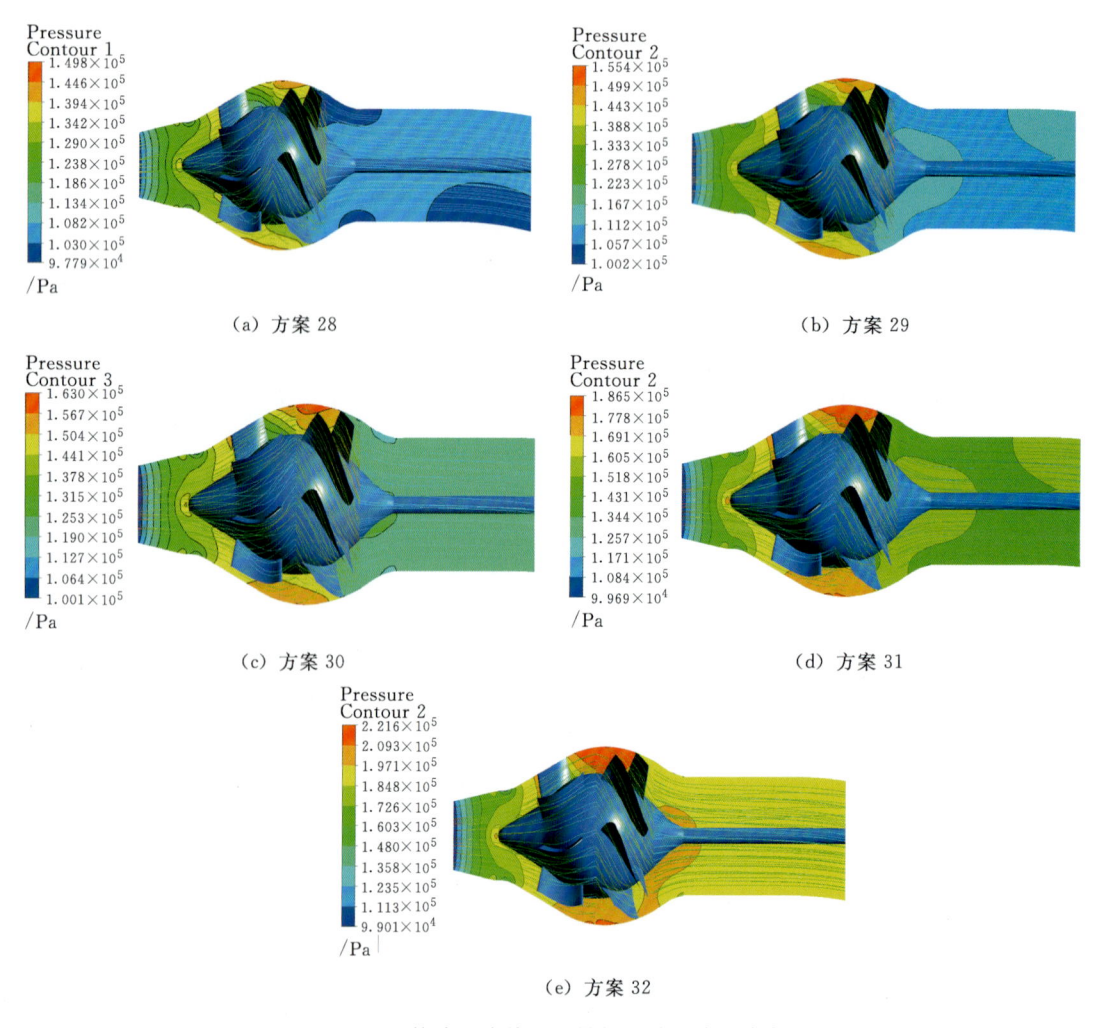

(a) 方案 28

(b) 方案 29

(c) 方案 30

(d) 方案 31

(e) 方案 32

图 6.25　不同航速下流线图及纵剖面轴向静压分布云图

6.6　不同喷口形式不同工况下泵装置的水力性能

图 6.26 为不同喷口形式推进泵装置的性能对比。由图分析可知，圆形、椭圆形和倒角方形 3 种喷口泵装置的性能曲线变化趋势比较一致。扬程随流量的增大先减小后增大，然后再减小；功率随流量的增大而先增大后减小，并有最大功率点，其对应流量为（1.0～1.1）Q_d；效率随流量增大先增大后减小，且有最高效率点，高效区域对应流量为（1.0～1.2）

Q_d。在（42.86%～120%）Q_d时，圆形喷口、椭圆形喷口和倒角方形喷口的静扬程较高，功率和效率较低，水力性能差异较小；设计流量范围时，各个性能值均较高；当流量大于设计流量时，静扬程、效率和功率值均较低。除功率值比较一致外，椭圆形和倒角方形喷口的扬程和效率均低于圆形喷口的值，并且，倒角方形与圆形喷口形式的扬程和效率值比较相近，椭圆形喷口形式的值比较低。CFD 结果显示，喷水推进泵装置水力性能存在一个明显的马鞍区。

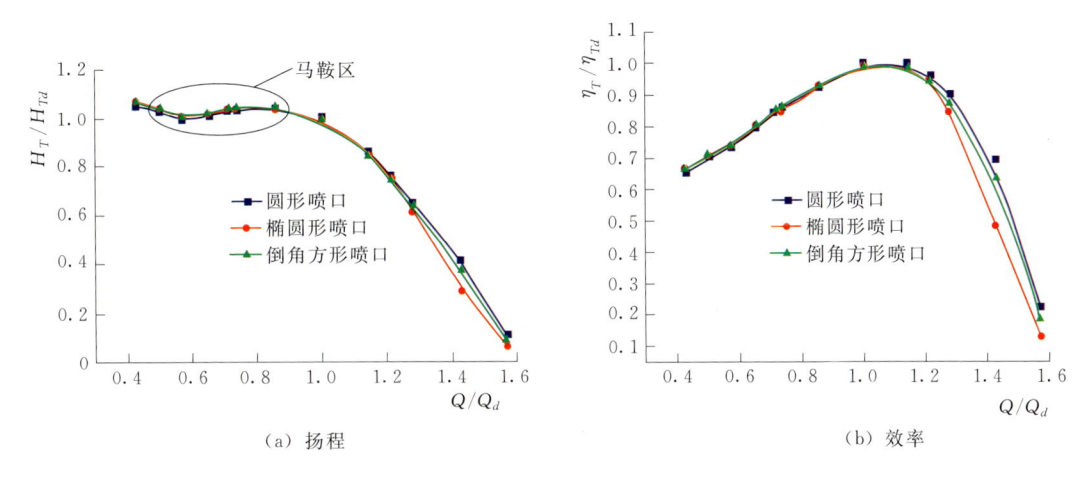

(a) 扬程

(b) 效率

图 6.26　不同喷口形式泵装置性能对比曲线

6.7　本章小结

本章主要是应用 Workbench 和 UG 软件对喷口尺寸、形状和喷口过渡形式进行修改以后，对其进行数值模拟计算和分析。对于喷口尺寸部分，主要是通过圆形喷口半径的改变来实现的；对于形状对装置的影响方面，主要是对比圆形喷口、椭圆形喷口以及倒角方形喷口 3 种形式水力性能进行对比；而后针对 3 种喷口曲线过渡形式进行了水力性能的分析对比研究；最后，针对航速对喷水推进泵装置的水力性能影响进行了研究分析。主要结论如下：

（1）为研究喷口几何参数对喷水推进泵装置的水力性能影响，对喷口的面积、形状和出口过渡段形式 3 个主要几何参数进行了数值模拟研究。通过 Workbench 对不同面积的圆形喷口建模，并进行数值模拟计算分析，研究表明，当喷口面积为叶轮室出口面积的 0.15 倍左右时，装置推力有最大值。

（2）在最大推力对应喷口面积条件下，对椭圆形喷口、方形喷口和倒角方形喷口泵装置进行计算，计算表明，方形喷口与椭圆形喷口长短轴比值大小对装置性能影响较小，将其与圆形喷口的泵装置水力性能进行对比，圆形喷口所对应的推力较大，但方形喷口对应推力与之差值较小；倒角方形喷口的长宽比对装置的性能影响较小，将其与圆形喷口的性能进行对比，其所对应推力较小；故喷口为圆形时，可获得最大推力。对喷口不同过渡段曲线形式的喷口进行计算及水力性能的对比分析，当喷口曲线过渡段形式为直线渐缩过渡时，其对应系统推力及水力性能均优于其他形式。

（3）由于航速的不同将对喷水推进泵装置的水力性能产生影响，因此用 CFD 方法研究了不同航速下的喷口水力特性。低航速时，推进泵内流态较差，其纵剖面轴向压力分布不均匀，装置推力及系统效率较低；在设计航速时，流态较好，压力分布较均匀；在高航速时，流态较好，但是压力分布不均匀。在航速为 8~16m/s 范围内，系统效率有最大值。

（4）进行了不同喷口形式不同工况下泵装置的水力性能研究。研究表明，在 $(42.86\% \sim 120\%) Q_d$ 时，圆形喷口、椭圆形喷口和倒角方形喷口的水力性能差异较小；在大流量工况下，圆形喷口优于其他两种形式喷口，椭圆喷口性能较差。CFD 结果显示，喷水推进泵装置水力性能存在一个明显的马鞍区。

第 7 章
基于喷水推进泵装置的进水流道水力优化

进水流道在无喷泵情况下水力优化目标函数主要是速度均匀度、加权平均角及流道效率，无法考虑其他水力优化目标函数，如喷水推进泵装置推力与系统效率。因此进水流道水力优化仍须基于整体喷水推进泵装置，即进水流道出口处装配喷泵与喷口。有关基于整体喷水推进泵装置进水流道如何优化，国内外相关资料文献较少，缺少系统研究。本章基于整体喷水推进泵装置，研究不同的航速、转速及几何参数下进水流道水力性能。分析喷水推进泵装置条件下进水流道水力性能预报及最优工况下泵装置效率，为喷水推进泵装置整体水力设计提供借鉴。

7.1 数学模型及计算网格

喷水推进泵装置由水体、进水流道、推进泵及喷口组成，其中喷口经过计算分析与优化，其面积为 0.15 倍 $A_{叶出}$ 时，出流流速分布均匀，泵内流态较佳，水力性能较好[54]；进水流道经过优化，最佳进速比运行工况下效率在 90% 以上。在 UG NX 中通过装配技术将推进泵、喷口及进水流道组装，其操作方法是通过移动与同心圆约束装配成喷水推进泵装置，其模型示意图如图 7.1 和图 7.2 所示。

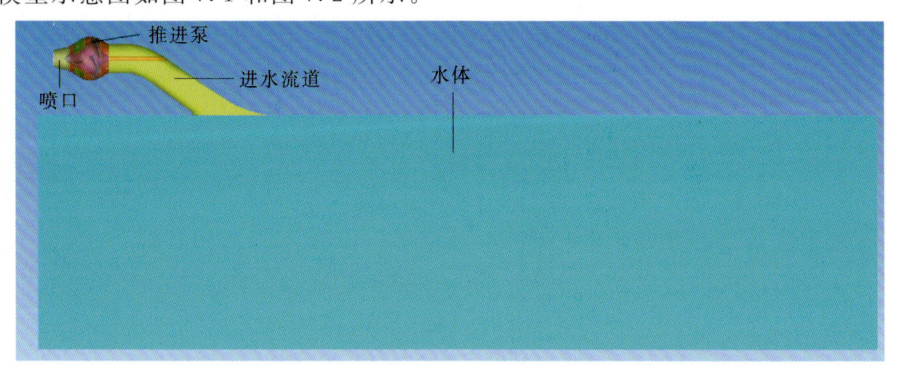

图 7.1 喷水推进泵装置模型示意图

喷水推进泵及泵装置水动力特性

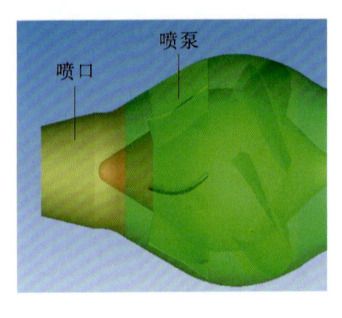

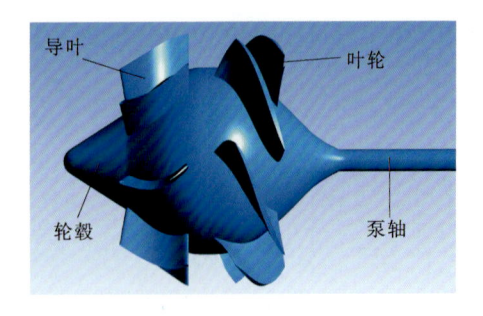

图 7.2 喷水推进泵模型示意图

在 ICEM CFD 中分别划分好进水流道、船体、推进泵及喷口网格并进行局部组装，之后在 CFX 中通过旋转、移动组装成喷水推进泵装置计算区域，网格数量为 609 万，其网格示意图如图 7.3 所示。

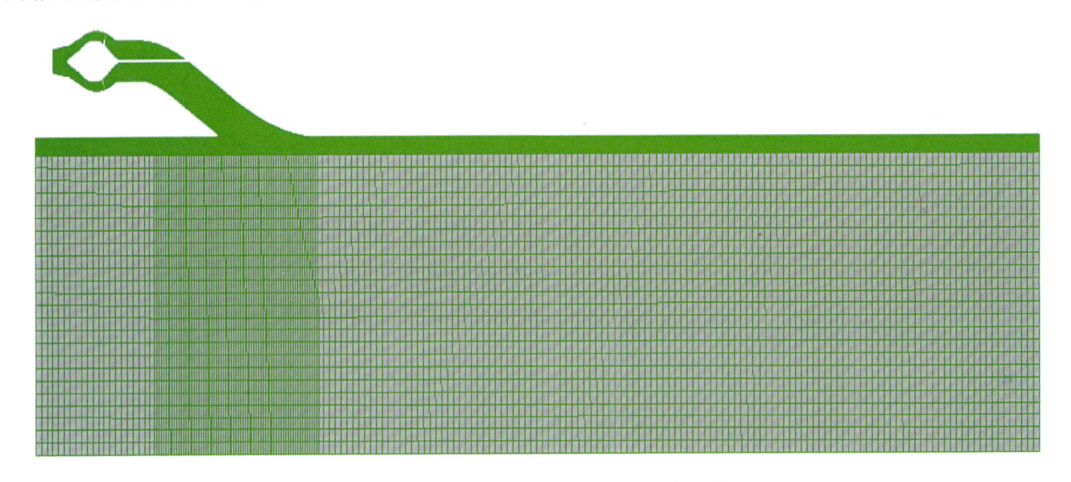

图 7.3 喷水推进泵装置中剖面网格示意图

7.2 边界条件设置

边界条件设置：进口设置速度进口，喷口、船体出口设置为平均静压出口，设定参考压力为 10^5 Pa；叶轮为旋转区域；叶轮的叶片和轮毂为相对静止壁面条件，叶轮外壳为绝对静止壁面条件；导叶体、喷口、进水流道及水体边壁均设为无滑移壁面条件。

7.3 喷水推进泵装置优化目标函数

（1）喷水推进泵装置推力计算采用断面断面 1A、7 的动量差值，断面 1A 进流面取为进水口前船头方向一倍直径位置处的椭圆面，如图 4.3 所示。

$$T = \Delta M = M_7 - M_{1A} \tag{7.1}$$

式中：M_7 为进口驻点前端面上的动量；M_{1A} 为喷口收缩截面的动量。

（2）喷水推进泵装置系统效率见式（6.2）。

7.4 流动参数优化

进水流道在无喷泵情况下最佳优化方案运行工况范围 IVR 为 $0.69\sim0.87$。基于整体喷水推进泵装置,在其运行工况范围内,不同航速下对应着不同的流量范围,如图 7.4 所示。在喷泵额定转速之下,喷口喷出流量较小,不在运行工况流量范围内,且泵装置内部流态出现漩涡、脱流等不良流态,故通过提高喷泵叶轮转速大小提高喷口喷出流量,在运行工况范围内优化进水流道流动参数水力性能。喷水推进泵装置各航速下对应的喷泵转速如图 7.5 所示。

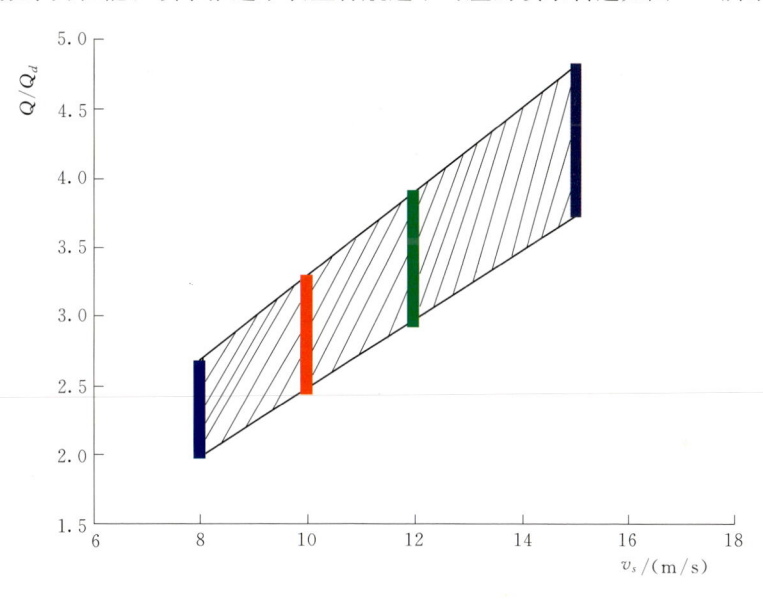

图 7.4 不同航速下流量范围分布图

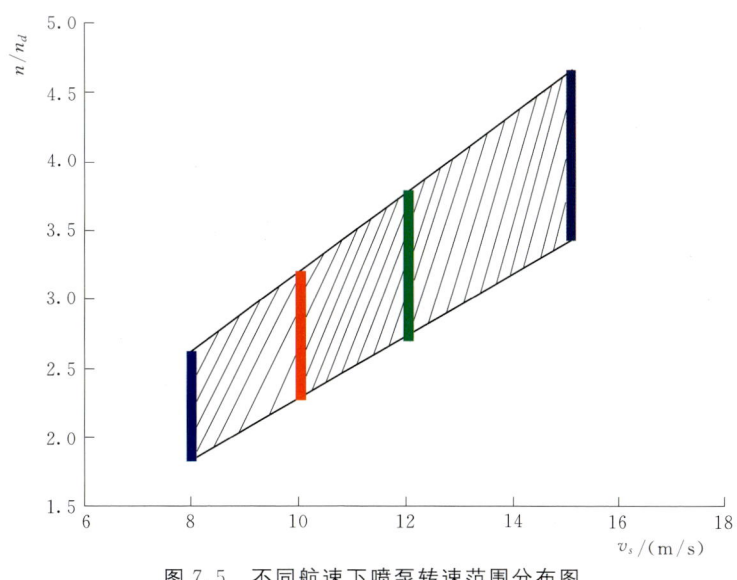

图 7.5 不同航速下喷泵转速范围分布图

图 7.6 是不同航速最优工况下喷泵进口处总压分布云图。结果表明，随着航速的增大，喷泵进口断面最大总压分布区域逐渐增大；当航速超过 12m/s 时，喷泵进口断面最大总压分布区域变化差异很小，这是由于随着航速、喷泵转速的增大，喷口喷出的流量逐渐增大；泵轴左右总压对称分布，泵轴上部为低压区，泵轴下部为高压区。

(a) $v_s=8\text{m/s}$，$n/n_d=2.29$

(b) $v_s=10\text{m/s}$，$n/n_d=2.71$

(c) $v_s=12\text{m/s}$，$n/n_d=2.86$

(d) $v_s=10\text{m/s}$，$n/n_d=4.14$

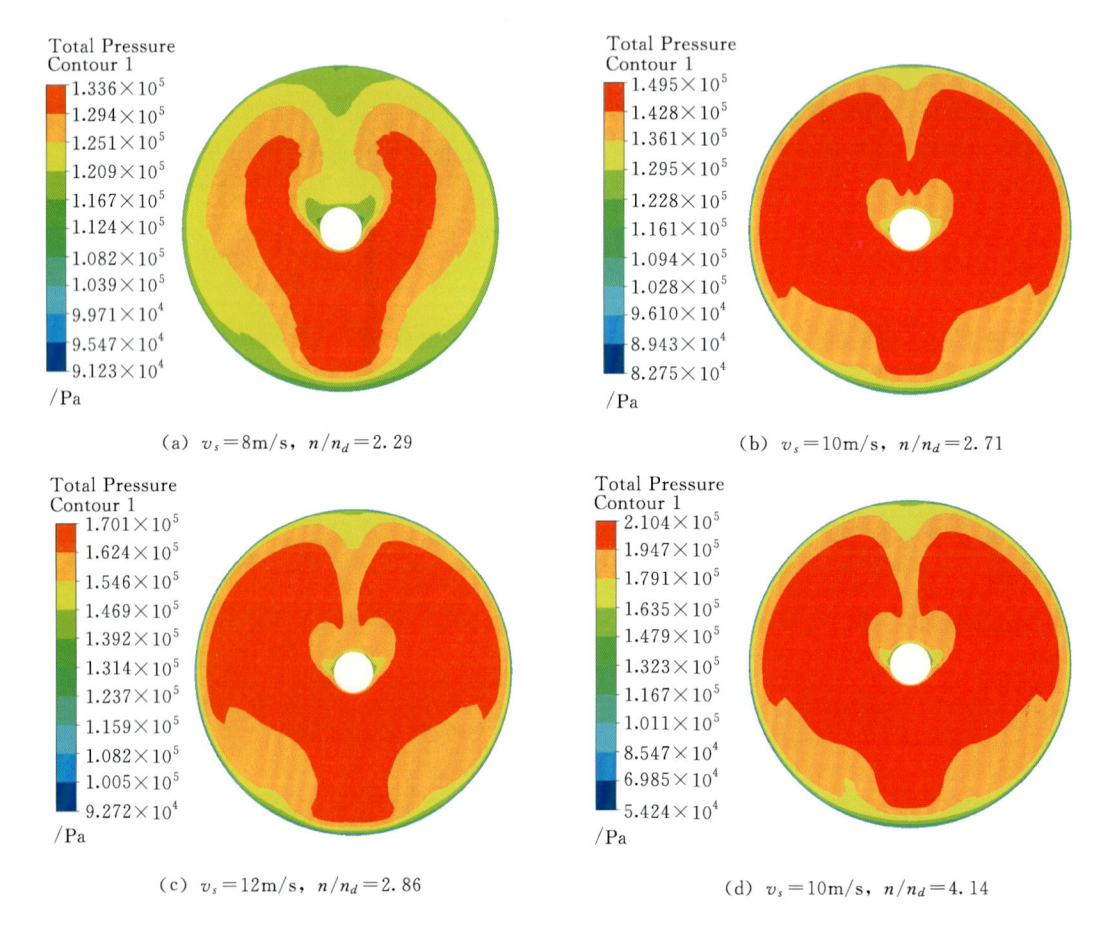

图 7.6 不同航速最优工况下喷泵进口处总压分布云图

图 7.7 为在最优工况下喷泵进口断面速度均匀度、加权平均角分布图。结果表明，在最优工况下，不同航速喷泵进口断面速度分布均匀度、加权平均角变化较小；在最优工况下，喷水推进泵装置出流均匀性较好，不随着航速的增大而发生明显的变化。

图 7.8 是在最优工况下喷水推进泵装置内部粒子迹线图。结果表明，在最优工况下，喷水推进泵装置内部流态来流均匀，无漩涡、脱流等不良流态；随着航速、转速的提高，最大、最小流速均有所提高。

图 7.9 是最优工况下喷水推进泵装置系统效率、推力示意图。结果表明，在最优工况下，不同航速对应着喷水推进泵装置系统效率差异较小；随着航速的增大，喷水推进泵装置系统效率先增大后减小，在航速 10m/s 达到最高点；喷水推进泵装置推力随着航速、转速的增大而增大。

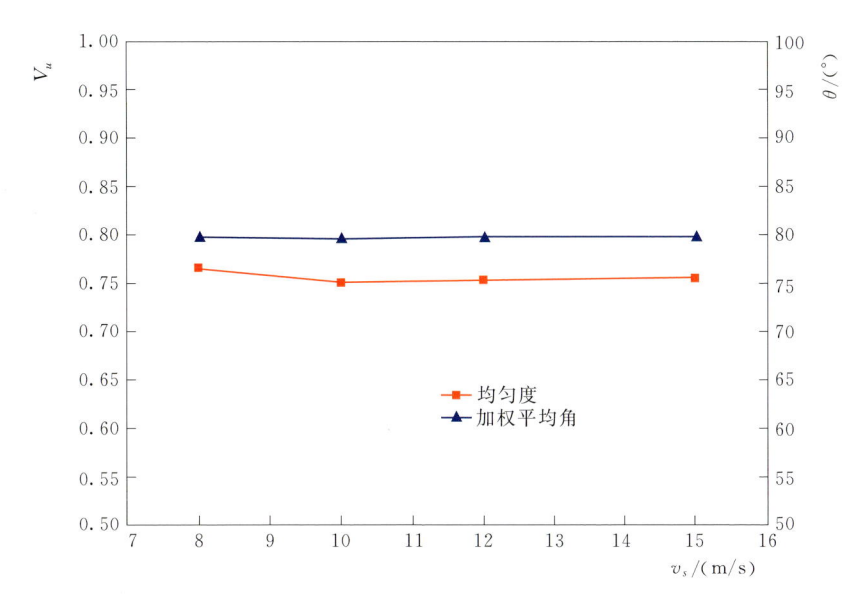

第7章 基于喷水推进泵装置的进水流道水力优化

图7.7 最优工况下喷泵进口断面速度均匀度、加权平均角分布图

(a) $v_s=8\text{m/s}$，$n/n_d=2.29$

(b) $v_s=10\text{m/s}$，$n/n_d=2.71$

(c) $v_s=12\text{m/s}$，$n/n_d=2.86$

(d) $v_s=10\text{m/s}$，$n/n_d=4.14$

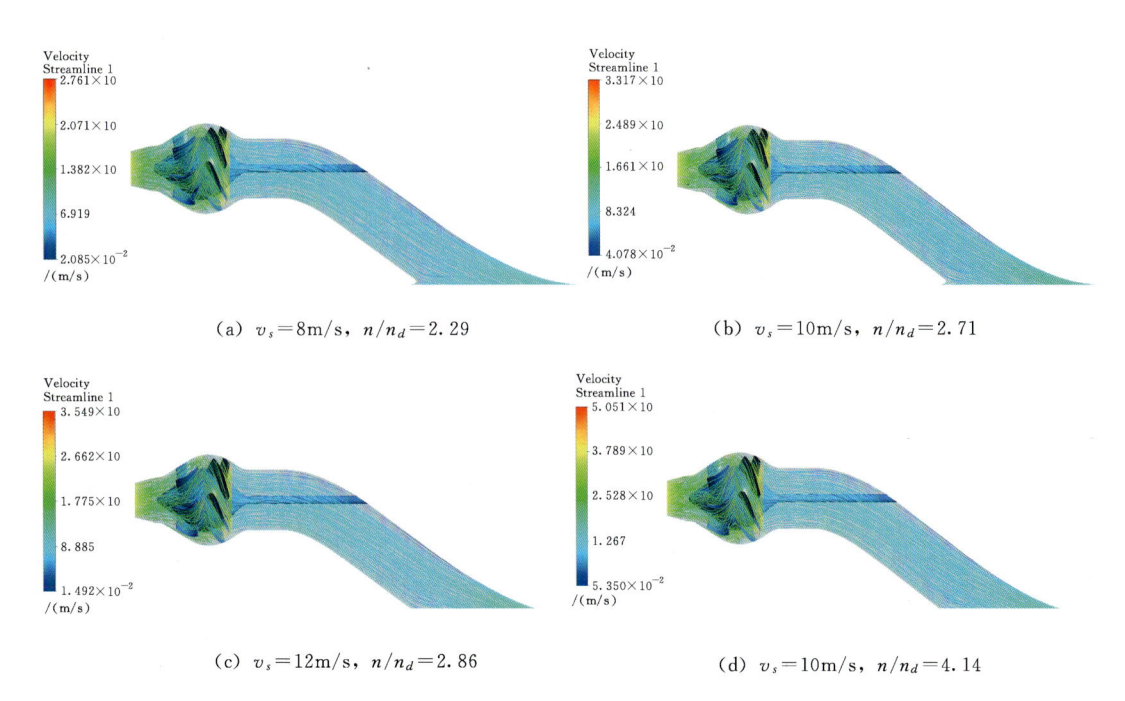

图7.8 最优工况下喷水推进泵装置内部粒子迹线图

综上所述，在运行工况范围内，在不同航速下对应不同喷口流量范围、喷泵转速范围；在最优工况下，喷水推进泵装置内部流态良好，出流均匀性较佳；随着航速、转速的增大，喷水推进泵装置系统效率先增大后减小，推力一直增大；在航速10m/s转速、n/n_d为2.71，达到系统效率最高点。综合喷水推进泵装置内部流态、推力及系统效率等关键性能，后续喷水推进泵装置水力优化选择航速10m/s、转速n/n_d为2.71。

81

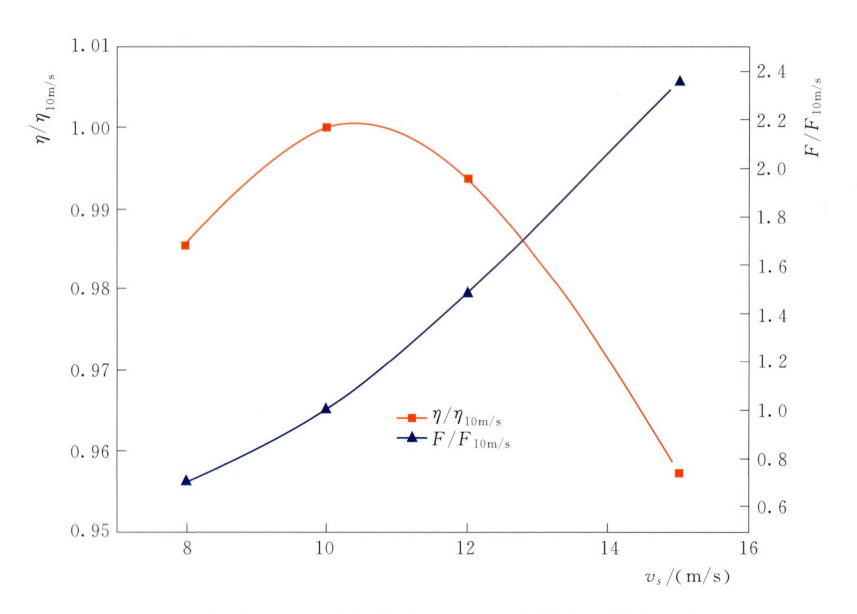

图 7.9　最优工况下喷水推进泵装置系统效率、推力示意图

7.5　几何参数优化

以进水流道在无喷泵情况下优化方案为基础方案，调整进水流道几何参数。对长度、入流倾角几何参数进行分析研究，获取不同几何参数下喷水推进泵装置水力性能。研究方案见表 7.1。

表 7.1　研　究　方　案

方案	几 何 参 数			航速 v_s /(m/s)	转速 n/n_d	备　注
	长度 L	倾角 α	唇角构造			
方案 1	$5.95D$	35°	上缘唇角 4°	10	2.71	长度对泵装置性能影响
方案 2	$5.73D$	35°	上缘唇角 4°	10	2.71	
方案 3	$5.51D$	35°	上缘唇角 4°	10	2.71	
方案 4	$5.58D$	33°	上缘唇角 4°	10	2.71	倾角对泵装置性能影响
方案 5	$5.76D$	30°	上缘唇角 4°	10	2.71	
方案 6	$6.08D$	27°	上缘唇角 4°	10	2.71	
方案 7	$6.13D$	25°	上缘唇角 4°	10	2.71	

注　最后结果进水流道倾角仍采用 35°，故唇角构造采用优化方案，不分析唇角对其水力性能影响。

7.5.1　长度 L

为分析进水流道长度 L 对喷水推进泵装置水力性能的影响，通过改变斜坡处样条曲线、圆变方长度及直线段来改变其长度 L 大小。分别研究了 3 种进水流道方案，其示意图如图 7.10 所示。

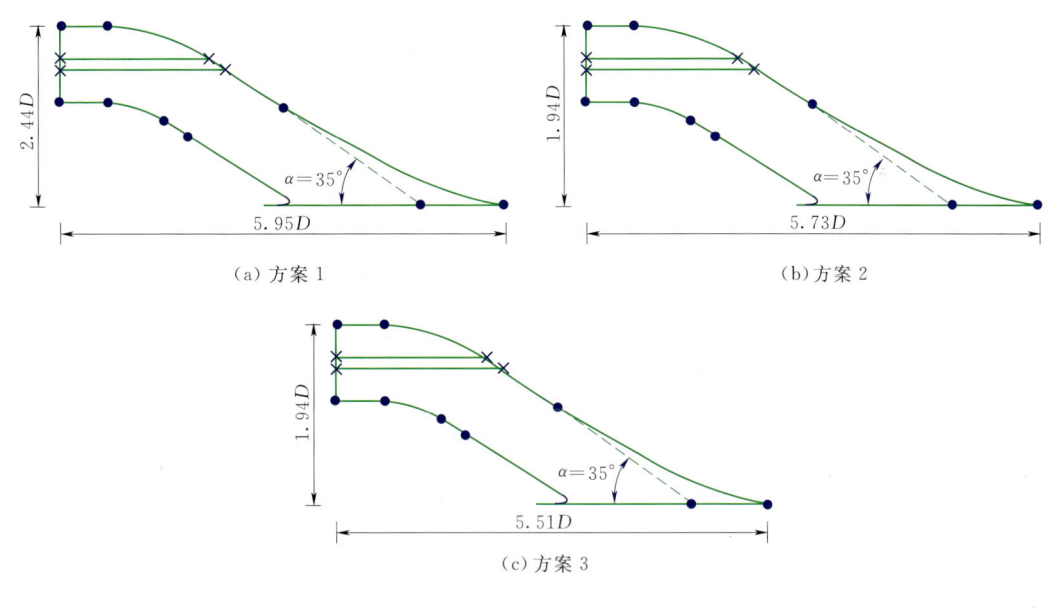

(a) 方案 1

(b) 方案 2

(c) 方案 3

图 7.10 进水流道中剖图

图 7.11 是不同方案喷水推进泵装置内部粒子迹线图。结果表明，各方案喷水推进泵装置内部来流均匀。在不改变进水流道倾角仅改变其长度情况下，不影响喷水推进泵装置内部流态，说明在一定进水流道倾角情况下，其长度不是影响其内部流态的关键几何参数。

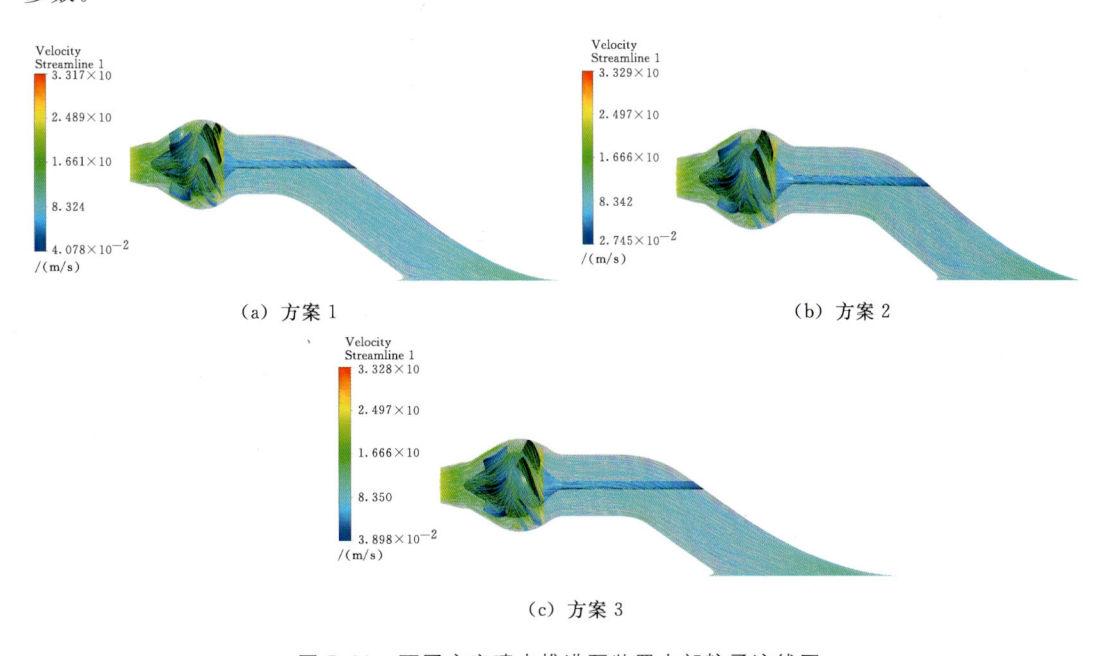

(a) 方案 1

(b) 方案 2

(c) 方案 3

图 7.11 不同方案喷水推进泵装置内部粒子迹线图

喷水推进泵及泵装置水动力特性

表 7.2 是喷水推进泵装置水力性能评价指标。表 7.2 表明，仅改变进水流道长度，各方案喷水推进泵进口断面速度分布均匀性能差异变化较小，喷水推进泵装置推力、系统效率略有所下降。

表 7.2　　　　　　　　　　喷水推进泵装置水力性能评价指标

指标 方案	V_u	$\theta/(°)$	F/F_d	η_c/η_{cd}
方案 1	0.751	79.8	1.00	1.00
方案 2	0.740	79.6	0.96	0.99
方案 3	0.748	79.6	0.96	0.99

综上所述，改变进水流道长度，喷水推进泵装置内部流态仍均匀；泵装置推力、系统效率有所下降。在无喷泵优化的最佳进水流道基础上，其长度 L 不是影响喷水推进泵装置水力性能的关键几何参数。

7.5.2　入流倾角 α

为分析进水流道入流倾角 α 对喷水推进泵装置水力性能的影响，分别研究了 5 种方案进水流道，其进水流道倾角范围为 25°~35°，如图 7.12 所示。

图 7.12　进水流道中剖图

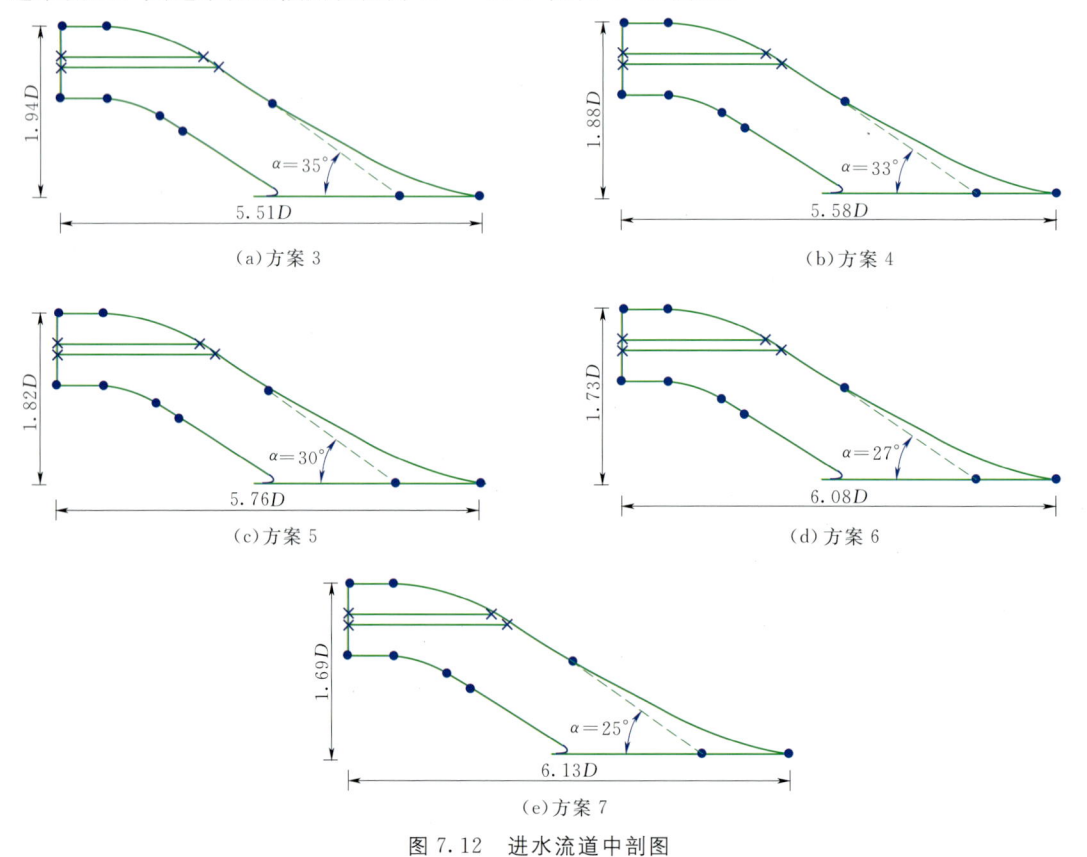

第7章 基于喷水推进泵装置的进水流道水力优化

图 7.13 是不同进水流道方案喷水推进泵装置内部粒子迹线图。结果表明，随着倾角的降低，喷水推进泵装置在入流倾角 25°出现回流、漩涡等不良流态，说明倾角是影响喷水推进泵装置内部流态关键几何参数。在无喷泵优化的最佳进水流道基础上，喷水推进泵装置水力性能优劣不能通过降低倾角提高其水力性能。

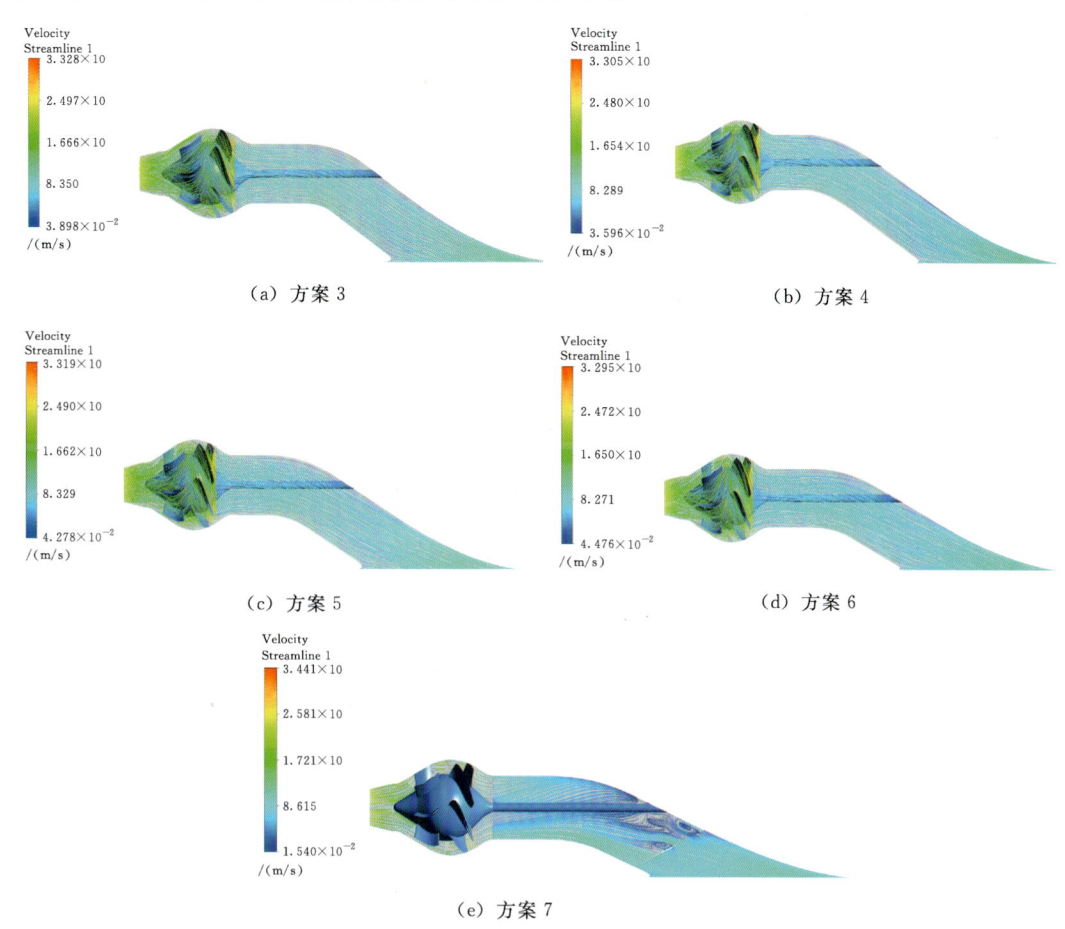

（a）方案 3

（b）方案 4

（c）方案 5

（d）方案 6

（e）方案 7

图 7.13 不同进水流道方案推进泵装置内部粒子迹线图

表 7.3 为喷水推进泵装置水力性能评价指标。方案 7 喷泵进口断面速度分布均匀度下降幅度较大，其加权平均角变化较小；泵装置推力变化较小；泵装置系统效率逐渐下降。

表 7.3 　　　　　　　　　　喷水推进泵装置水力性能评价指标

指标 方案	V_u	θ /(°)	F/F_d	η_c/η_{cd}
方案 3	0.748	79.6	0.96	0.99
方案 4	0.758	80.0	0.96	0.99
方案 5	0.747	79.8	0.96	0.99
方案 6	0.731	80.0	0.97	0.96
方案 7	0.684	77.9	0.96	0.94

综上所述，随着倾角的降低，喷水推进泵装置在入流倾角 25°出现回流、漩涡等不良流态，泵装置系统效率最小，说明倾角是影响喷水推进泵装置水力性能关键几何参数；在无喷泵优化的最佳进水流道基础上，喷水推进泵装置水力性能优劣不能通过降低倾角提高其水力性能。

通过装配喷泵来优化进水流道水力性能，进水流道长度在 6D 左右、倾角在 27°~35°及唇角构造尖锐等几何参数下，其泵装置水力性能较佳，相关评价指标变化较小。

7.6 本章小结

本章通过 CFD 技术，基于整体喷水推进泵装置从航速、转速流动参数与长度、倾角几何参数优化进水流道水力性能。通过计算与方案对比分析喷水推进泵装置水力性能，揭示其流动规律。本章所得结论如下：

(1) 在运行工况范围内，在不同航速下对应不同喷口流量范围、喷泵转速范围；在最优工况下，喷水推进泵装置内部流态良好，出流均匀性较佳；随着航速、转速的增大，喷水推进泵装置系统效率先增大后减小，推力一直增大；在航速 10m/s 转速、n/n_d 为 2.71 系统效率达到最高点；进水流道在航速 12m/s 时空化范围较广，故后续喷水推进泵装置水力优化选择航速 10m/s、转速 n/n_d 为 2.71。

(2) 改变进水流道长度，喷水推进泵装置内部流态来流仍均匀；泵装置推力、系统效率有所下降；在无喷泵优化的最佳进水流道基础上，其长度 L 不是影响喷水推进泵装置水力性能的关键几何参数；随着倾角的降低，喷水推进泵装置在入流倾角 25°出现回流、漩涡等不良流态，泵装置系统效率最小，说明倾角是影响喷水推进泵装置水力性能关键几何参数；在无喷泵优化的最佳进水流道基础上，喷水推进泵装置水力性能优劣不能通过降低倾角提高其水力性能；装配喷泵后优化进水流道水力性能，进水流道长度在 6D 左右、倾角在 27°~35°及唇角构造尖锐等几何参数下，其泵装置水力性能较佳，相关评价指标变化较小。

第 8 章
喷水推进泵装置水力性能和流动特性

喷水推进泵装置整体水力性能及内部流动特性一直是研究者和用户关注的核心,如何合理匹配泵叶轮、喷口、进水流道等几何参数和流量、航速等流动参数是关键科学问题,本章基于 CFD 系统研究喷水推进泵装置水力损失、轴向力、内部流动规律,为合理选择喷水推进泵装置做参考。

8.1 计算域及网格

受船体边界层、来流速度及压力的影响,进入进水流道的水流是不均匀的,因此选取计算流体区域时应将船尾底部进水流道进水口周围区域的流体也包括在内,故计算区域包括:推进泵、进水流道和船底区域三部分。计算域采用分块四面体非结构化网格和六面体结构化网格进行离散。

推进泵采用修改后的推进泵段,将其进出口长度根据需要进行再次修改后,与进水流道进行组装。组装后模型图如图 8.1 所示。

对于该装置模型,为了得到高质量网格,主要通过分块进行网格划分。叶轮和导叶体的计算网格主要采用的是四面体网格,沿用了第 5 章推进泵段的喷泵网格数,即 288 万。进水流道弯管部分及船底区域水体由于结构简单,主要采用六面体网格。其他部分采用四面体非结构网格进行离散。进水流道及船底区域水体网格的划分主要使用 ANSYS Workbench 软件。理论上,模型的网格数越多,由网格引起的求解误差会越小。因此,本节泵体网格数为 288 万,进水流道网格数为 130 万。

具体区域的分块及网格的剖分如图 8.2 所示(推进泵网格不再单列)。

上述网格分块剖分后,将每块分别输出为 CFX 文件,并在 CFX 前处理中将各个部分进行合并,设定好交界面及求解条件,进行计算。

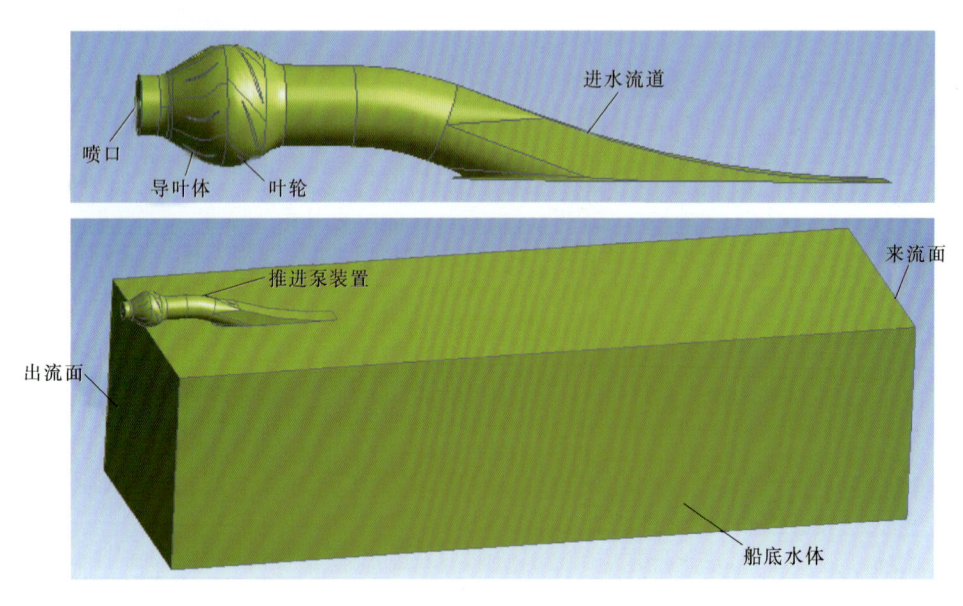

图 8.1 喷水推进泵装置计算模型

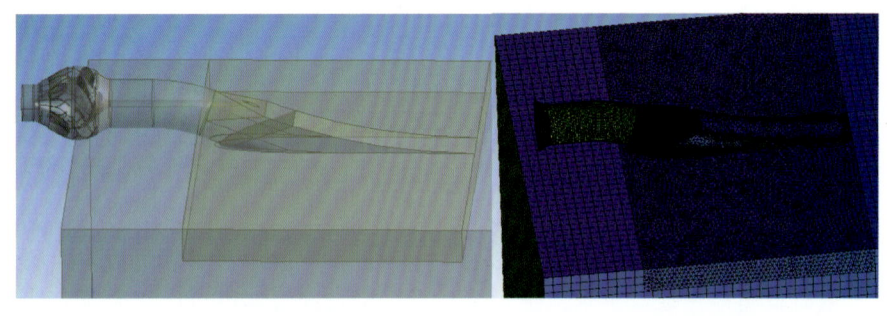

(a) 区域分块　　(b) 进水流道网格

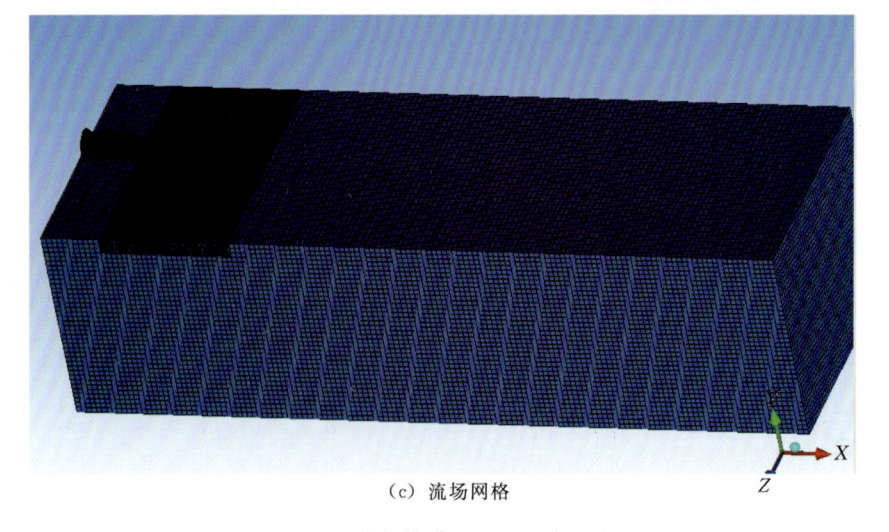

(c) 流场网格

图 8.2 喷水推进泵装置网格划分

8.2 边界条件

该装置模型的进口设为速度进口（normal speed），根据文献[48]，将其设为 8m/s；两出口均为平均静压出口（average static pressure），设定参考压力为 10^5 Pa；设置交界面来传递各组成部分间的数值；固壁设置为无滑移边界条件，并采用标准函数进行处理，转速初设为700r/min，为了研究转速与流动参数之间的关系，转速设置发生变化，如图 8.6 所示。

8.3 计算结果分析

沿着水流的流动方向截取了 5 个断面，记为 $n-n$ 断面（n 取 1，2，…，5），如图 8.3 所示，其中：1-1 断面为流道进口断面；2-2 断面上缘在方形管道变圆形管道的过渡交界处，下缘在唇部与过渡段的交界处；3-3 断面为弯管入口断面；4-4 断面为弯管出口断面；5-5 断面为直管出口断面。

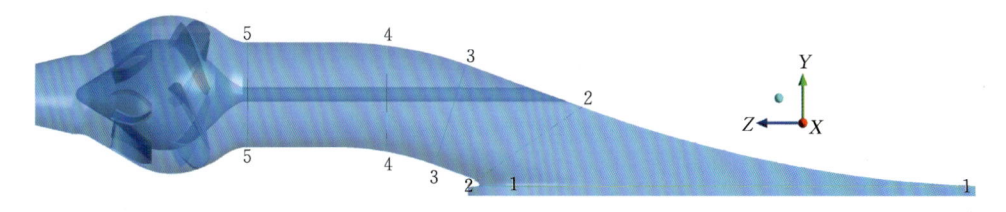

图 8.3 进水流道断面示意图

8.3.1 进水流道水力损失

根据式（8.1）计算不同流量下流道进口断面到方变圆断面、方变圆断面到弯管入口断面、弯管入口断面到弯管出口断面以及弯管出口断面到直管出口断面的水力损失大小。

$$H_{f(n-m)} = \frac{P_n - P_m}{\rho g} \tag{8.1}$$

式中：$H_{f(n-m)}$ 为水力损失；P_n、P_m 为断面上的总压大小；ρ 为密度；g 为重力加速度；n、m 表示各断面编号。

将各段水力损失在总损失所占比例列于表 8.1，对比发现：流道进口断面到方变圆断面的水力损失占总损失的比例最高，在 $0.33Q_d \sim 0.67Q_d$ 的流量范围内，其比值均超过90%，尤其在流量为 $0.50Q_d$ 时，该比值达到最大值；与 $0.33Q_d$ 相比，$0.50Q_d$ 下水流从流道进口断面到方变圆断面的水力损失占总损失的比例增大，而从方变圆断面到弯管入口断面、弯管入口断面到弯管出口断面以及弯管出口断面到直管出口断面的水力损失占总损失的比例则减小或者持平；流量从 $0.50Q_d$ 增加到 $1.33Q_d$ 的过程中，流道进口断面到方变圆断面为流道进口断面的水力损失占总损失的比例一直呈下降的趋势，而从方变圆断面到弯管入口断面、弯管入口断面到弯管出口断面以及弯管出口断面到直管出口断面的水力损失占总损失的比例则呈上升的趋势。

表 8.1　　　　　　　　不同流量下各段水力损失占总损失的比重　　　　　　　　　%

流　量	$H_{f(1-2)}$	$H_{f(2-3)}$	$H_{f(3-4)}$	$H_{f(4-5)}$
$0.33Q_d$	92.6	3.1	1.7	2.6
$0.50Q_d$	95.0	1.0	1.7	2.3
$0.67Q_d$	91.6	1.7	3.0	3.7
$0.83Q_d$	85.1	3.4	5.2	6.3
$1.00Q_d$	74.6	6.9	8.4	10.1
$1.17Q_d$	61.8	11.7	12.1	14.4
$1.33Q_d$	49.9	16.9	15.4	17.8

8.3.2　喷水推进泵装置水力性能

由式（5.1）～式（5.4）计算泵装置的扬程和效率，其中泵装置的进口取在流道的出口附近，出口取在喷嘴进口附近。

为了更为方便直观地比较各工况下的计算结果，以最优效率点的流量和效率为基准，对其他流量点的流量和效率做量纲一化处理。本计算过程共涉及 7 个流量点，其中有 4 个流量点小于最优效率点的流量，有 2 个流量点大于最优效率点的流量。图 8.4 为喷水推进泵装置水力性能曲线，包括了装置的 H-Q 曲线和 η-Q 曲线。可以看出：流量在 $0.50Q_d$ 附近时，装置进入水力不稳定区运行；随着流量的增大，效率逐渐增大，在 Q_d 处达到最高效率点；随着流量继续增大，效率迅速下降，在 $0.76Q_d$～$1.10Q_d$ 的流量范围内为装置的高效区。

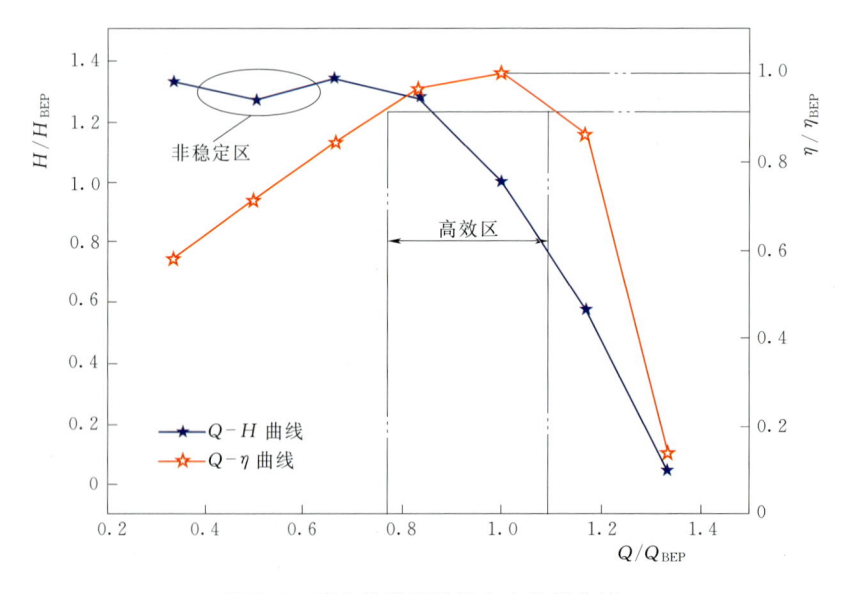

图 8.4　喷水推进泵装置水力性能曲线

8.3.3　喷水推进泵装置轴向力

以最高效率点的流量和装置轴向力为基准，取装置相对轴向力和相对流量，分别记为 F' 和 Q'，其中，$F'=F_a/F_{ad}$，$Q'=Q/Q_d$，F_a 为装置受到的轴向力，F_{ad} 为最高效率点的装置轴向力。图 8.5 为装置轴向力与流量之间的关系曲线,可以看出,随着流量的增大,喷水推进泵装置的轴向力下降。采用 6 次多项式拟合该曲线,该多项式可表示为 $F'=AQ'^6+BQ'^5+CQ'^4+DQ'^3+EQ'^2+FQ'+G$,通过求解,得到多项式中的系数分别为 $A=3.46$,$B=-17.59$,$C=35.68$,$D=-36.57$,$E=19.68$,$F=-5.32$,$G=1.66$。

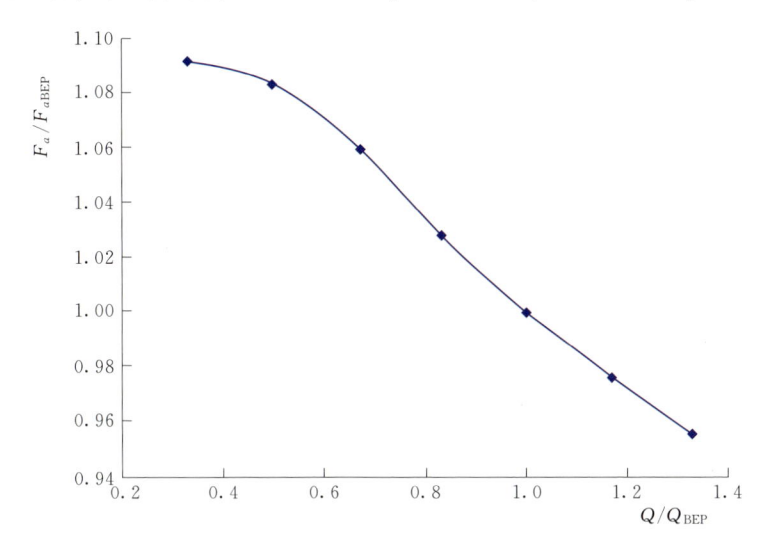

图 8.5 喷水推进泵装置轴向力与流量的关系图

8.3.4 喷水推进泵装置推力特性

若考虑边界层影响,则喷水推进泵装置推力的求解公式由动量定理进行推导后,得式(8.2)~式(8.4)[24]:

$$F_T=\rho Q(v_{\text{out}}-v_{\text{in}}) \tag{8.2}$$

$$v_{\text{in}}=\alpha v_s \tag{8.3}$$

$$Q=Av_{\text{out}} \tag{8.4}$$

式中:A 为喷口截面积;ρ 为流体密度;v_{out} 为喷口轴向流速;v_{in} 为流道进口流速;v_s 为船的航速;α 为边界层影响系数,根据文献[3],在一般的高性能艇上,其值为 0.95 左右。

图 8.6 为不同转速下推力及进速比 IVR 的变化趋势。由图可知,随着转速的增大,推力和进速比增大。其中,IVR 与转速呈线性关系,推力与转速呈曲率逐渐增大的曲线关系。

IVR 指泵的进流速度与航速的比值。根据文献[1],IVR 一般取为 0.6 左右。常书平[50]等研究发现,IVR 在 0.6 时流动损失最小,效率最高;IVR 小于 0.6 时,出流性能较差,IVR 大于等于 0.7 后,流动损失和效率这两个指标变化趋势减缓,此时出流已较均匀,对喷泵的性能影响变化不大,故将 IVR 取为 0.63。当泵转速为 650~800r/min 时,进速比最佳,最终综合各种因素,取泵转速为 700r/min 开展不同喷口形式的模拟计算研究。

8.3.5 喷水推进泵装置内部流动及压力特性

图 8.7 是装置在不同转速下的沿泵中心轴的轴面静压力云图。由图可知,转速对装置

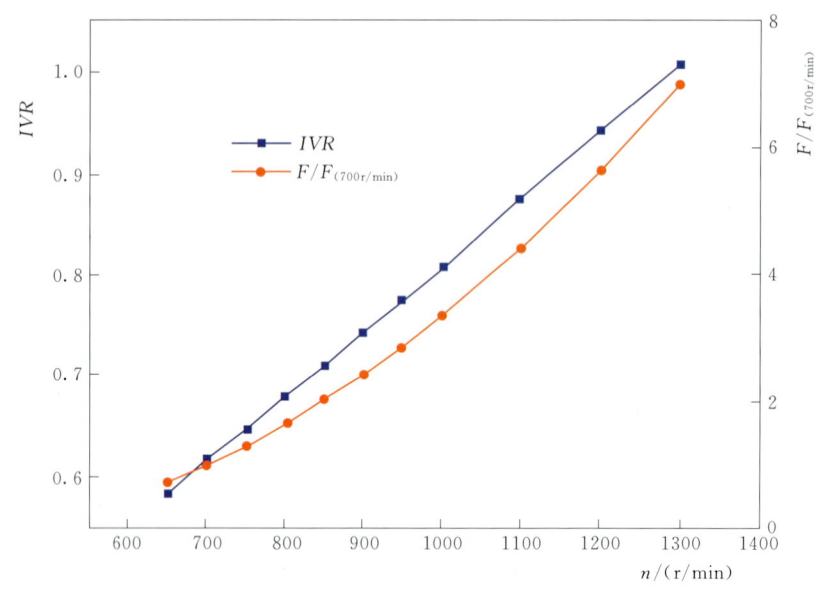

图 8.6　不同转速下推力及进速比 IVR 的变化趋势

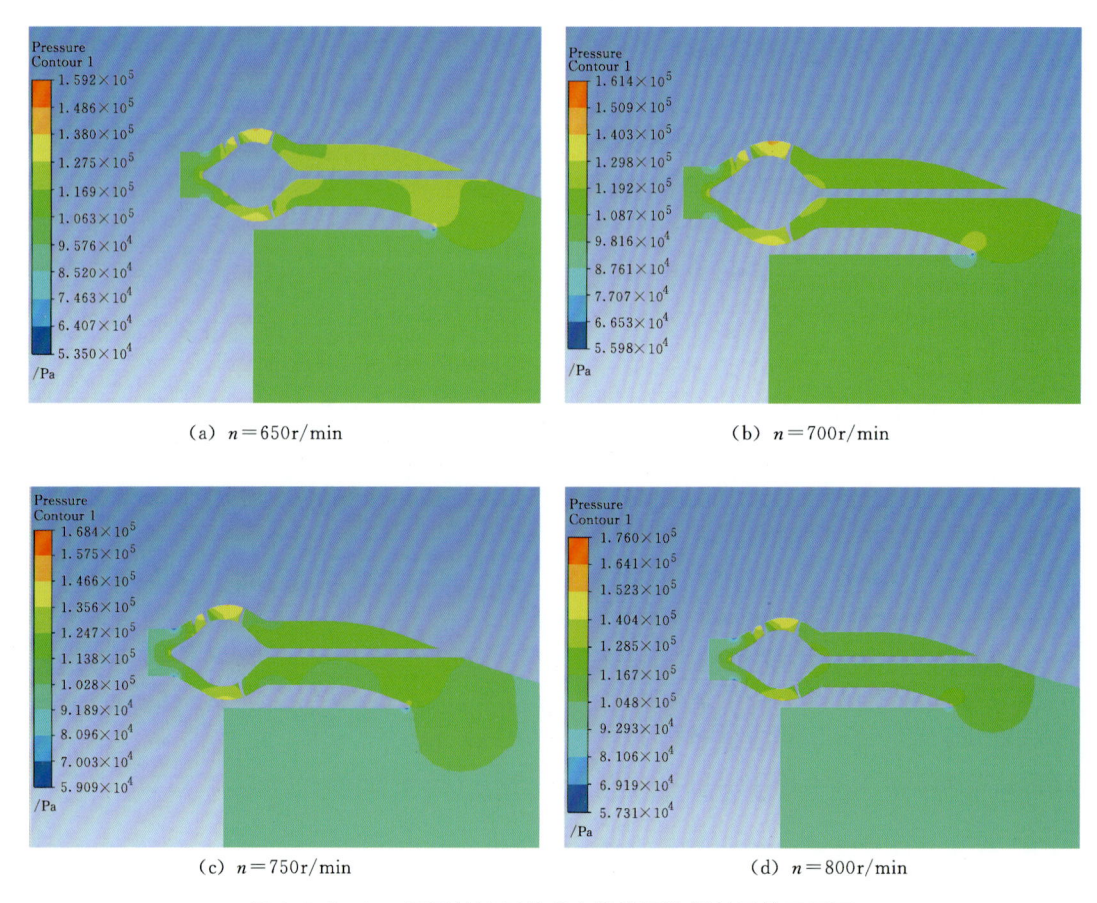

（a）$n=650$r/min

（b）$n=700$r/min

（c）$n=750$r/min

（d）$n=800$r/min

图 8.7（一）　不同转速下的喷水推进泵装置轴面静压云图

(e) $n=850$r/min

(f) $n=900$r/min

(g) $n=950$r/min

(h) $n=1000$r/min

(i) $n=1100$r/min

(j) $n=1200$r/min

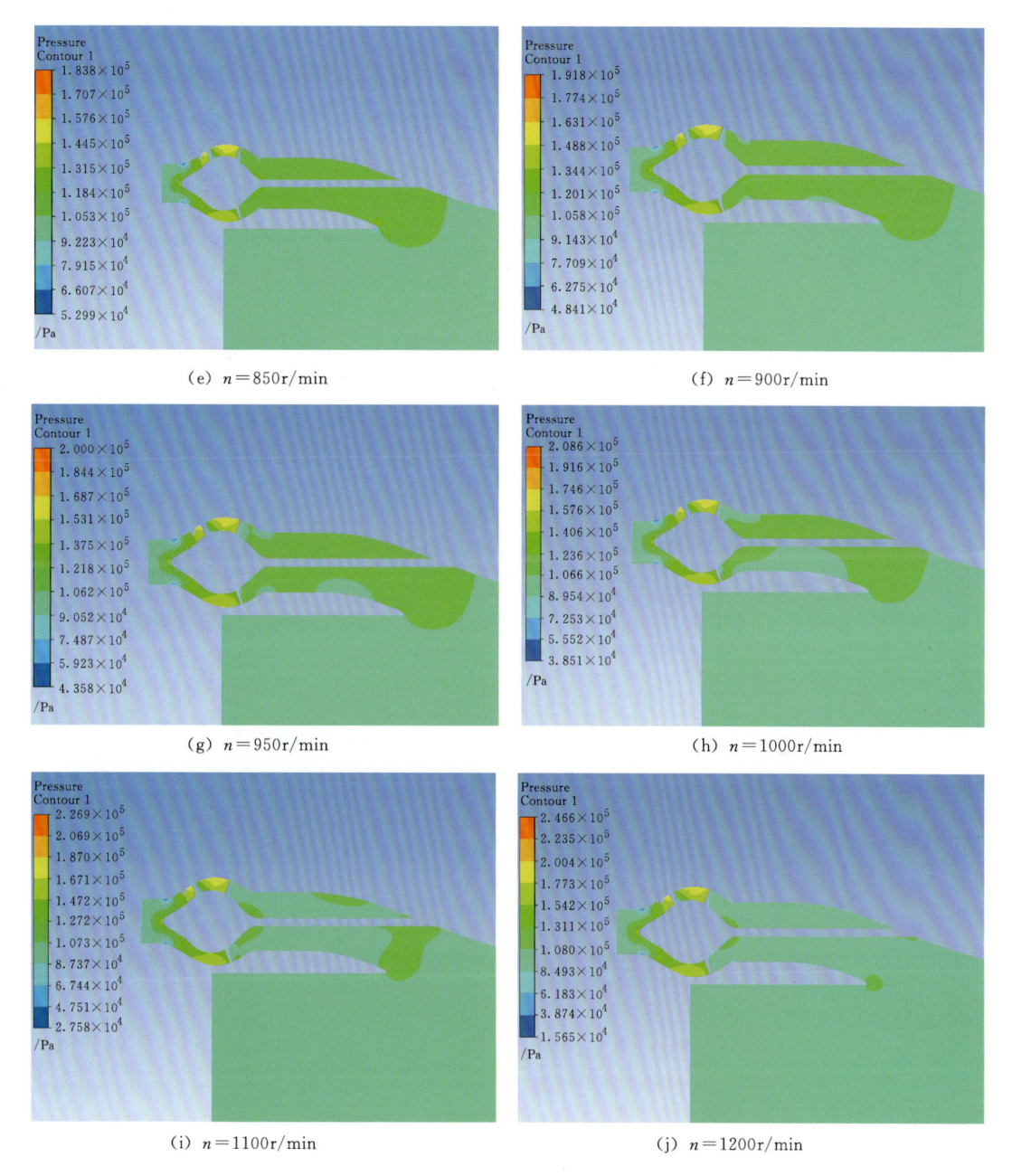

图 8.7（二）　不同转速下的喷水推进泵装置轴面静压云图

的压力分布有一定影响。在进水流道的唇部区域，其所受压力明显高于四周；叶轮处受到的压力较大，并随转速的增大而增大；在喷口处，由于设定的是平均静压出口，故压力分布一致；且转速越高，进水流道所受压力分布越均匀，流道出水管处所受压力越小。

图 8.8 是装置在不同转速下的轴面流线图。可以看出，在低转速时，进水流道唇角区域的流态较差。而随着转速的增大，进水流道唇角区域的流态开始逐渐变好。当转速在 1000r/min 以上时，唇角区域的流态较好。

喷水推进泵及泵装置水动力特性

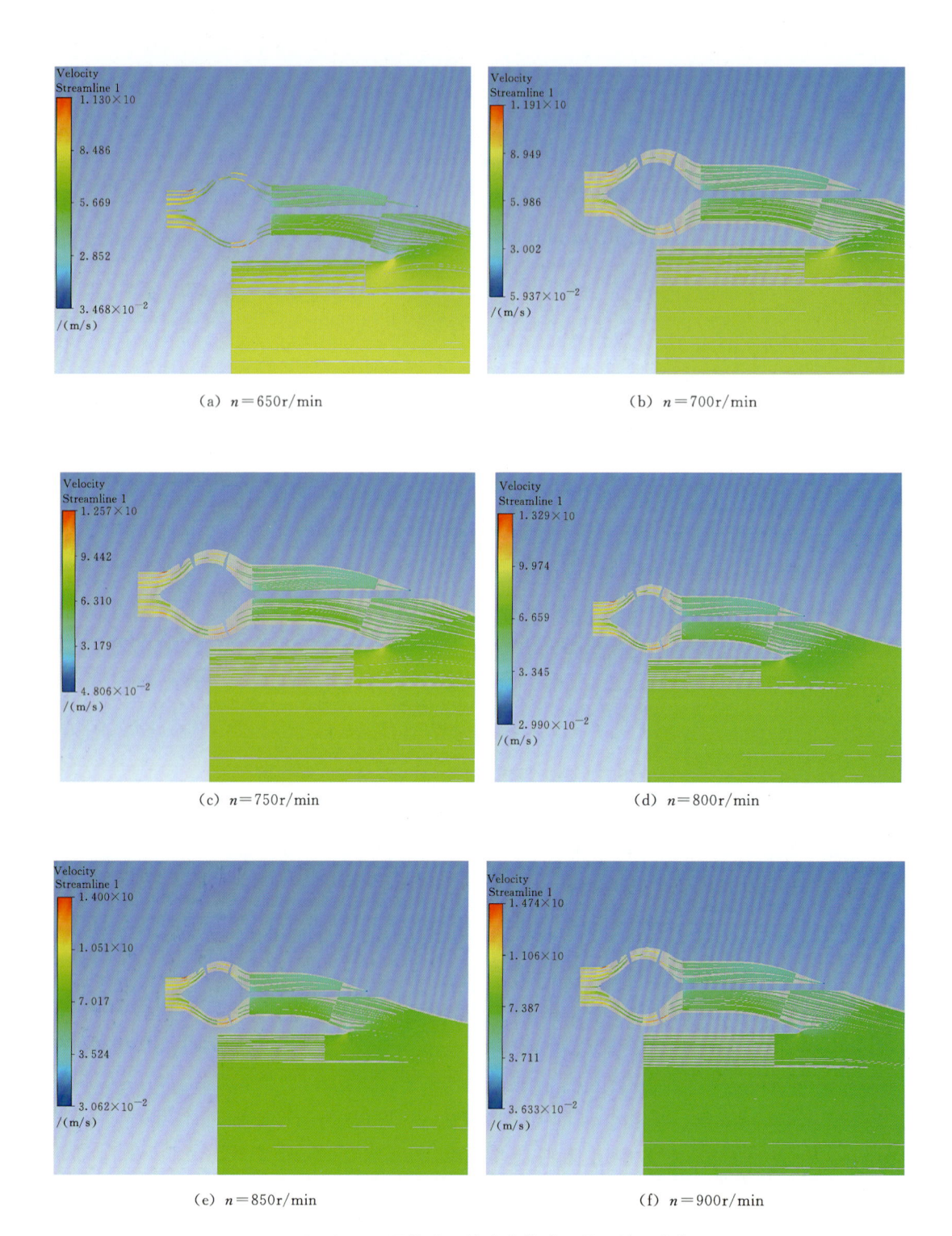

(a) $n=650\text{r/min}$

(b) $n=700\text{r/min}$

(c) $n=750\text{r/min}$

(d) $n=800\text{r/min}$

(e) $n=850\text{r/min}$

(f) $n=900\text{r/min}$

图 8.8（一） 不同转速下的喷水推进泵装置轴面流线图

(g) $n=950\text{r/min}$

(h) $n=1000\text{r/min}$

(i) $n=1100\text{r/min}$

(j) $n=1200\text{r/min}$

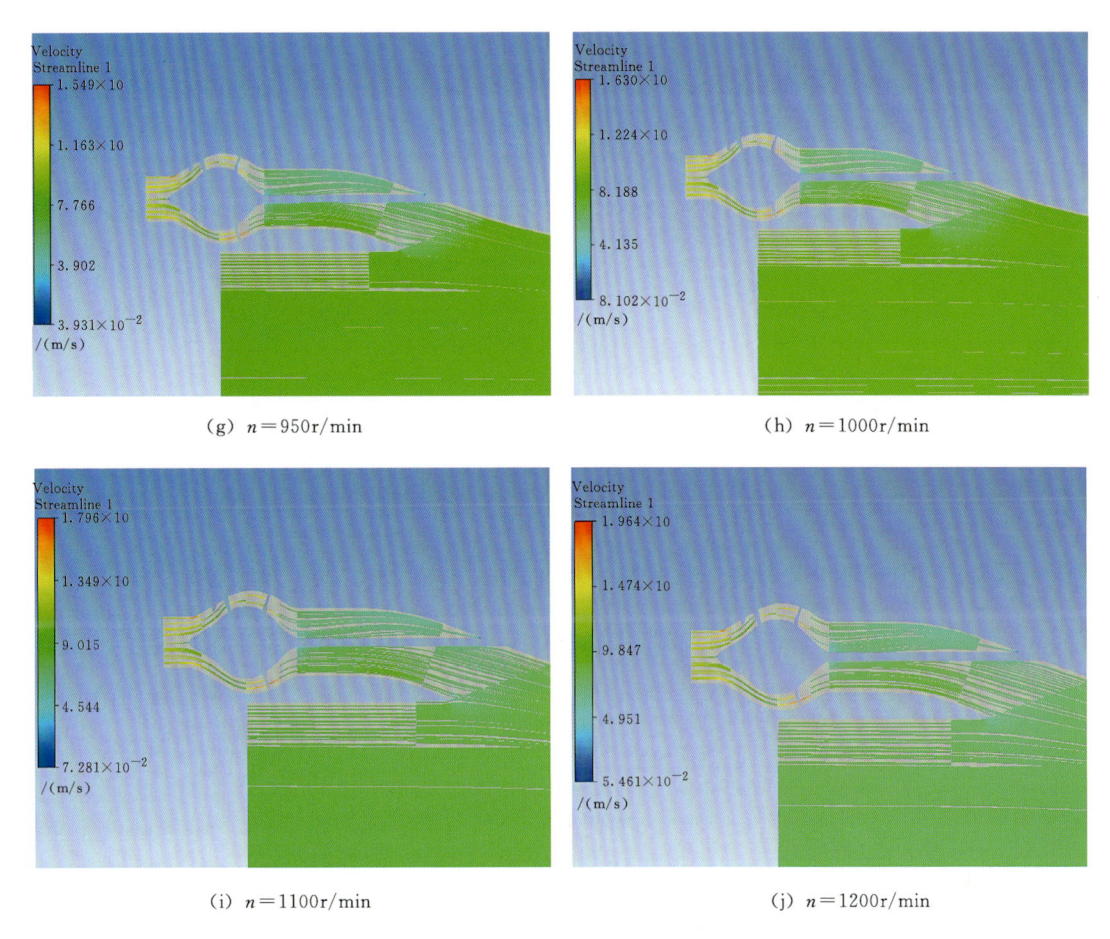

图 8.8（二）　不同转速下的喷水推进泵装置轴面流线图

为了分析叶轮中的流态，将弦长比 $Span$ 作为截取圆周翼展面的控制参数[56]，分别取靠近轮毂的翼展面（$Span=0.1$）、叶轮中间翼展面（$Span=0.6$）及靠近轮缘的翼展面（$Span=0.96$）作为分析断面。

图 8.9 为不同流量工况下，各翼展面上的叶轮翼型绕流速度矢量分布，各子图中 3 排翼型依次为靠近轮毂的翼展面（$Span=0.1$）、叶轮中间翼展面（$Span=0.6$）和靠近轮缘的翼展面（$Span=0.96$）。可以看出：靠近轮毂翼展面上的流态良好，未见明显不良流态，同一流量下各叶槽流速分布基本一致，槽内流速高于进出口流速，吸力面上的流速高于压力面；叶轮中间翼展面上，小流量工况下进口流速高于出口流速，各叶槽通道内的流速分布不一致，叶片尾缘吸力面附近存在明显的展向涡，该展向涡在 $0.33Q_d$ 下最为明显，发生在每个叶槽通道内，流量为 $0.5Q_d$ 时，只有部分叶槽内发生展向涡，流量超过 $0.67Q_d$ 后，展向涡消失，各叶槽通道内的流速分布也逐渐趋于一致，槽内流速高于进出口流速；靠近轮缘的断面上，小流量工况下，进口速度方向与翼型前缘并不相切，而是呈一定的夹角进水叶槽通道，这是由于叶槽通道内发生了严重的展向涡，该展向涡阻碍了叶轮进口的入流，进而导致入流方向偏斜，特别是流量为 $0.33Q_d$ 和 $0.5Q_d$ 时，每个叶槽通

喷水推进泵及泵装置水动力特性

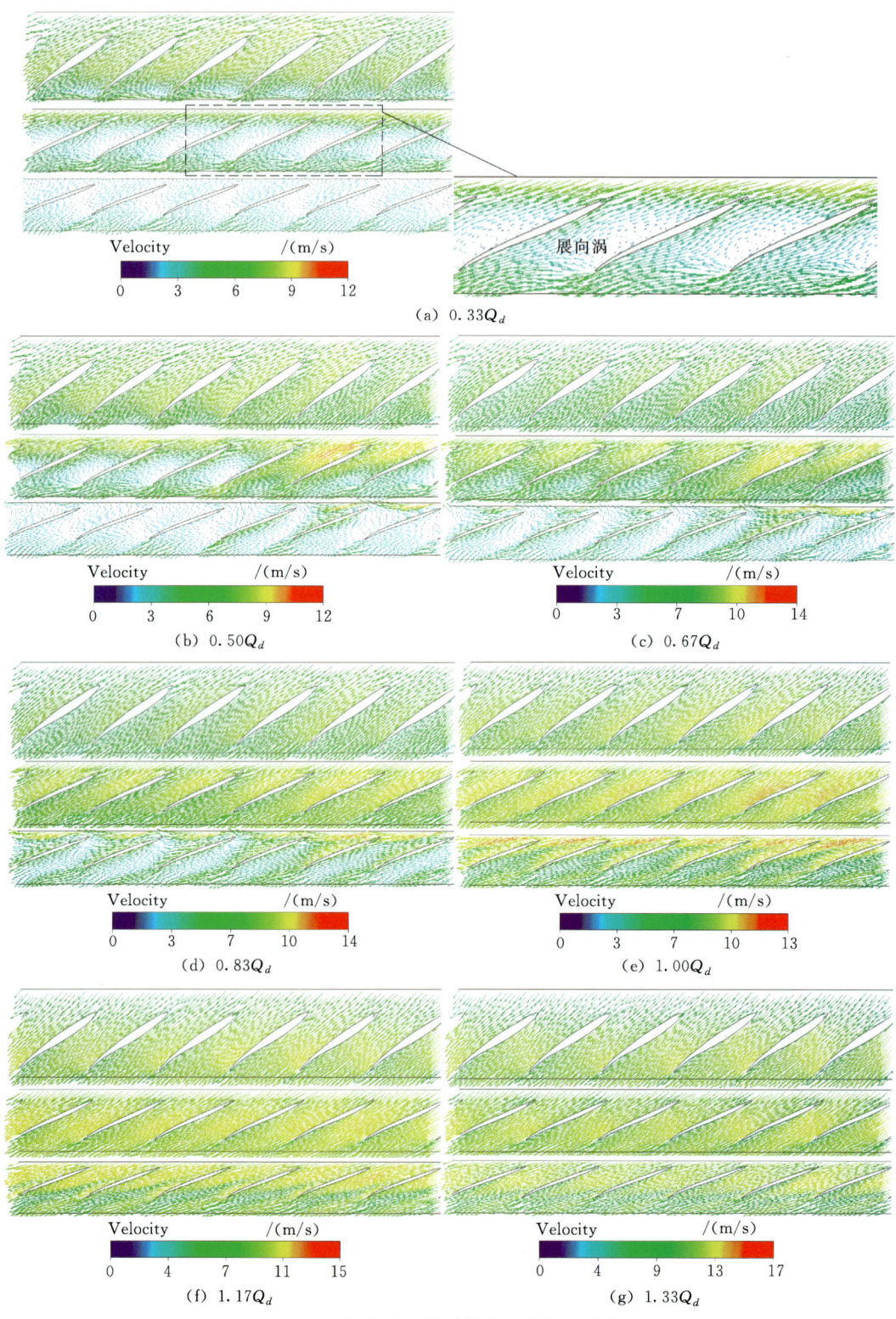

(a) $0.33Q_d$ 展向涡

(b) $0.50Q_d$

(c) $0.67Q_d$

(d) $0.83Q_d$

(e) $1.00Q_d$

(f) $1.17Q_d$

(g) $1.33Q_d$

图 8.9　各流量下翼型绕流速度矢量分布

道内都有展向涡发生，并且该展向涡充斥于整个叶槽通道；流量增加至 $0.67Q_d$，展向涡只在部分叶槽通道内可见，流量超过 $0.83Q_d$ 后，叶槽通道内的展向涡消失，各叶槽通道内的流速分布逐渐变得均匀。

在叶轮域截取 $X=0$ 剖面研究推进泵内的流态分布情况及剖面与叶片交界线［图 8.8 (a)］上的压力分布。图 8.10 (a) 中 r 为交界线上点的径向半径，为了方便分析，规定 $+Y$ 方向上的径向半径为正值，$-Y$ 方向上的径向半径为负值。图 8.10 (b) ～ (h) 分别为不同流量下该剖面上的流线，可以看出：在小流量（$0.33Q_d$，$0.5Q_d$）工况下，叶轮出口发生严重的径向涡，随着流量的增大（$0.67Q_d$ 工况），该涡逐渐减小直至消失；由于叶片压力面的压力较大，吸力面的压力较小，叶顶处的水流会由于这种压力差而发生流动，并进一步牵引附近水流与主流发生卷吸作用，从而形成泄漏涡；随着流量的增大，泄漏涡的范围逐渐减小直至消失：在小流量工况及最高效率点下，轮缘叶顶间隙吸力面上可见明显的泄漏涡；在 $1.17Q_d$ 流量工况下，叶顶也存在泄漏涡，但是并不明显；在 $1.33Q_d$ 流量工况下，未观察到泄漏涡的发生，剖面上的流线十分平顺。

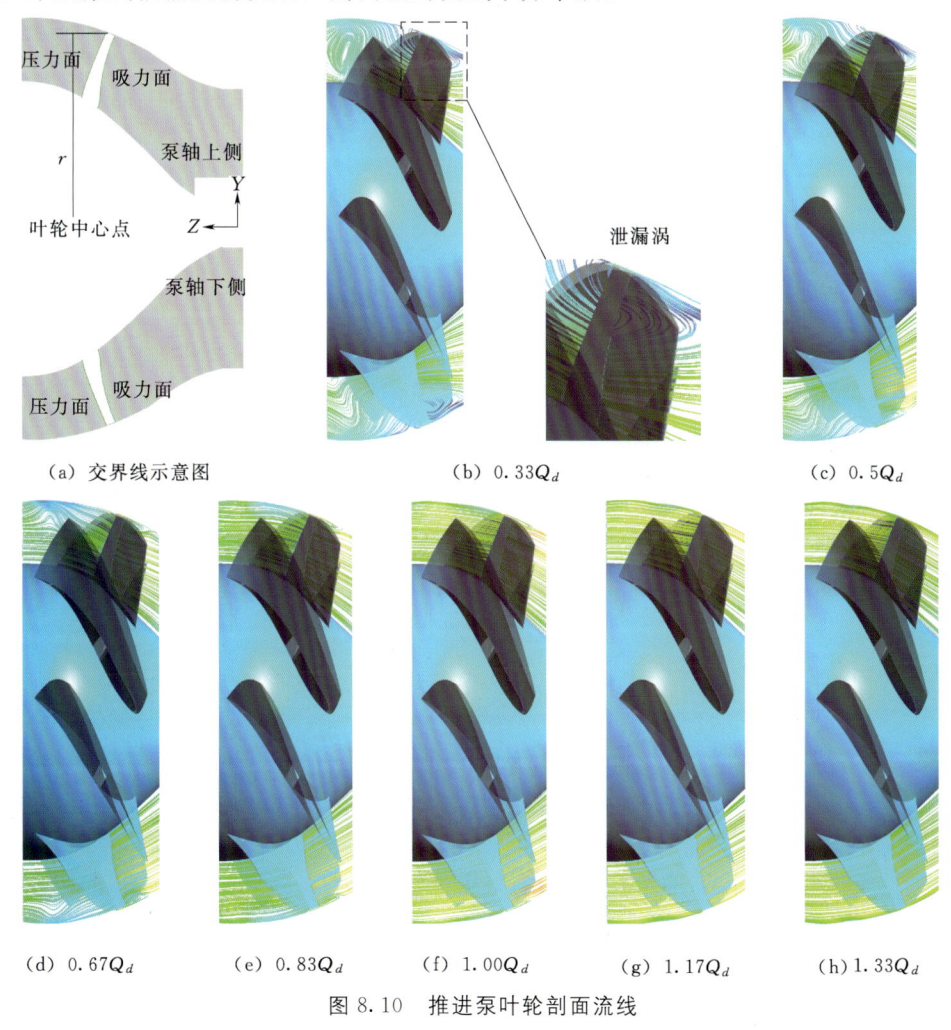

(a) 交界线示意图 (b) $0.33Q_d$ (c) $0.5Q_d$

(d) $0.67Q_d$ (e) $0.83Q_d$ (f) $1.00Q_d$ (g) $1.17Q_d$ (h) $1.33Q_d$

图 8.10 推进泵叶轮剖面流线

喷水推进泵及泵装置水动力特性

各流量工况下,交界线压力面和吸力面上不同半径处的压力分布如图 8.11 所示,其中 R 为叶轮半径。可以看出:除大流量工况外,随着径向半径的增大,静压也越来越大,接近叶尖位置时,静压突然急剧下降;由图 8.10 观察到,叶顶间隙内有反向流动发生,而泄漏涡也并非起始于压力面的叶顶,而是起始于叶顶下方,这与图 8.11 监控到的静压分布完全一致,即叶顶下缘的静压大于叶顶,该处有明显的压降,特别是在 $0.33Q_d$、$0.50Q_d$、$0.67Q_d$、$0.83Q_d$、$1.00Q_d$ 和 $1.17Q_d$ 的流量工况下,这与观察到泄漏涡的流量工况也是完全一致的,而在 $1.33Q_d$ 流量工况下,该压降趋势并不明显,因此也未观测到明显的泄漏涡;随着流量的增大,压力面和吸力面上的静压分布均呈现下降的趋势;各流量工况下,压力面上的静压均大于吸力面上的静压,但随着流量的增大,该压差值减小,这也是小流量工况有明显泄漏涡而大流量工况无泄漏涡的另一个佐证。

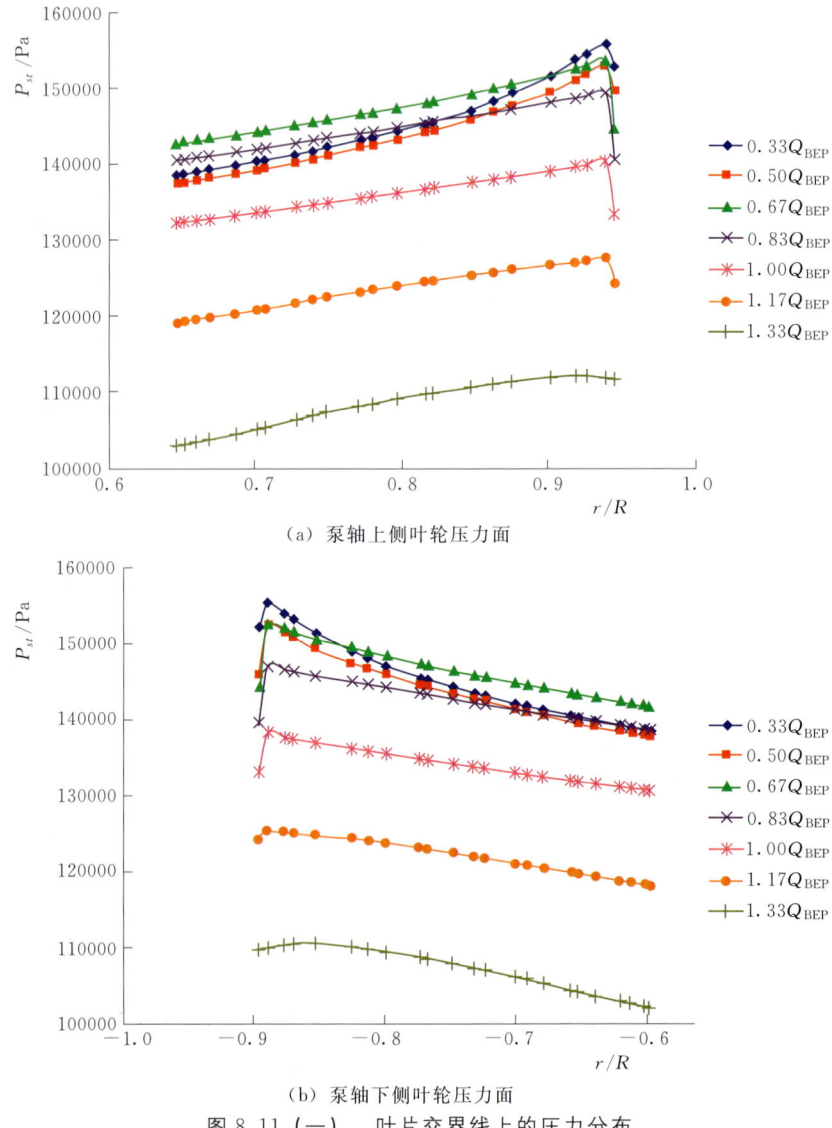

(a) 泵轴上侧叶轮压力面

(b) 泵轴下侧叶轮压力面

图 8.11(一) 叶片交界线上的压力分布

(c) 泵轴上侧叶轮吸力面

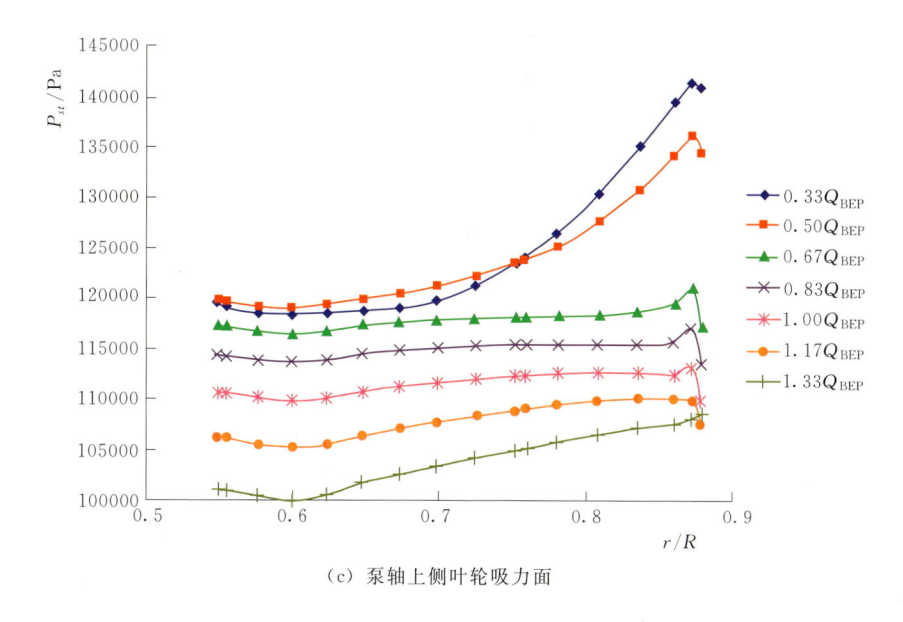

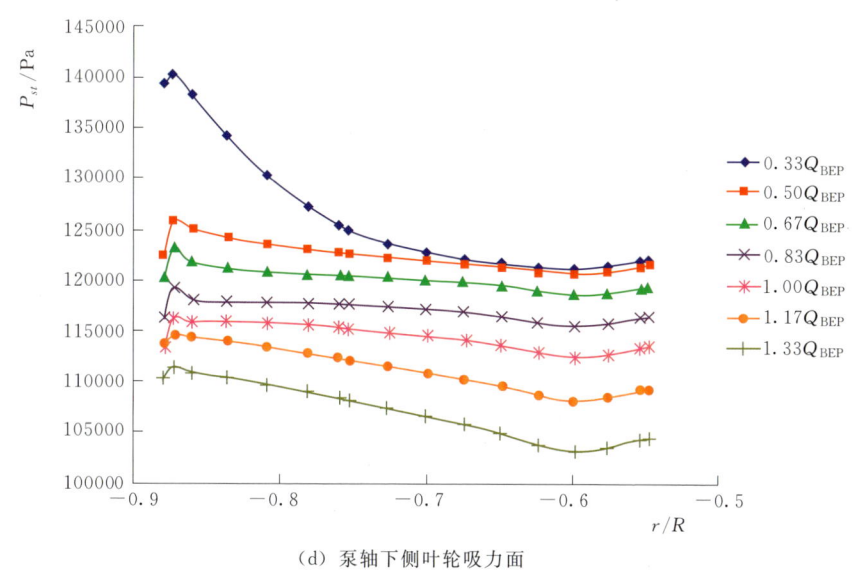

(d) 泵轴下侧叶轮吸力面

图 8.11（二）　叶片交界线上的压力分布

8.4　本章小结

基于 CFD 技术，对喷水推进导叶式混流泵装置在不同流量和转速下的水力性能进行了数值计算和分析，得到结论如下：

（1）计算获得了喷水推进泵装置水力性能曲线，流量为 $0.5 \sim 0.67 Q_d$ 时，装置进入水力不稳定区，在 $0.76 \sim 1.1 Q_d$ 时为装置运行的高效区。

（2）通过分析喷水推进泵装置进水流道的水力损失发现，流道进口断面到方变圆断面的水力损失占进水流道总损失的比例最大,随着流量的增大,该比例减小,其他分段的水力损失占流道总损失的比例则随流量的增大而增大。

(3) 喷水推进泵装置的轴向力随着流量的增大而减小。

(4) 随着泵转速增大,装置推力和进速比增大,进水流道所受压力分布逐渐变得均匀,流道出水管处所受压力逐步变小。小流量工况下,叶槽出口处有展向涡发生,所取剖面上有径向涡的发生,并且叶顶附近由于压差的存在可见明显的泄漏涡,随着流量的增大,这些涡都逐渐缩小直至消失。

第 9 章
喷水推进泵装置进水格栅水力特性

在装置的实际运行中，常会遇到多杂物的环境，此时杂物会通过进水流道进入推进泵叶轮内，危及装置的安全运行，因此在装置流道进口须装设可拆卸的格栅以保护装置的核心部件叶轮。本章以进水格栅安装角为切入点，建立了装设有不同安装角格栅的喷水推进泵装置三维几何模型，重点研究格栅安装角对装置性能的影响。

9.1 计算模型及数值模拟

9.1.1 计算域

图 9.1 上方子图为整个计算域的正视图，下方子图为喷水推进泵装置进水流道的细节图。流道可分为进口收缩段、弯管段及出口水平段三部分，其中，格栅装于流道收缩段进口处。各子域均在同一个三维直角坐标系下，z 轴原点位于流道出口断面前 $0.029D$ 处。

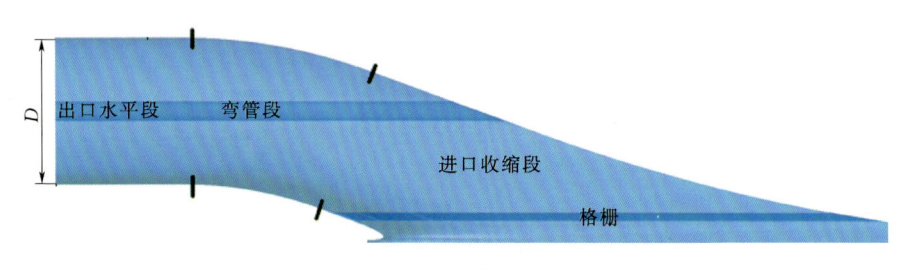

图 9.1 计算域示意图

9.1.2 空间离散及边界条件

分别用不同类型的网格对各子域进行空间离散，其中流道进口收缩段的网格为非结构网格，其余各部分均为结构网格。边界条件沿用第 8 章。

9.2 水力性能评判指标

9.2.1 分析断面的选取

为了研究格栅对喷水推进装置性能的影响,共选取了 3 个分析断面,如图 9.2 所示。其中 1-1 断面为纵剖面 $x=0$,2-2 断面和 3-3 断面为沿着水流方向所截取的横剖面,2-2 断面为流道出口断面($z=0$),3-3 断面为弯管断面,该断面与 xoz 面之间的夹角 β 为 72.78°。

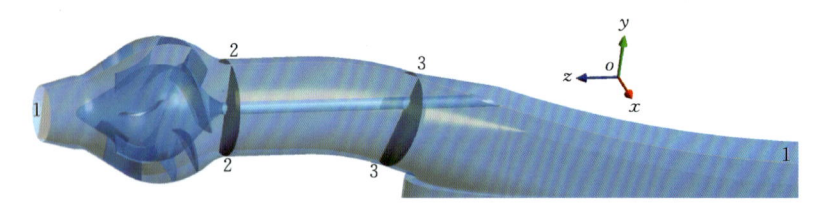

图 9.2 分析断面示意图

9.2.2 指标参数

推进泵的水力性能曲线包括流量扬程特性和流量效率特性,其中扬程 H 和效率 η 可由式(5.2)、式(5.4)计算获得;喷水推进装置的内流场特性参数包括速度均匀度和加权平均角,但考虑到弯管断面上的轴向速度并不垂直于断面,所以轴向速度不能作为特征速度计算均匀度和加权平均角,须引入法向速度,在该物理模型的坐标系下,可通过式(9.1)、式(9.2)计算断面法向速度均匀度 V_{an} 和法向速度加权平均角 θ。V_{an} 用于评判断面上的速度均匀程度,该值越大,断面上的法向速度分布越均匀;而 θ 为断面法向速度与断面之间的夹角,该值越大表明水流的平顺度越好。此外,推力也是反映装置水力性能的重要指标,定义其方向指向 $-z$ 轴,其大小可由式(9.3)算出。

$$V_{an} = \left\{ 1 - \sqrt{\sum_{i=1}^{n}\left[(v_{yi}\cos\beta + v_{zi}\sin\beta)/v_n - 1\right]^2 / n} \right\} \times 100\% \tag{9.1}$$

$$\theta = -\sum_{i=1}^{n}(v_{yi}\cos\beta + v_{zi}\sin\beta)\arctan\left[\sqrt{(v_{yi}\sin\beta + v_{zi}\cos\beta)^2 + v_{xi}^2}/(v_{yi}\cos\beta + v_{zi}\sin\beta)\right]$$

$$\times \left[\sum_{i=1}^{n}(v_{yi}\cos\beta + v_{zi}\sin\beta)\right]^{-1} + \left[\sum_{i=1}^{n}(v_{yi}\cos\beta + v_{zi}\sin\beta)\pi/2\right]\left[\sum_{i=1}^{n}(v_{yi}\cos\beta + v_{zi}\sin\beta)\right]^{-1} \tag{9.2}$$

$$F_t = \rho A_{nozzle} v_{out}(v_{out} - \alpha v_s) \tag{9.3}$$

式中:V_{an} 为法向速度分布均匀度;v_n 为断面上的平均法向速度;n 为节点数;v_{xi}、v_{yi}、v_{zi} 分别为断面各节点上 x、y、z 方向上的速度;θ 为断面法向速度加权平均角;F_t 为喷水推进装置的推力;A_{nozzle} 为喷口面积;v_{out} 为喷口速度;v_s 为航速;α 为边界层影响系数。

9.3 结果分析

格栅布置于装置进口唇部上侧，当安装角为 0°时，格栅与进口之间的距离 $H'=0.16D_{po}$，栅条的个数为 6 根，各栅条等距分布，由连接件固定在一起，阴影部分为 1—1 断面的格栅横截面形状，将格栅的安装角定义为格栅与水平面之间的夹角，用符号 γ 表示，如图 9.3 所示，左上方子图为三维进水流道格栅布置示意图，右上方子图为带有格栅的进水流道剖面图，下方子图为 $\gamma=0°$ 时的格栅细节图。为了研究格栅安装角对喷水推进泵装置性能的影响，设无格栅，γ 取 0°、5°、10°、15°、20°共 6 种方案。

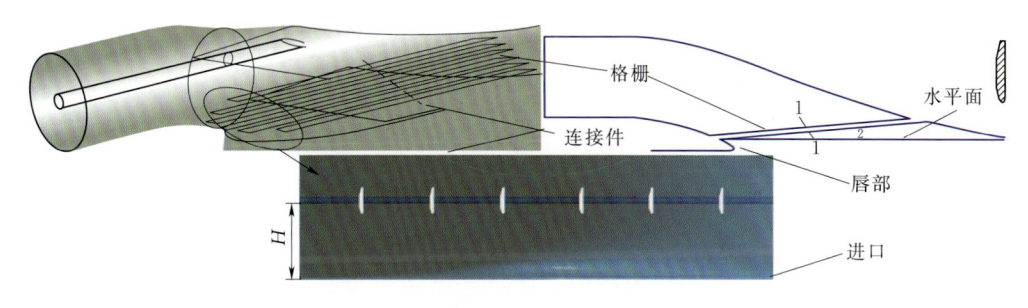

图 9.3 格栅空间布置及安装角示意图

9.3.1 内流场特性

图 9.4 为各方案泵装置纵剖面流线图及轴向速度云图。通过对比图 9.4 发现：各方案纵剖面上的轴向速度分布和流线趋势相似，可见部分流入流道的水流在唇部转向流出，这是由于唇部几何形状较为尖锐，水流在该处发生了流动分离，唇部上侧形成明显的低速区；装置流道进口处的轴向流速最大，沿着水流的方向速度逐渐减小；水流进入弯管段和直管段后，速度变化趋势不再随着水流的方向减小，而是呈现出泵轴上下速度分布不均的规律，泵轴上侧的流速较小，越靠近上壁，轴向速度越小，与此相对的是，越靠近下壁，轴向速度越大，无格栅方案下侧轴向流速高速区的范围明显大于其他方案。

表 9.1 为无格栅方案和格栅在安装角下 3—3 断面和 2—2 断面上的法向速度均匀度 V_{an} 和法向速度加权平均角 θ 的大小。无格栅时，3—3 断面上的 V_{an} 最小，与安装格栅后的 3—3 断面最优 V_{an} 相比，相差 3.88%，无格栅方案下流道 2—2 断面上的 V_{an} 最大，安装格栅后，该断面上 V_{an} 减小，并且随着安装角度的增加越来越小，格栅角度为 20°时 V_{an} 最小，与无格栅方案相比，降低了 14.81%；随着格栅安装角度的增加，3—3 断面上的 V_{an} 越来越小；这 6 种方案下，3—3 断面上 θ 最大值与最小值仅相差 0.09%，而 2—2 断面上 θ 最大值与最小值也只相差 0.54%。总体而言，各方案 3—3 断面上 θ 要优于流道出口断面，究其原因，一方面是因为流速分布较为均匀的水流经过弯管段和直管段后，还未得到充分地调整；另一方面则是因为泵轴的旋转会对水流产生一定的干扰；2—2 断面上 θ 要优于 3—3 断面，这表明水流的前进方向与断面垂直度较好，这将有利于水以平顺的流态流入推进泵。

喷水推进泵及泵装置水动力特性

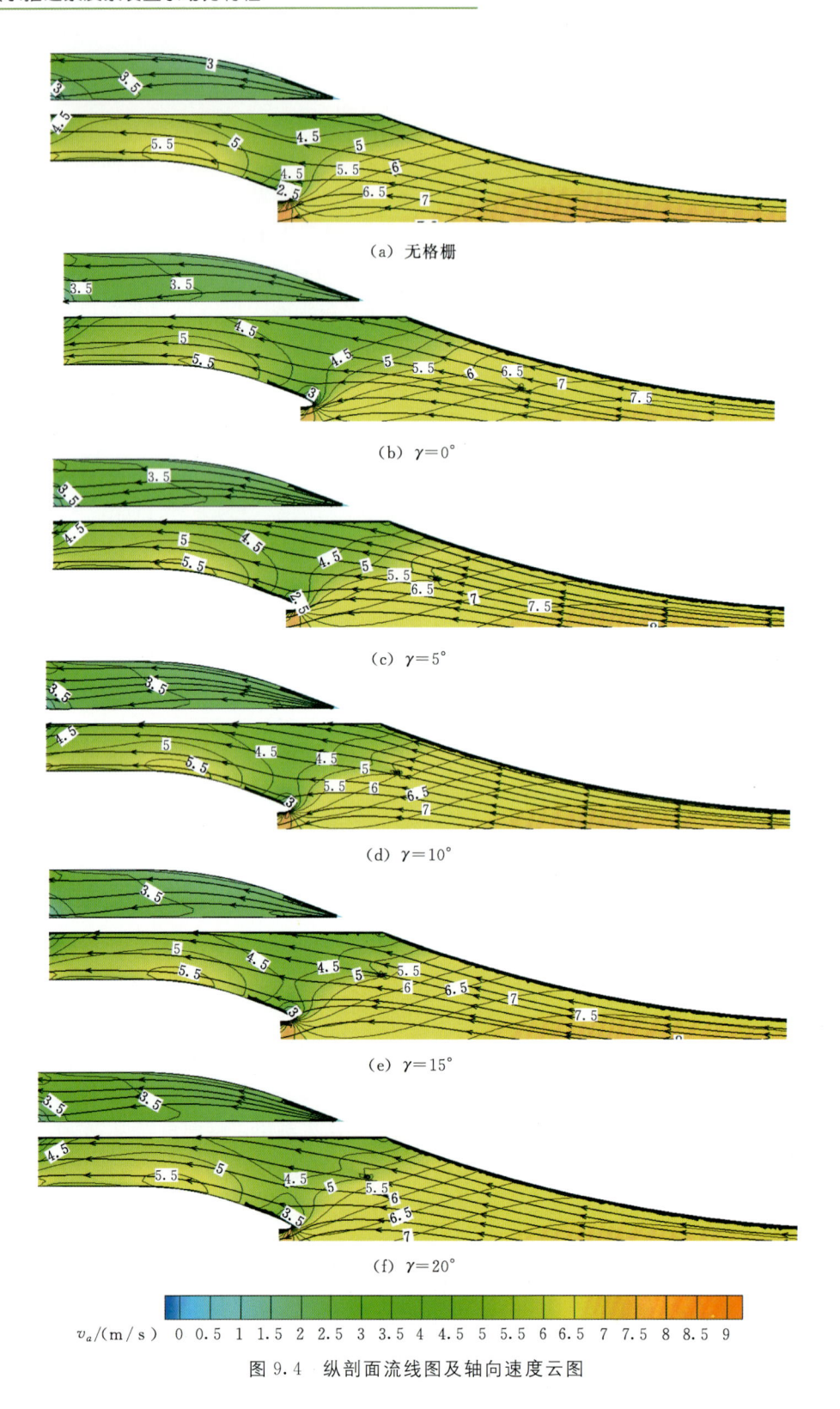

(a) 无格栅

(b) $\gamma=0°$

(c) $\gamma=5°$

(d) $\gamma=10°$

(e) $\gamma=15°$

(f) $\gamma=20°$

$v_a/(\text{m/s})$ 0 0.5 1 1.5 2 2.5 3 3.5 4 4.5 5 5.5 6 6.5 7 7.5 8 8.5 9

图 9.4 纵剖面流线图及轴向速度云图

表 9.1　　3-3 断面与 2-2 断面法向速度均匀度 V_{an} 和法向速度加权平均角 θ

参数	无格栅		$\gamma=0°$		$\gamma=5°$		$\gamma=10°$		$\gamma=15°$		$\gamma=20°$	
	3-3断面	2-2断面	3-3断面	2-2断面	3-3断面	2-2断面	3-3断面	2-2断面	3-3断面	2-2断面	3-3断面	2-2断面
V_{an}	0.669	0.594	0.696	0.520	0.695	0.517	0.692	0.511	0.690	0.508	0.688	0.506
θ	62.02	83.25	62.00	83.67	62.01	83.70	62.03	83.68	62.05	83.67	62.06	83.64

9.3.2　推力性能

由式（9.3）计算出推进泵最优工况 BEP（best efficiency point）下的装置推力大小，以无格栅装置最优工况下的推力 F_{tBEP} 为基准，计算出各格栅方案在最优工况下的相对推力。γ 为 0°、5°、10°、15°、20°时，各自对应的相对推力分别为 $0.959F_{tBEP}$、$0.981F_{tBEP}$、$0.989F_{tBEP}$、$0.994F_{tBEP}$、$0.998F_{tBEP}$。比较后发现：随着安装角的增加，装置的推力越来越大。其中安装角为 5°时，推力的增幅最大，当安装角为 20°时，装置的推力大小基本与无格栅时的推力大小相等。由式（9.3）可知，喷口速度为自变量，其余各物理量均为常数，推力与喷口的速度呈二次方关系。出现上述变化规律的原因时：随着安装角度的增加，装置的喷口速度增加，即装置最高效率点所对应的流量增加。

9.3.3　水力性能

各方案推进泵水力性能曲线如图 9.5 所示。在最优工况下，安装角为 0°时，推进泵扬程最高，随着安装角的增加，扬程变小，与 0°相比，20°的推进泵扬程下降了 2.64%，但在该安装角下，装置扬程仍略高于无格栅装置，约为 0.31%。在小流量工况（$0.33Q_{BEP}$）到最优工况（Q_{BEP}）的过程中，各格栅安装角下的推进泵效率相差很小，各流量效率曲线基本重合；随着流量的进一步增加，在 $1.17Q_{BEP}$ 处，安装角为 20°的格栅方案效率比其他

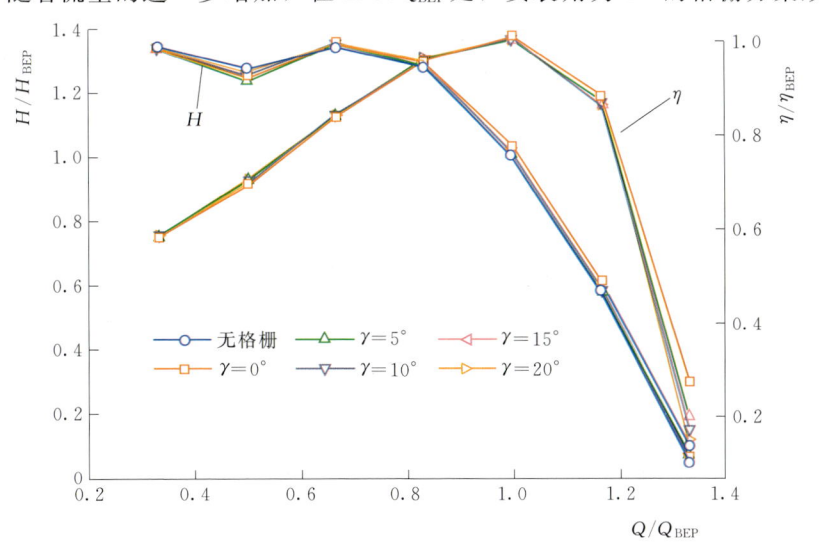

图 9.5　各安装角下推进泵的水力性能曲线

方案略大，该差值在大流量工况（$1.33Q_{BEP}$）下达到最大，为 3.6%。上述分析表明：各安装角度下，推进泵的水力性能基本相当。

9.4 本章小结

综合考虑不同安装角下喷水推进泵装置的内流场特性、推力性能和水力性能，安装角为 5°时，整体性能较其他安装角方案优越，拟将 5°作为格栅的推荐安装角。

第 10 章
喷水推进泵叶轮空化特性

推进泵叶轮是喷水推进泵装置的核心部件，因此要保证泵装置具有较好的抗空化能力，就必须要求泵本身要具有优良的抗空化性能。通过对推进泵段空化特性的分析，研究泵本身空化特性的同时可以为研究整个喷水推进泵装置空化性能提供一些参考。本章对喷水推进泵叶轮进行数值模拟，通过分析不同工况下推进泵叶轮的空化形式、空化发生区域和发展趋势以及空化对推进泵叶轮扬程、效率的影响，预测推进泵叶轮空化性能。

10.1 计算模型

所建立的推进泵模型是基于文献 [48] 模型改变而来。本节主要研究推进泵内叶轮的空化，为保证计算的准确性与收敛性，将进口延伸一段距离，出口段与优化后的喷嘴[54]相连。推进泵计算域各部分模型如图 10.1 所示。

推进泵模型中的叶轮叶片数 6 片，导叶片数 7 片，进口直径 284mm，出口直径 337mm，直管段直径 D_0 与泵装置进水口直径相对应，选取 Plane1 和 Plane2 作为计算泵扬程的进出口断面。

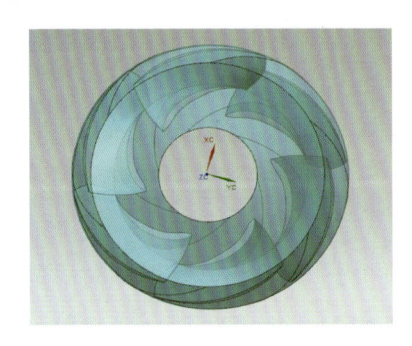

(a) 叶轮 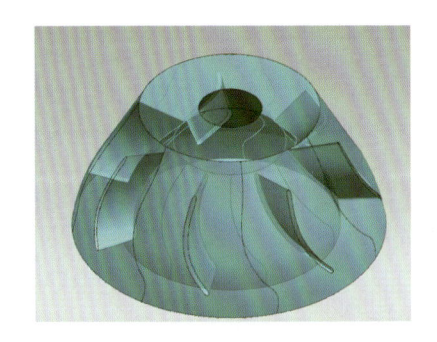　　　　　　　　　(b) 导叶

图 10.1（一）　装配后的推进泵段模型图

（c）喷口段　　　　　　　　　　　　（d）轮毂

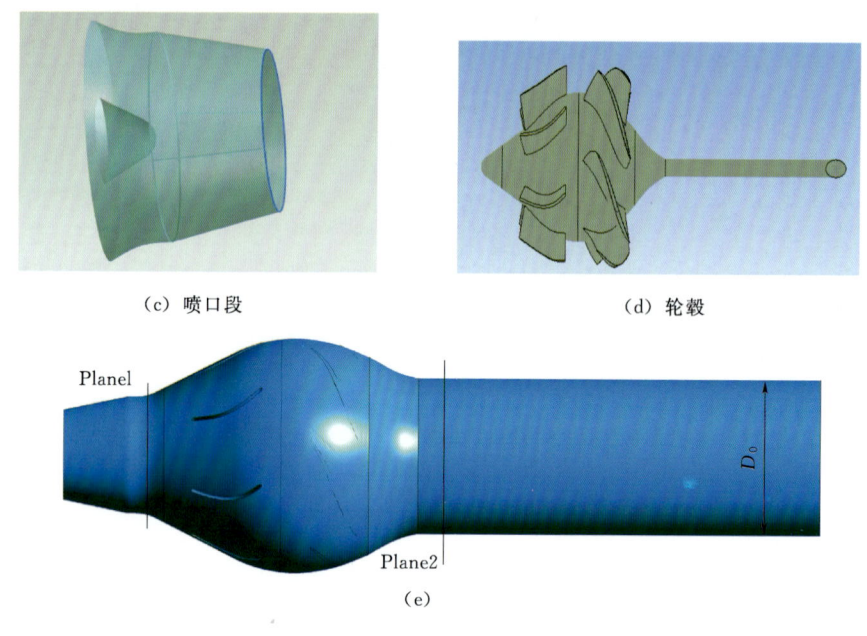

（e）

图 10.1（二）　装配后的推进泵段模型图

10.2　求解设置

10.2.1　边界条件

进口采用总压进口（total pressure stable），进口紊流强度设为 0.5%，入口液相体积分数（water liquid）为 1，进口空泡体积分数（water vopor）为 0，即假定进口流体内无空泡存在。出口设置为流量出口（mass flow rate）。由于三维空化数值模拟计算耗时长且较难收敛的问题，为了简化计算量准确取得空化模拟的收敛结果，在同样条件下首先采用不添加空化模型对泵段进行能量性能的数值计算。待计算收敛后再以收敛值作为空化模拟的初值嵌入空化模型，进行空化模拟计算，根据出口流量给定进口总压，通过改变进口的总压来控制空化的发生过程进而观察其空化特性。在设计流量、大流量和小流量工况下分别选取 8 个工况点进行计算。

10.2.2　交界面

通过域交界面可将上述不同计算域连接成一个整体，在 CFX 中提供了默认交界面、固定、冻结转子和瞬态转-静交界面[54]等多种用来连接两个流体域的交界面。叶轮与进口段以及叶轮与导叶连接等动静交界面选择冻结转子连接，其他固定域交界面连接均采用默认交界面连接。

10.2.3　初始条件

在嵌入空化模型计算之前先对无空化条件下泵段进行计算，将其计算结果作为空化模拟的初值以提高收敛速度和计算精度。应用空化模型时，给定两个物理参数：液体在常温下（25℃）的汽化压强 $P_V=3574\text{Pa}$，空泡表面张力 $\sigma=0.074\text{N/m}$，并采用 Rayleigh-Plesset 方程来控制气泡运动规律。叶轮轮毂、轮缘、泵壳表面和各个计算域固体边壁均设置为无滑移壁面（no slip），参考压强设置为 0Pa，叶轮计算域勾选 Rotating 旋转轴为 Z 轴，叶轮转速为 700r/min，工作温度为常温 300K 保持不变，热传递选择等温传递（isothermal），紊流模型选择 RNG $k\text{-}\varepsilon$ 模型，多相流模型选择混合物均相流模型（mixture model）即假设流场内空泡相遇水流相的时均速度相等，将气液混合物看成一个整体。

10.2.4 求解控制

未嵌入空化模型与空化条件下求解控制时间尺度均选择物理时间尺度（physical timescale），步长选择 $\dfrac{1}{700\pi}\text{rad/min}$，求解模式选择一阶迎风格式，计算残差精度设为 10^{-5}，最大迭代步长 1000 步。空化模拟时计算残差精度设为 10^{-4}，并设置压力监控点。

10.3 计算结果及分析

10.3.1 设计流量工况下空化特性

在能量特性曲线计算结果的基础上，选取最高效率点对应的流量 Q_{BEP} 作为设计流量，进行空化流动的数值模拟计算[57]。观测泵段在不同进口总压（由 $0.5\times10^5\text{Pa}$ 逐渐降低至 $0.1\times10^5\text{Pa}$）情况下，叶轮叶片压力面与吸力面压力分布和空化区域面积变化情况。叶轮在不同有效空化余量下的叶片吸力面压力分布如图 10.2 和图 10.3 所示，其中蓝色代表低压区即空泡易发生区域，当有效空化余量值大于 1.87m 时，低压区主要集中在叶片进水侧边缘处，随着 $NPSHa$ 值的减小低压区沿着叶缘翼型逐渐增大，表明空化发生区域和可能性逐渐增加。当 $NPSHa$ 值小于 0.96m 时叶片压力面才开始出现低于汽化压力的区域。

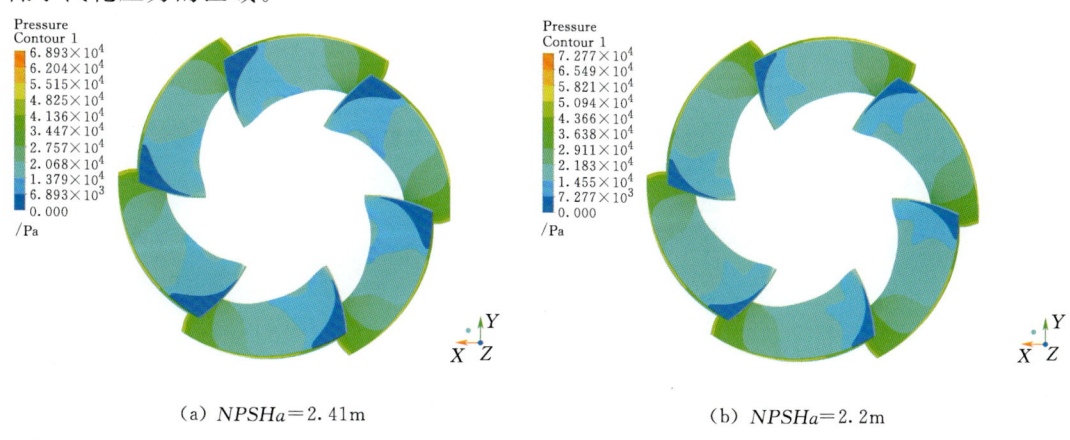

(a) $NPSHa=2.41\text{m}$ (b) $NPSHa=2.2\text{m}$

图 10.2（一） 叶片吸力面压力分布图

喷水推进泵及泵装置水动力特性

(c) $NPSHa=1.87\text{m}$

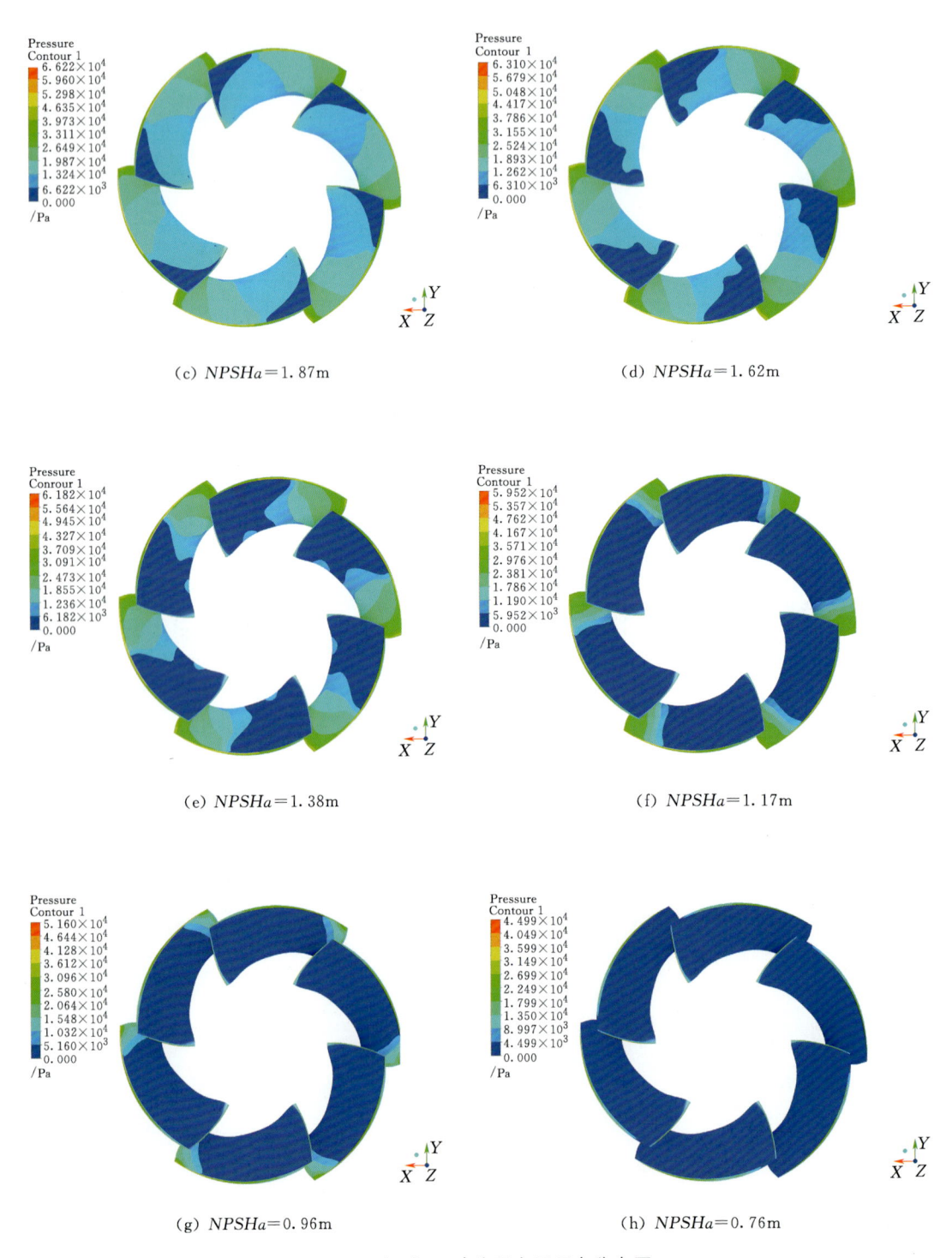

(d) $NPSHa=1.62\text{m}$

(e) $NPSHa=1.38\text{m}$

(f) $NPSHa=1.17\text{m}$

(g) $NPSHa=0.96\text{m}$

(h) $NPSHa=0.76\text{m}$

图 10.2（二） 叶片吸力面压力分布图

第 10 章 喷水推进泵叶轮空化特性

(a) $NPSHa=1.38$m

(b) $NPSHa=1.17$m

(c) $NPSHa=0.96$m

(d) $NPSHa=0.76$m

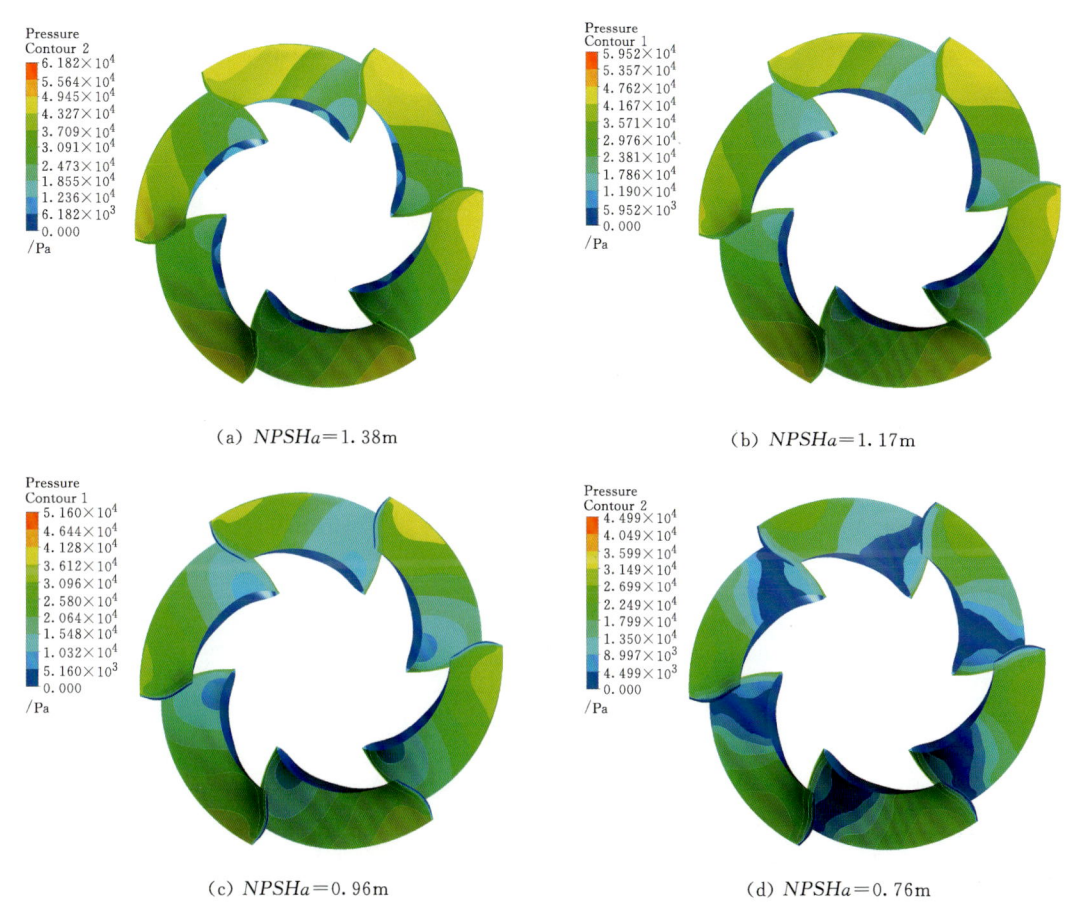

图 10.3 不同空化余量叶片压力面压力分布图

由于本节计算模型以叶轮中心为基准点，故安装高度为 0，壁面采用光滑无滑移壁面，采用式（10.1）计算推进泵有效空化余量：

$$NPSHa = (P_{local} - P_v)/\rho g \tag{10.1}$$

式中：P_{local} 为进口断面总压。

图 10.4 给出了推进泵叶片吸力面在不同阶段空化数值计算所得到的空泡体积分数的分布情况，其整体分布趋势与压力分布图相对应，空化均发生在低压区域。图中红色区域表示空泡体积组分最大，蓝色区域表示空泡体积分数最小。由图 10.4 可知，推进泵叶轮空化首先出现在叶片吸力面进口边附近，叶片进口的水流流态对叶轮的空化性能较大的影响。当 $NPSHa=1.87$m 时，空泡主要集中在叶面吸力面的进水侧轮缘部位，靠近轮缘部位空泡体积分数最大，并随着总压的降低，空化区域沿着出水侧和轮毂方向逐渐扩大；当 $NPSHa$ 为 1.38m 时，叶片表面中部开始出现空泡，空化区域面积约占叶片吸力面表面积的一半，空泡体积组分最大区域沿水流方向移动到叶片中部轮缘靠近，此时靠近轮毂的叶片中部区域压力并未出现空化，但随着进口总压的减小逐渐被空化区域覆盖；当 $NPSHa$ 为 0.76m 时，整个叶片吸力面空化已经完全发展，并且靠近叶片出水侧成为受空化侵害最大的区域，空泡堵塞了叶轮通道甚至导致叶轮压力面开始出现空泡。空泡体积分数分布

区域与压力分布一致，即压力低于汽化压力时叶轮更易产生空化。

(a) $NPSHa=2.41\text{m}$

(b) $NPSHa=2.2\text{m}$

(c) $NPSHa=1.87\text{m}$

(d) $NPSHa=1.62\text{m}$

(e) $NPSHa=1.38\text{m}$

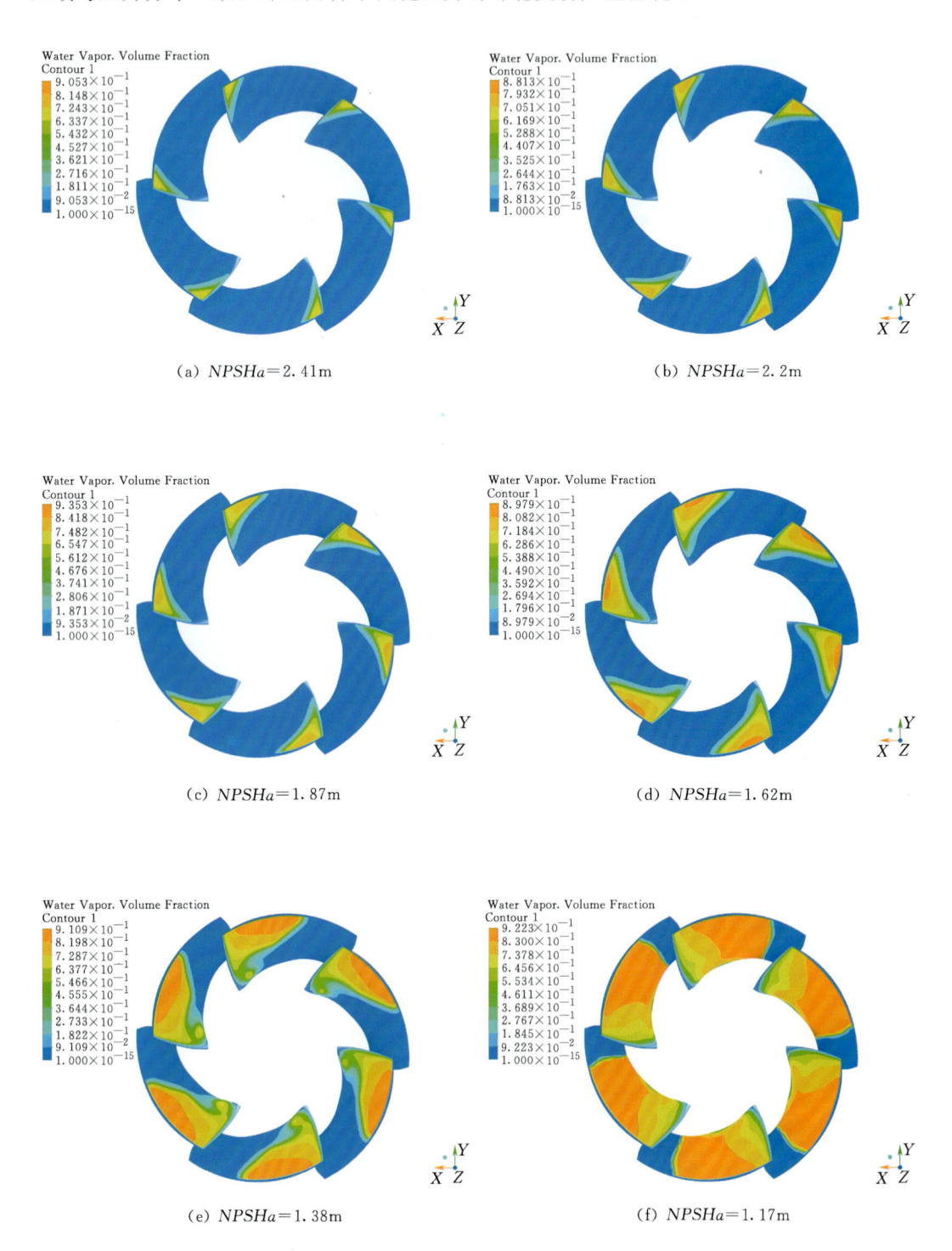

(f) $NPSHa=1.17\text{m}$

图 10.4（一） 叶片吸力面空泡体积分数分布图

(g) $NPSHa=0.96\text{m}$　　　　(h) $NPSHa=0.76\text{m}$

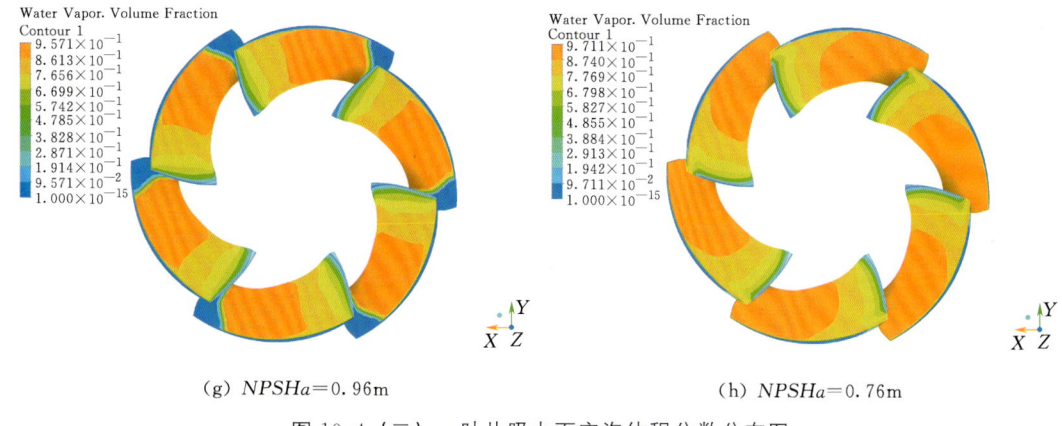

图 10.4（二）　叶片吸力面空泡体积分数分布图

(a) $NPSHa=0.96\text{m}$　　　　(b) $NPSHa=0.76\text{m}$

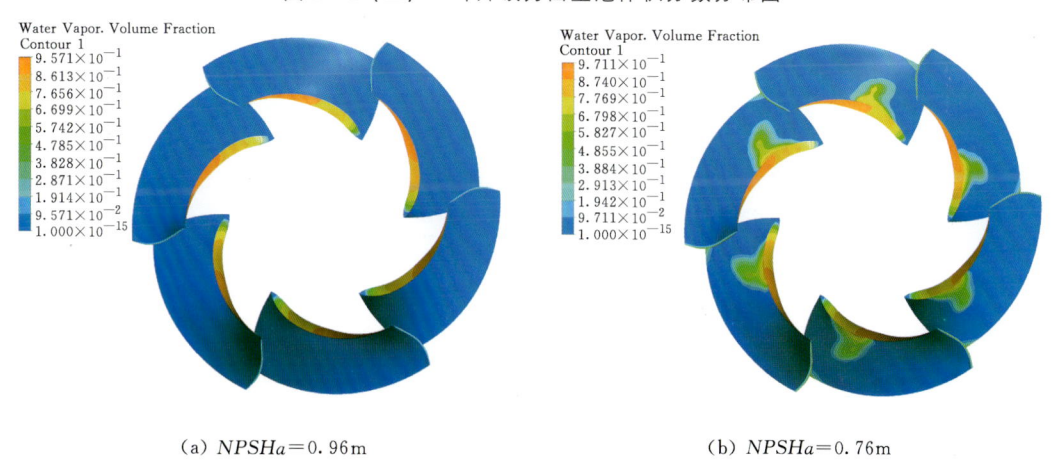

图 10.5　叶片压力面空泡体积分数分布

图 10.5 为 $NPSHa$ 值分别为 0.96m 和 0.76m 的叶片压力面空泡体积分数分布。当 $NPSHa=0.96\text{m}$ 时，叶片压力面不易发生汽蚀。

图 10.6 给出了在不同 $NPSHa$ 值下，3 个翼展下各叶片吸力、压力面静压沿弦向分布情况。由图可知，轮毂侧静压低于轮缘侧静压，0.9 倍翼展处压力分布显示轮缘较之轮毂更早产生低于汽化压力的低压区（$P_V=3574\text{Pa}$）。随着有效空化余量值的减小，空泡不断地发展引起叶槽内的速度与压力改变分布，导致叶片工作面的压力减小，低压区面积逐渐扩大，由图 10.8（e）～（h）可知，叶片吸力面外缘侧大部分处于负压区，静压保持常数的区域逐渐增大，可知此处已被大量的空泡覆盖[58]。

图 10.7 为不同有效空化余量下轮毂到轮缘叶轮压力变化图，计算表明靠近轮毂侧区域压力小于轮缘侧，并随着 $NPSHa$ 值减小而减小。

图 10.8 为叶轮的叶槽内（面向来流方向）的空泡体积分数分布图。由图可知，轮缘的空泡较之轮毂更早出现，且主要发生在叶片进水侧随着空化余量的减小逐渐向出水侧延伸。轮毂空泡首先出现在叶根翼型出水边附近，其含气量明显高于轮缘。当 $NPSHa=0.76\text{m}$ 时，轮缘最大体积分数约为 51.69%，轮毂含气量最高值达 97.11%。其原因可能是由于叶根翼型的较大扭曲和水流的流动分离，导致产生局部低压区。

喷水推进泵及泵装置水动力特性

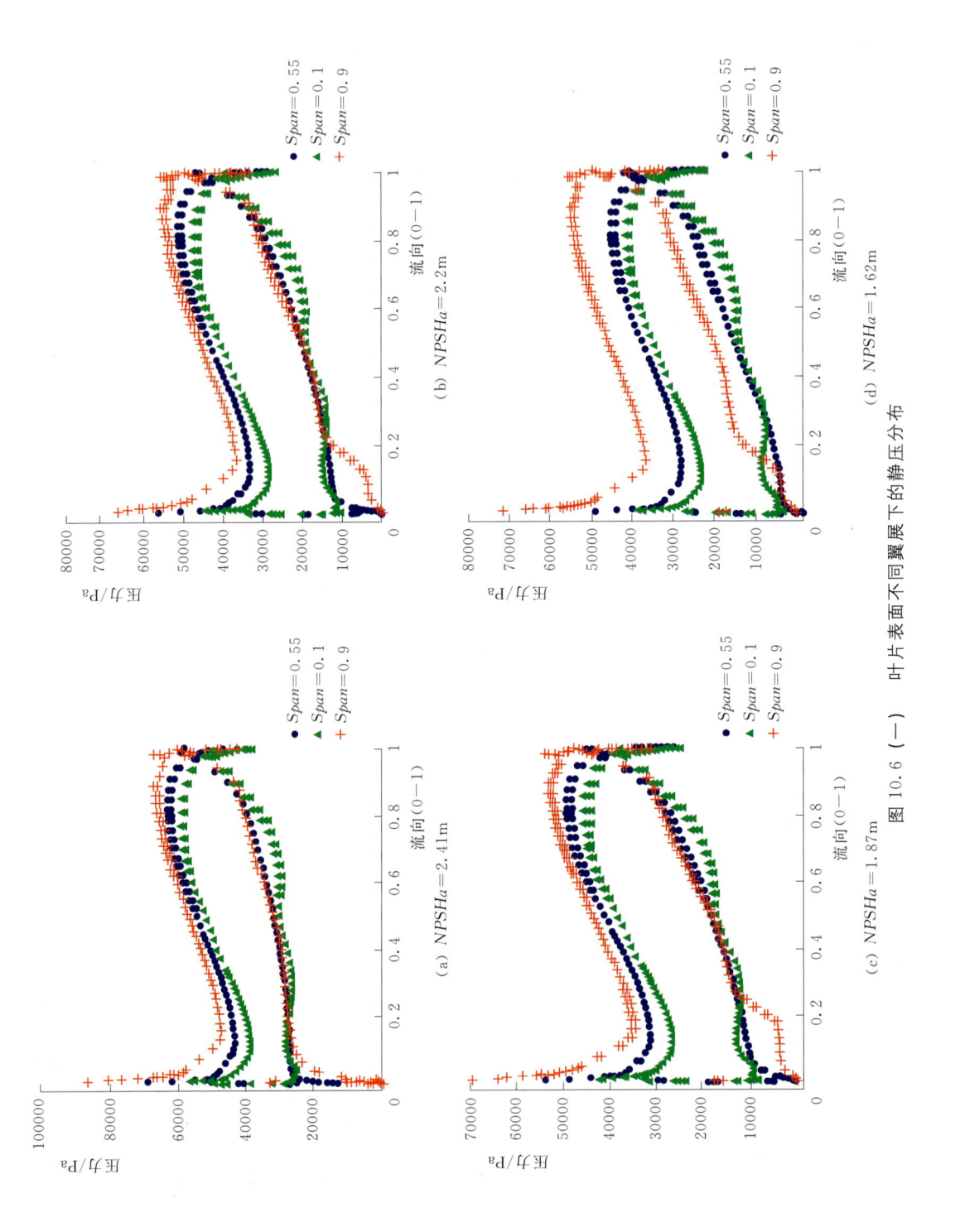

(a) $NPSHa=2.41\text{m}$

(b) $NPSHa=2.2\text{m}$

(c) $NPSHa=1.87\text{m}$

(d) $NPSHa=1.62\text{m}$

图 10.6（一） 叶片表面不同翼展下的静压分布

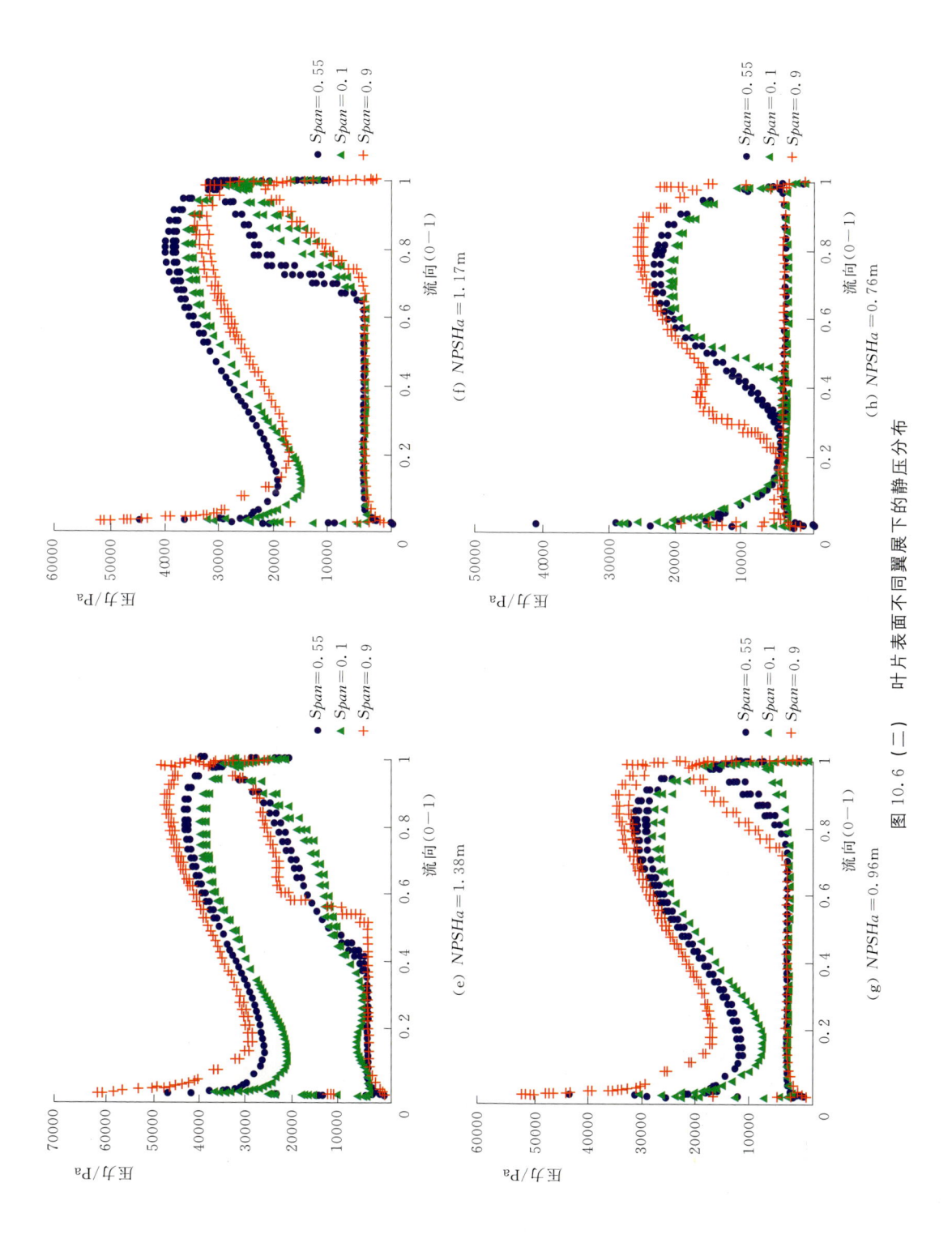

第 10 章　喷水推进泵叶轮空化特性

(e) $NPSHa=1.38\text{m}$

(f) $NPSHa=1.17\text{m}$

(g) $NPSHa=0.96\text{m}$

(h) $NPSHa=0.76\text{m}$

图 10.6（二）　叶片表面不同翼展下的静压分布

喷水推进泵及泵装置水动力特性

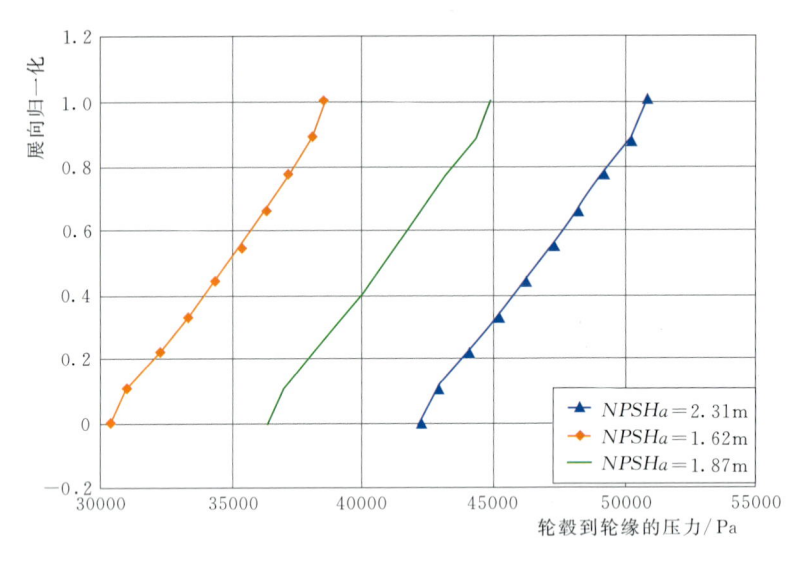

图10.7 不同有效空化余量下轮毂到轮缘叶轮压力变化

(a) $NPSHa=2.41\text{m}$

(b) $NPSHa=1.38\text{m}$

(c) $NPSHa=1.21\text{m}$

(d) $NPSHa=0.96\text{m}$

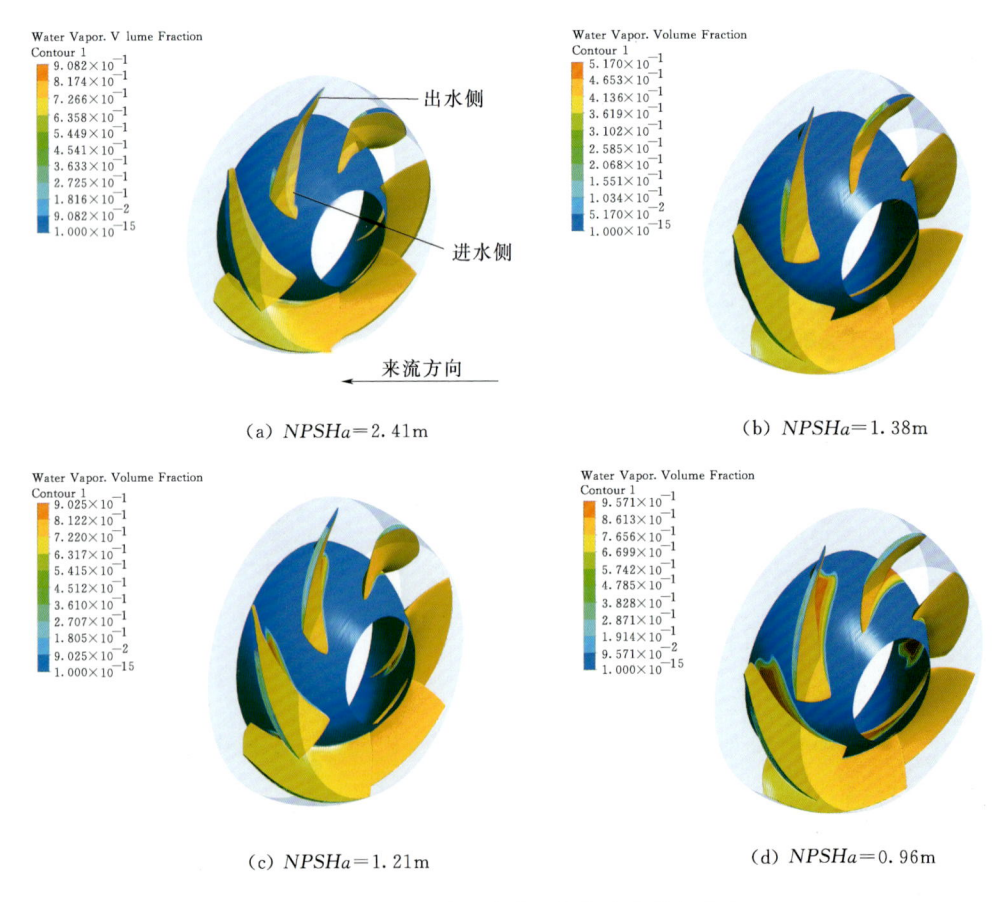

图10.8（一） 叶轮轮缘和轮毂空泡体积分布

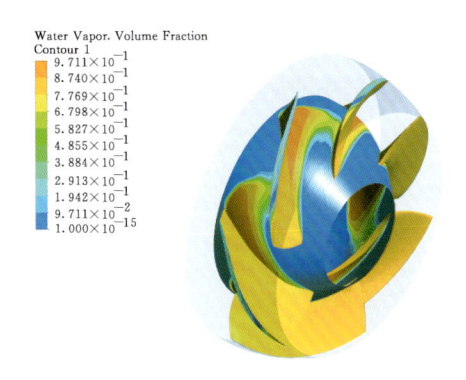

(e) $NPSHa=0.76$m

图 10.8（二） 叶轮轮缘和轮毂空泡体积分布

图 10.9 和图 10.10 为设计流量下叶顶间隙压强与空泡体积分数分布图。当 $NPSHa$ 大于 1.38m 时，叶顶间隙内显示有低压区但并未有空泡产生，当空化余量继续降低小于

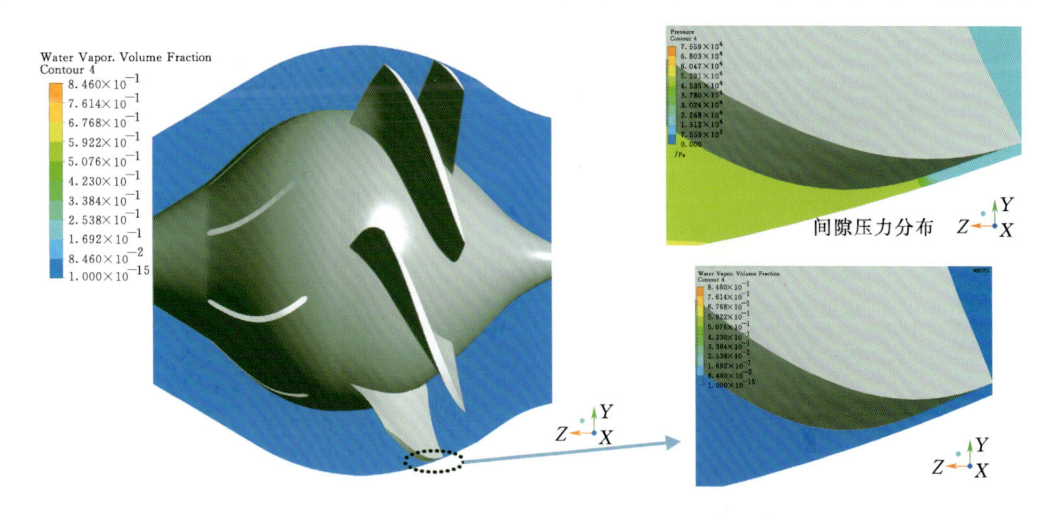

图 10.9 $NPSHa=1.38$m 间隙空泡与压力分布

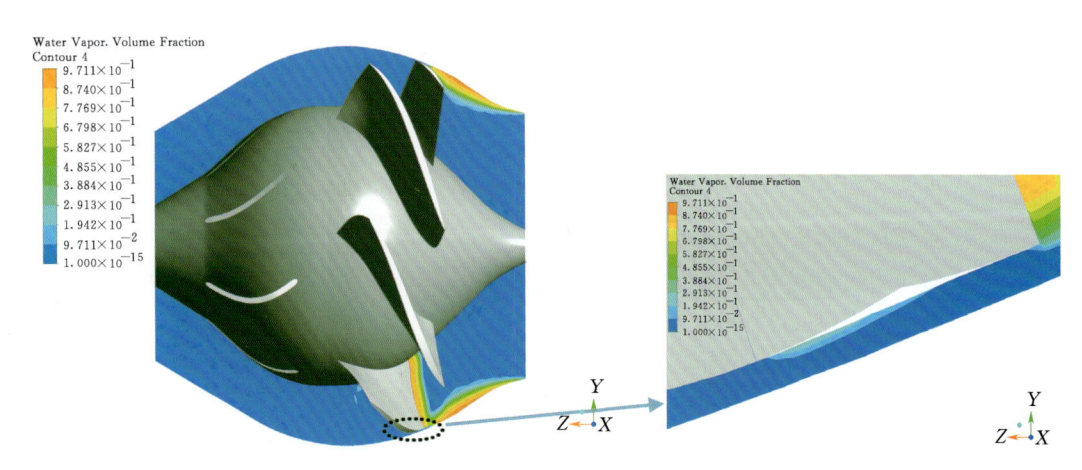

图 10.10 $NPSHa=0.96$m 间隙空泡与压力分布

1.38m 时，叶顶间隙已有空泡产生。由于叶片压力面与吸力面存在压差，导致间隙内有水流泄漏，叶缘处流速较大间隙内水流迅速降压从而汽化，此处发生的空化类型为间隙空化。

通过式（10.2）和式（10.3）计算推进泵段的效率与扬程，研究空化对推进泵段叶轮性能的影响。

$$\eta = \frac{30\rho g Q H}{\pi n M} \times 100\% \tag{10.2}$$

$$H = \frac{P_2 - P_1}{\rho g} \tag{10.3}$$

式中：η 为模型泵效率，%；Q 为模型泵流量，m^3/s；M 为模型泵扭矩，$N \cdot m$；n 为模型泵转速，700r/min；P_1 为进口断面 plane1 总压，Pa；P_2 为出口断面 plane2 总压，Pa；H 为模型泵扬程，m。

图 10.11 为设计流量下由空化模拟得到的不同空化余量下，扬程与效率变化图。

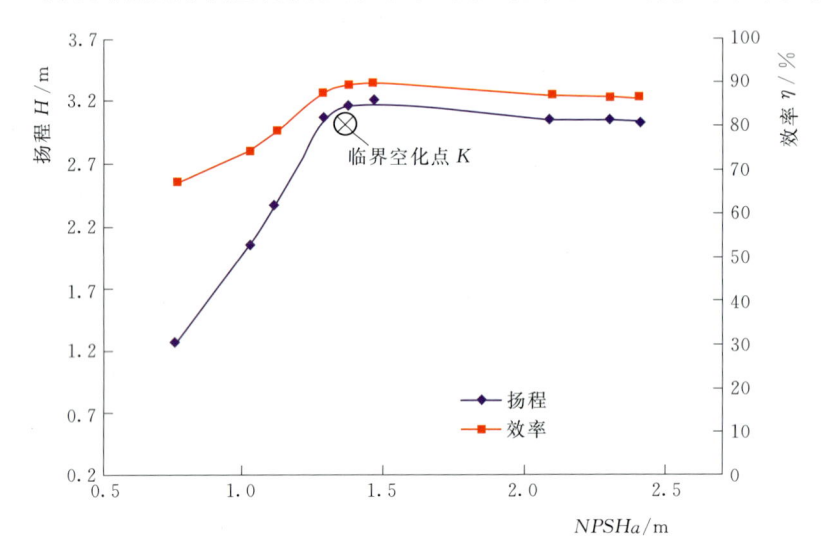

图 10.11　设计流量工况泵空化特性曲线

由图 10.8 可知泵内主要空化形式是翼型空化，当 $NPSHa = （1.47 \sim 2.41m）$ 时，叶轮内已经有了空泡的出现，对应到图 10.11，可发现扬程与效率并没有急剧下降反而有些微上升，这是由空化流动的复杂性和不稳定性引起的。文献[59]指出当泵在空化初生工况与临界空化点之间运行时，当空化余量逐渐降低向临界值靠近时，超空化升力系数会略微增加，叶面空穴空化的发展会导致在最终断裂工况出现之前扬程出现某种程度的提高。但升力的增加和空化的发展同时还会引起部分空化振荡、破坏泵过流部件的壁面等危害，因此泵一般也不允许在这两种工况之间运行。图 10.11 中临界空化点 K 是 NPSHa 为 1.38m，此时扬程下降了 3.28%，事实上由空泡体积分数分布图可以看出这时候空化已经发展了一定的程度。当 NPSHa 小于 1.38m 时，进口总压进一步减小则扬程效率出现急剧下降（扬程下降 23.43%），图 10.4 中也可明显看出空泡体积分数已逐步完全覆盖叶片工作面甚至延伸到压力面从而堵塞叶轮流道使水泵无法正常工作。

10.3.2 小流量工况下空化流动

图 10.12 和图 10.13 为小流量（$0.75Q_p$）下空化数值模拟的计算结果。图中所显示的是随着有效空化余量值的减小［进口总压由（$0.4\sim0.1$）$\times10^5$ Pa 不断减小］叶片吸力面空泡体积分布，以及叶片工作面与压力面在不同翼展（$Span=0.9$，$Span=0.5$，$Span=0.1$）下的静压分布散点图。结果表明空泡体积分数分布的区域位置与面积的变化趋势与设计工况一致。同样进口条件下，小流量工况下叶片吸力面产生空泡的位置由叶片进水边轮缘逐渐向出水侧扩大受空化影响较大的区域依然位于轮缘及轮毂附近。

小流量工况有效空化余量值更大，发生空化的可能性更小，当 $NPSHa$ 小于 1.28m 时空泡体积分布面积增加速度急剧变快。

图 10.14 为空化初生，临界空化和空化严重 3 种情况下叶轮 3 个断面的翼展图（$Span=0.1$、$Span=0.5$、$Span=0.9$），空化初生时空泡都集中在叶片吸力面，随着空化的发展空泡会逐渐堵塞叶轮通道减小叶栅的过流面积，直到完全覆盖压力面。

(a) $NPSHa=2.2$m

(b) $NPSHa=2.0$m

(c) $NPSHa=1.69$m

(d) $NPSHa=1.28$m

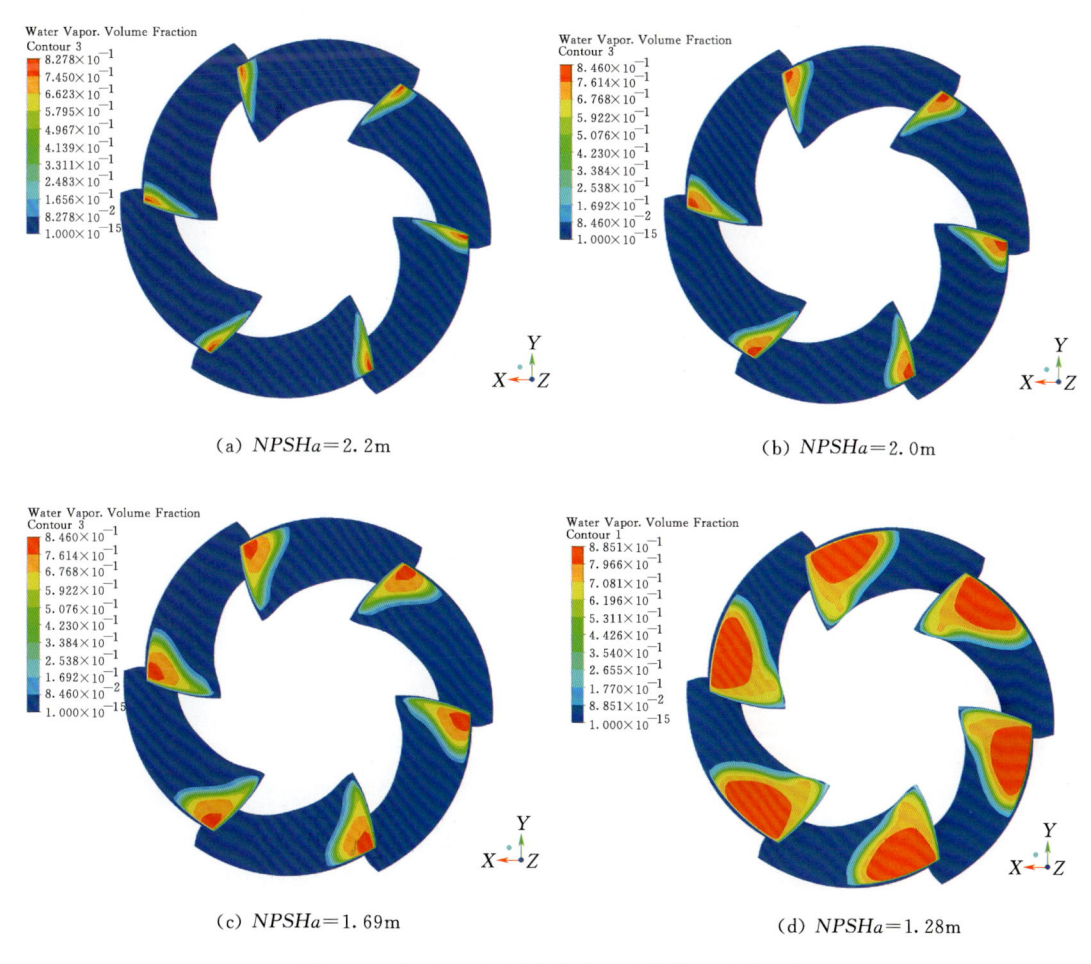

图 10.12（一）　不同空化余量空泡体积分数分布

(e) $NPSHa=1.18\text{m}$

(f) $NPSHa=1.07\text{m}$

(g) $NPSHa=0.94\text{m}$

(h) $NPSHa=0.85\text{m}$

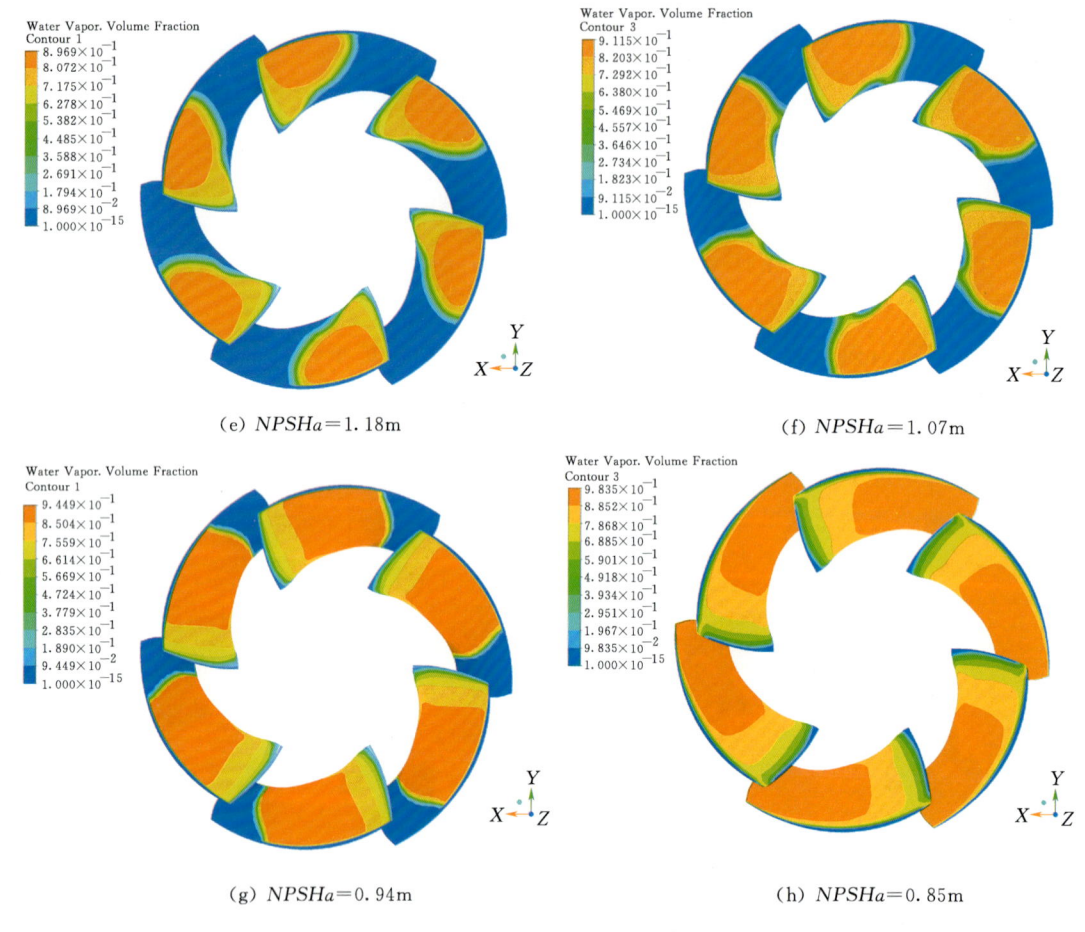

图 10.12（二）　不同空化余量空泡体积分数分布

当空化余量小于 1.69m 时，由图 10.13（e）～（h）可以看出，叶片吸力面外缘侧均处于低压区，且靠近轮缘压力比靠近轮毂压力更大，也就是说轮毂更容易受到空化的破坏，随着空化余量的降低静压保持常数区域逐渐增大，与空泡体积分数分布图趋势一致，即此时可能已有大量空泡覆盖叶片发生较严重空化。小流量轮缘空化与间隙空化与设计工况类似。图 10.15 为小流量工况（$0.75Q_p$）不同空化余量下扬程效率变化图。与设计工况相比可看出 $0.75Q_p$ 下扬程效率骤降的临界值变小了，扬程虽然增加但效率降低了，计算结果表明小流量情况下临界空化余量（$NPSHa=1.28\text{m}$）较设计工况更小，但效率远远低于设计工况。

10.3.3　大流量工况空化流动

图 10.16 和图 10.17 为大流量工况（$1.1Q_p$）下推进泵混流泵段空化数值模拟结果。由图可知，在空泡初生时与设计流量、小流量相同，都出现在叶轮进口处边缘。但随着有效空化余量的减小，其变化趋势与 Q_p、$0.75Q_p$ 有很大的不同，当 $NPSHa$ 位于（1.9～1.45m）之间逐渐降低时，空泡覆盖面积首先沿着轮缘进口边变大，并在贴近轮毂部位叶片中间位置逐渐产生空泡，含气量也逐渐变大（红色表示空化体积分数最大）。并沿叶根由轮毂向轮缘侧发展。此时压力面并未产生低于汽化压力区域，也未产生空泡。

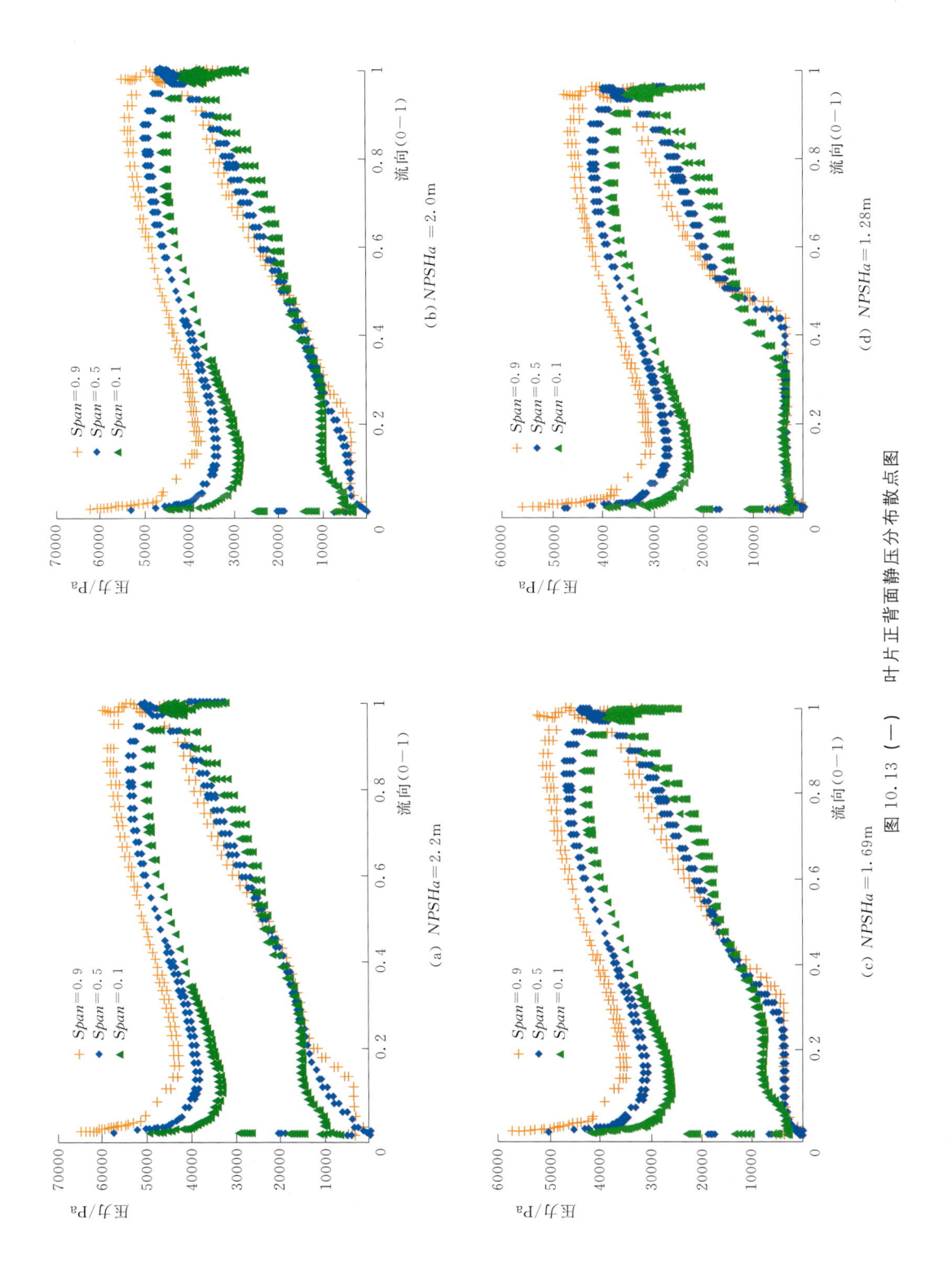

第 10 章 喷水推进泵叶轮空化特性

(a) $NPSHa=2.2\text{m}$

(b) $NPSHa=2.0\text{m}$

(c) $NPSHa=1.69\text{m}$

(d) $NPSHa=1.28\text{m}$

图 10.13（一） 叶片正背面静压分布散点图

喷水推进泵及泵装置水动力特性

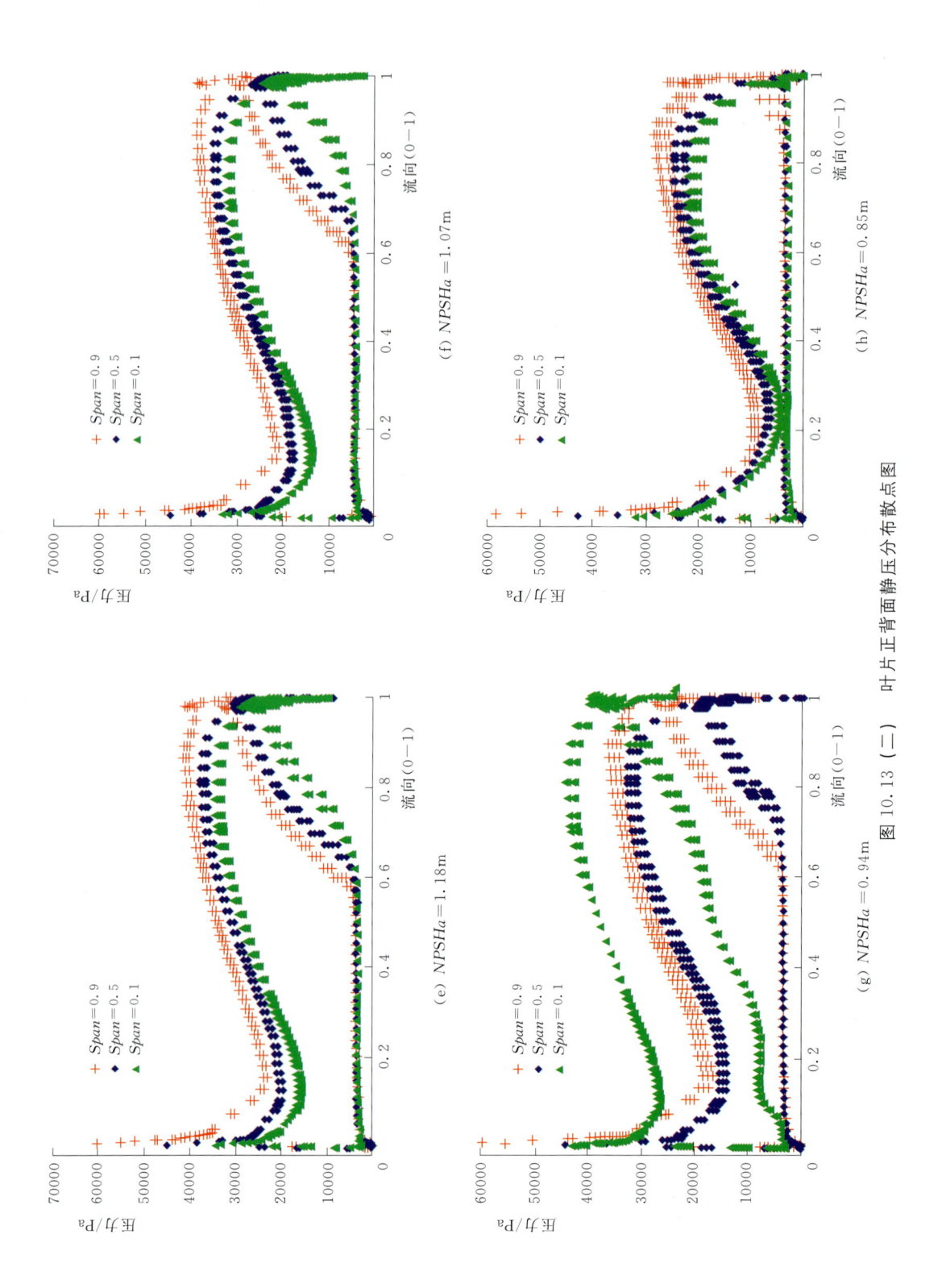

(e) $NPSHa=1.18\text{m}$

(f) $NPSHa=1.07\text{m}$

(g) $NPSHa=0.94\text{m}$

(h) $NPSHa=0.85\text{m}$

图 10.13（二） 叶片正背面静压分布散点图

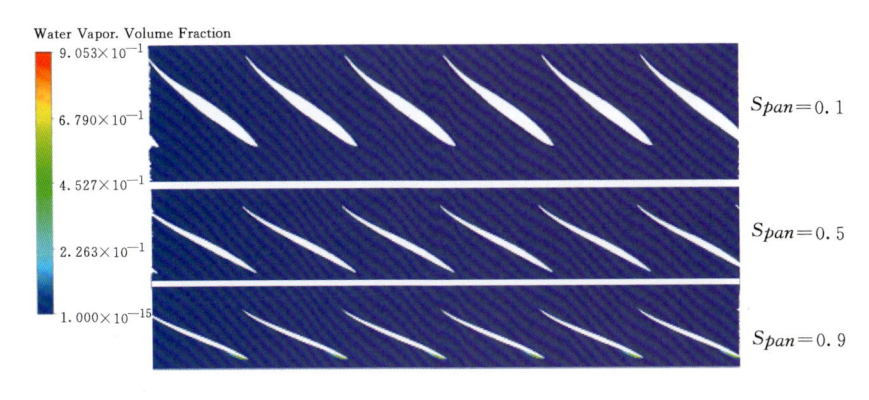

(a) $NPSHa = 2.2 \text{m}$

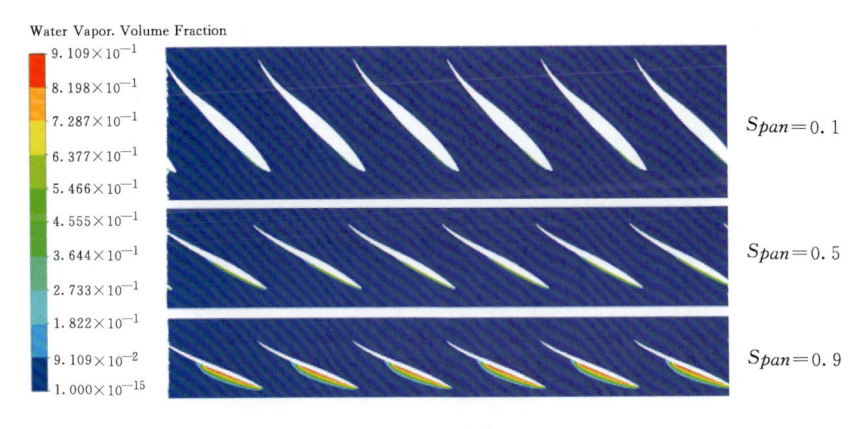

(b) $NPSHa = 1.28 \text{m}$

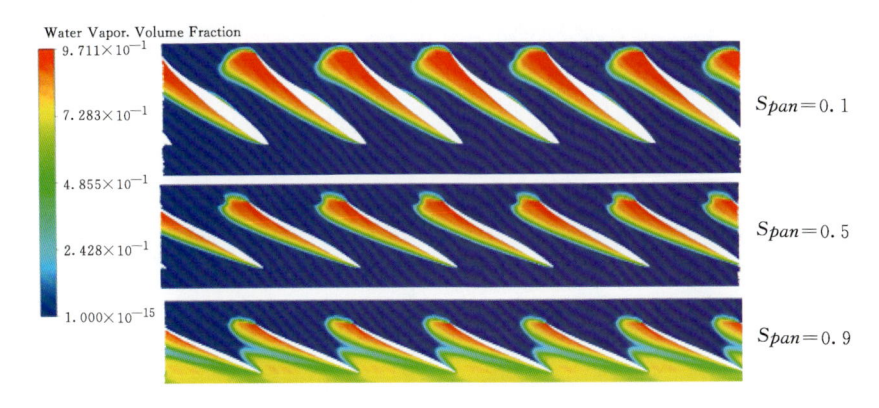

(c) $NPSHa = 0.85 \text{m}$

图 10.14 不同有效空化余量下叶轮空泡体积分布翼展图

当 $NPSHa$ 小于 1.45m 时，随着空化余量值的降低，空化逐渐发展堵塞叶轮通道导致泵的效率急剧下降，甚至已无法正常工作。由于流量增大，冲角为负，叶片吸力面出口边水流可能会出现脱流，叶片压力面产生空泡，空化体积分数沿着压力面出水侧附近轮毂向轮缘逐渐蔓延增大。图 10.17 和图 10.18 所示低压区（蓝色表示低压区）与空泡体积分数分布一致。与设计工况和小流量工况不同，大流量工况下压力面的空泡并不是在吸力面

喷水推进泵及泵装置水动力特性

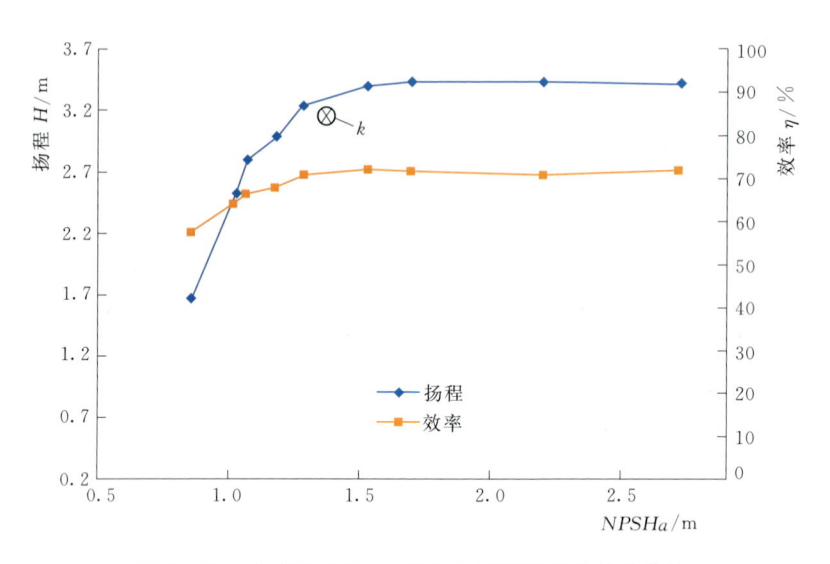

图 10.15　小流量（$Q=0.75Q_p$）工况泵空化特性曲线

(a) $NPSHa=2.73\mathrm{m}$

(b) $NPSHa=2.02\mathrm{m}$

(c) $NPSHa=1.9\mathrm{m}$

(d) $NPSHa=1.45\mathrm{m}$

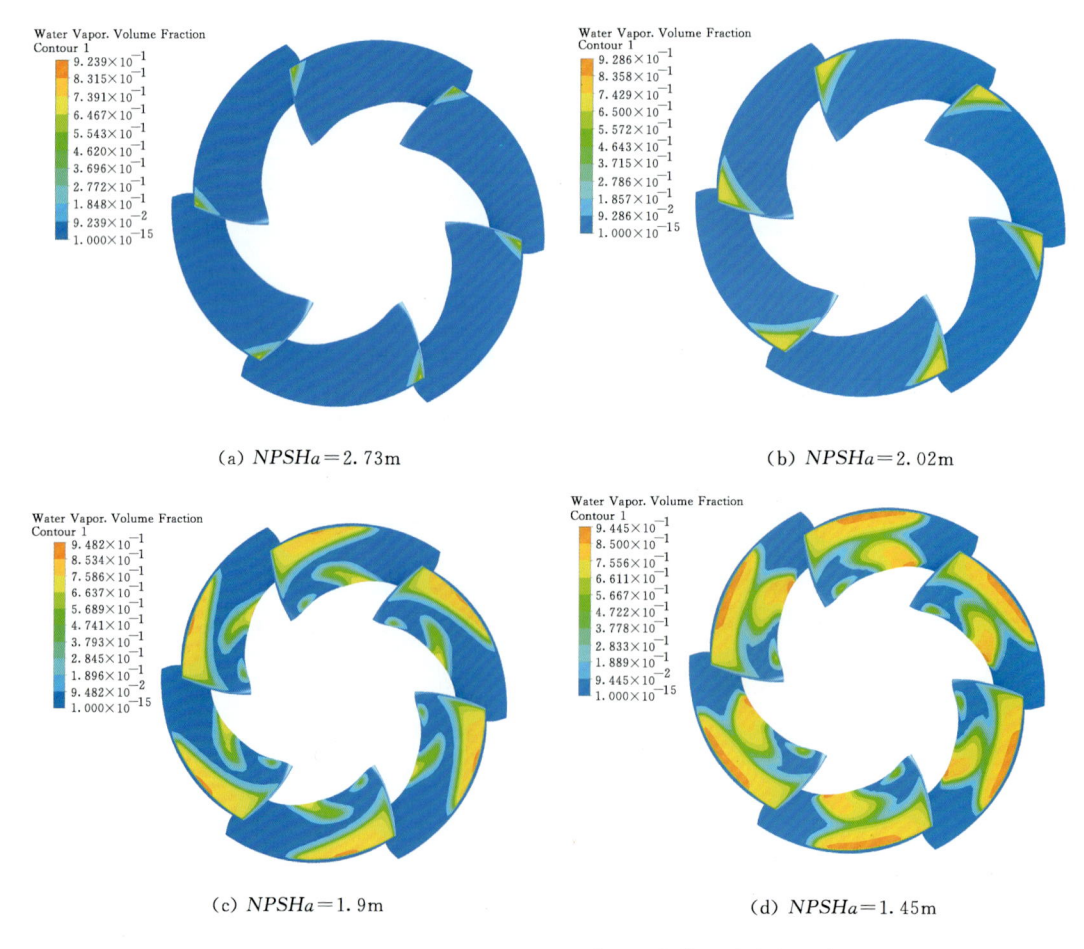

图 10.16（一）　$NPSHa>1.45\mathrm{m}$ 时叶片空泡体积分布与压力分布

124

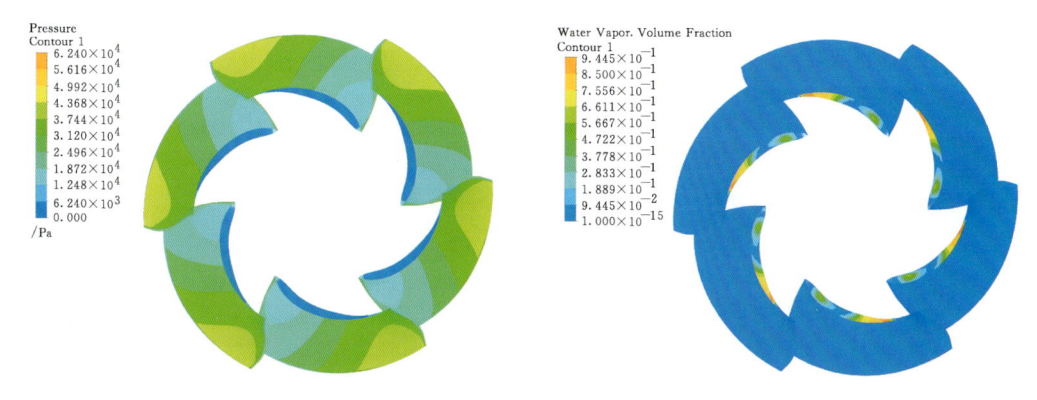

(e) $NPSHa=1.45\text{m}$ 压力面压力分布图 (f) $NPSHa=1.45\text{m}$ 压力面空泡体积分布

图 10.16（二）　$NPSHa>1.45\text{m}$ 时叶片空泡体积分布与压力分布

叶片被空泡完全覆盖之后才产生，而是在叶片吸力面空化发展到一定程度情况下，空泡随着水流流向叶片压力面并逐渐聚集导致叶片压力面产生空化。图 10.17 和图 10.18 显示了在同样进口条件下，大流量工况的临界空化余量大，叶轮内空化面积更大，可见大流量下叶轮空化更为严重。

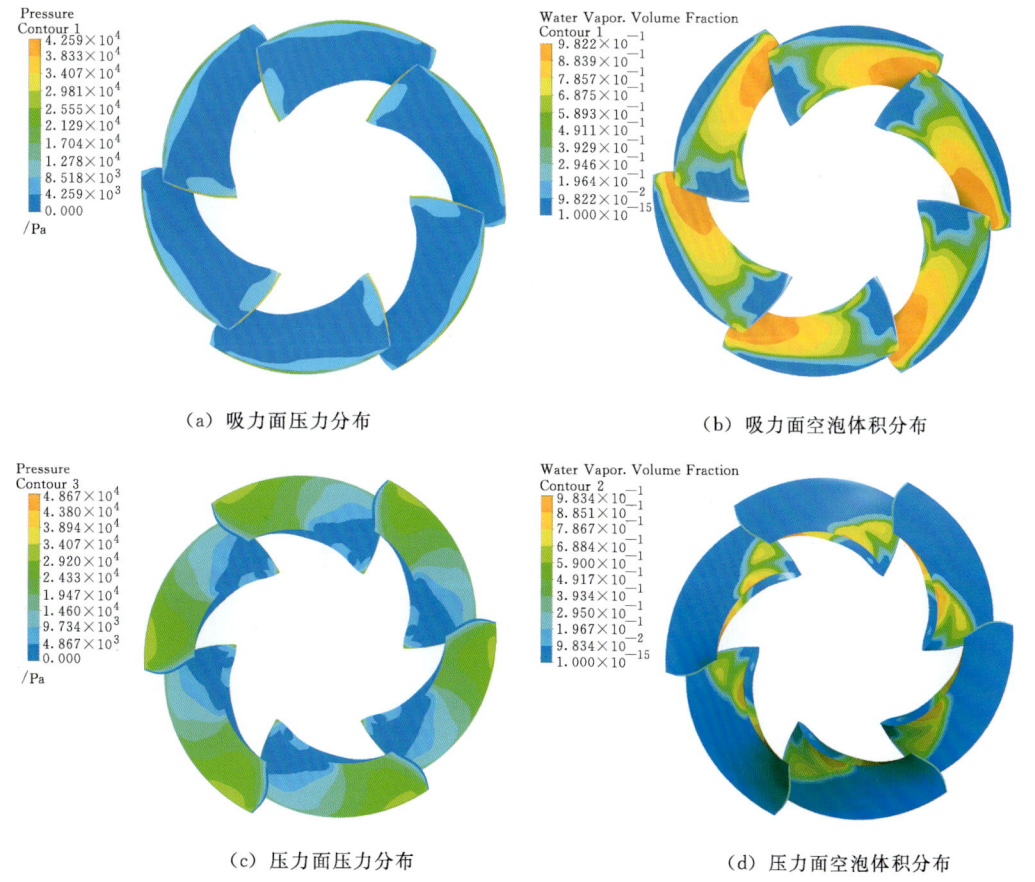

(a) 吸力面压力分布 (b) 吸力面空泡体积分布

(c) 压力面压力分布 (d) 压力面空泡体积分布

图 10.17　$NPSHa=1.36\text{m}$ 时压力与空泡体积分数分布图

喷水推进泵及泵装置水动力特性

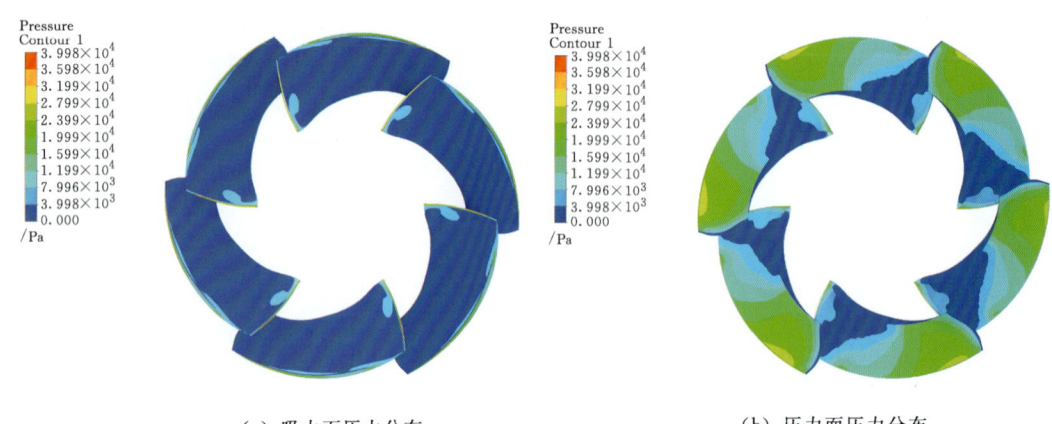

(a) 吸力面压力分布

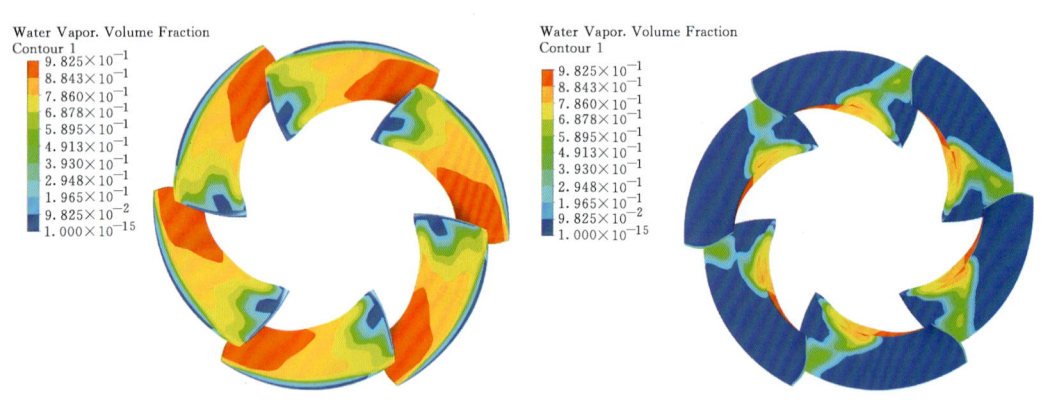

(b) 压力面压力分布

(c) 吸力面空泡体积分数分布

(d) 压力面空泡体积分布

图 10.18　$NPSHa=1.16\text{m}$ 时叶片空泡体积分布图

图 10.19 为大流量工况泵空化特性曲线图，图中显示大流量下扬程效率变化分别在空

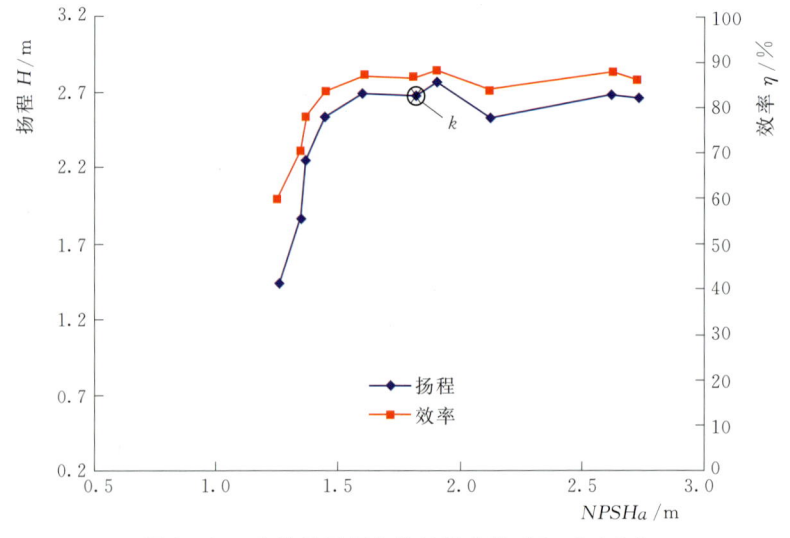

图 10.19　大流量下泵空化特性曲线（$Q=1.1Q_p$）

化余量为 1.81m 和 1.37m 时都有一个明显的下降，似乎表明其存在两个临界空化点，这可能由于大流量时吸力面与压力面都发生空化且空泡所占叶片面积也较大，导致扬程效率的不规则发展。

图 10.20 表示推进泵不同流量下轴向力与有效空化余量变化关系，由图可知，轴向力随着流量增大而减小，当发生空化后小流量与大流量推力受到的影响均大于设计工况。

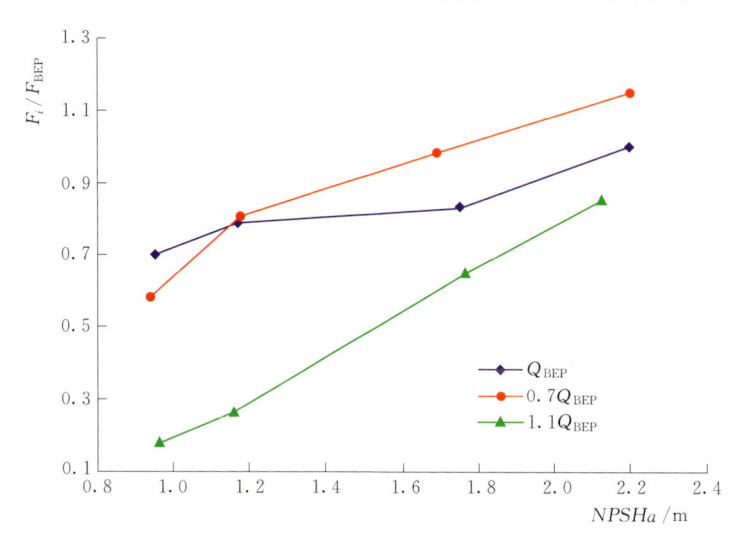

图 10.20 不同流量推进泵轴向力与有效空化余量关系图

10.4 本章小结

本章通过对推进泵泵段叶轮内空化流动的数值模拟计算，采用混合物均相流模型计算混流泵内部的空化流动。分析了该泵叶轮在设计工况、小流量（$0.75Q_{BEP}$）及大流量（$1.1Q_{BEP}$）3 种工况下叶轮空化性能，包括不同空化余量下泵扬程空化特性曲线、叶片正背面静压力分布散点图，叶片的空泡体积分数分布，轮缘、轮毂以及叶顶间隙内的空泡分布。泵的临界空化余量随着流量的降低而减小，计算结果揭示了随着进口压力的降低泵叶轮内空化的发生过程和发展情况，预测了不同流量下扬程断裂曲线发展趋势。得出如下结论：

（1）设计流量下，空化初生阶段空泡主要集中在叶片吸力面靠近轮缘的进水侧附近，随着进口总压的降低，空泡覆盖区域沿着出水侧和轮毂方向逐渐增大。当有效空化余量等于 1.38m 时，叶片表面中部开始出现空泡，空化区域面积约占叶片吸力面表面积的一半。当有效空化余量等于 0.76m 空化完全发展，整个叶片吸力面与压力面被空泡覆盖并导致叶轮流道被堵塞，使泵无法正常工作。

（2）小流量下，空泡体积分数分布的区域位置与面积的变化趋势与设计工况一致。只是在同样进口条件下，小流量工况有效空化余量值更小，其临界有效空化余量为 1.18m。当有效空化余量值低于其空化临界点时，小流量空泡体积分数最大值大于设计工况。

（3）大流量下，当 $NPSHa$ 为 1.9~1.45m，随着空化余量逐渐降低时，空泡覆盖面积首先沿着轮缘进口边变大,并在贴近轮毂部位叶片中间位置逐渐产生空泡;当 $NPSHa$ <1.45m 时,叶片压力面产生空泡且空化体积分数沿着压力面出水侧轮毂附近向轮缘逐渐蔓延增大;该工况下叶轮内空化面积更大、空化更为严重。

(4) 随着流量的增大临界空化余量逐渐增加,推进泵抗空泡能力减弱。偏离设计工况运行时空化对叶轮的危害加深。叶片静压分布趋势基本相同,均是轮毂侧小、轮缘侧大。对应的轮毂空泡体积分数值要大于轮缘的空泡体积分数值,即轮毂处的空化较轮缘侧更为严重,实际设计中应着重考虑避免轮毂的发生空化。

第 11 章
喷水推进泵装置空化性能

分析不同流量下泵段的空化性能指标，可以优化推进泵本身空化性能，并为推进泵避免在不利工况下运行提供合理参考数据。而对于喷水推进泵装置来说，进水流道是其重要组成部分之一。它不仅会影响装置受到的阻力大小，同时还关系到整个装置的空化性能。流道对装置空化特性的主要影响因素包括进水口形状、唇部结构以及流道高度。喷水推进泵装置进水口按结构型式可分为两类[2]：一种是进水口的进口平面与船舶运动方向垂直称为全压型进水口；另一种是进口平面与船舶方向平行称为静压型进水口，静压型进水口能保证水翼艇在较大速度范围内损失系数较小，适用于波浪不大的水翼艇。选择静压型进水口研究喷水推进泵装置空化特性，并比较不同流道形式喷水推进泵装置在不同进速比下的空化特性。

11.1 静压型进水口对推进泵装置空化性能影响

11.1.1 边界条件及求解设置

进口改成流道进口，计算时间步长选择 physical timescale，时间步长为 0.015s，其他设置均与推进泵段空化计算设置相同。通过改变进口总压，分析不同空化余量下装置的空化特性。

11.1.2 结果分析

图 11.1 为设计流量下的装置空化特性曲线与推进泵段设计流量下的空化特性之间的对比。由图可知，增加流道之后泵扬程、效率均有所下降，相同进口条件下泵流量没变，所以水泵的必需空化余量不变，但添加进水流道之后增加了水力损失与安装高度使得泵装置的有效空化余量变小，水泵空化性能降低。临界空化点为 $NPSHa=1.15$m。有效空化余量计算公式如下：

$$NPSHa = \frac{P_s}{\rho g} + \frac{v_s^2}{2g} - \frac{P_{cav}}{\rho g} = \frac{P_a}{\rho g} - H_x - \sum h_s - \frac{P_{cav}}{\rho g} \tag{11.1}$$

$$NPSHa = \frac{P_s}{\rho g} + \frac{v_s^2}{2g} - \frac{P_{cav}}{\rho g} = (P_{local} - P_V)/\rho g \tag{11.2}$$

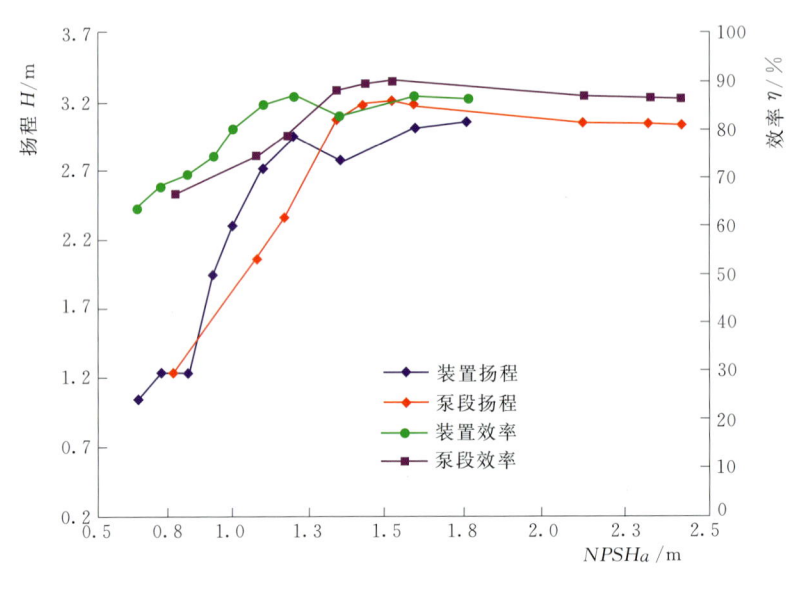

图 11.1 装置空化特性曲线

图 11.2 为装置空泡体积分数分布图，图中蓝色区域代表含气量最低处，红色区域为含气量最高处，含气量代表着叶片表面单位体积的空泡数量。与图 10.5 对比，添加流道后叶轮内空化形式仍然是翼型空化。叶片空化区域分布不均匀：当 $NPSHa=1.71\text{m}$ 时，空化首先出现在靠近流道出口的右侧与轮毂正下方的叶片进水侧轮缘处；随着空化余量的减小，叶轮内其他叶片在靠近进水侧的轮缘处出现空化，先发生空化的叶片则沿叶片表面向出水侧延伸，当 $NPSHa=1.3\text{m}$ 时，部分叶片已有 50% 的区域被空泡覆盖，效率开始出现下降；当空化完全发展时，叶片吸力面中部和出水侧受到侵蚀更严重。

叶轮空化区域分布的不规则与叶轮进口水流流态有关，由于增加进水流道后进水结构改变影响叶轮内的空化发展。图 11.3 为流道出口速度分布图，由图可知，流道出口水泵进口流速分布不均匀，且靠近壁面速度大，靠近传动轴速度小，根据能量守恒定律速度大的区域静压小，由此可得，靠近壁面也就是叶片轮缘处会先产生低压区，这也就导致了空化初生的位置是叶片进水侧轮缘附近。红色代表高速区，受到高速冲击的叶片先产生空化的区域。

流道影响叶轮进口的流态，主要原因有：进口形状不规则尤其是唇部位置，它同时也是流道最容易发生空化的部位；叶轮进口与流道出口连接有一段扩散段，扩散角度也会影响进水流态；进水口前的弯曲段会引起流速的变化，弯曲段同时也是发生空化的潜在区域。由图 11.4 和图 11.5 可发现，临界空化出现在进口唇部位置，随着空化余量的减小，向传动轴下侧的弯曲连接段空泡面积逐渐增大，传动轴上下侧弯曲段也出现空化区域。

第 11 章 喷水推进泵装置空化性能

(a) $NPSHa=2.03$m   (b) $NPSHa=1.71$m

空化初生的叶片

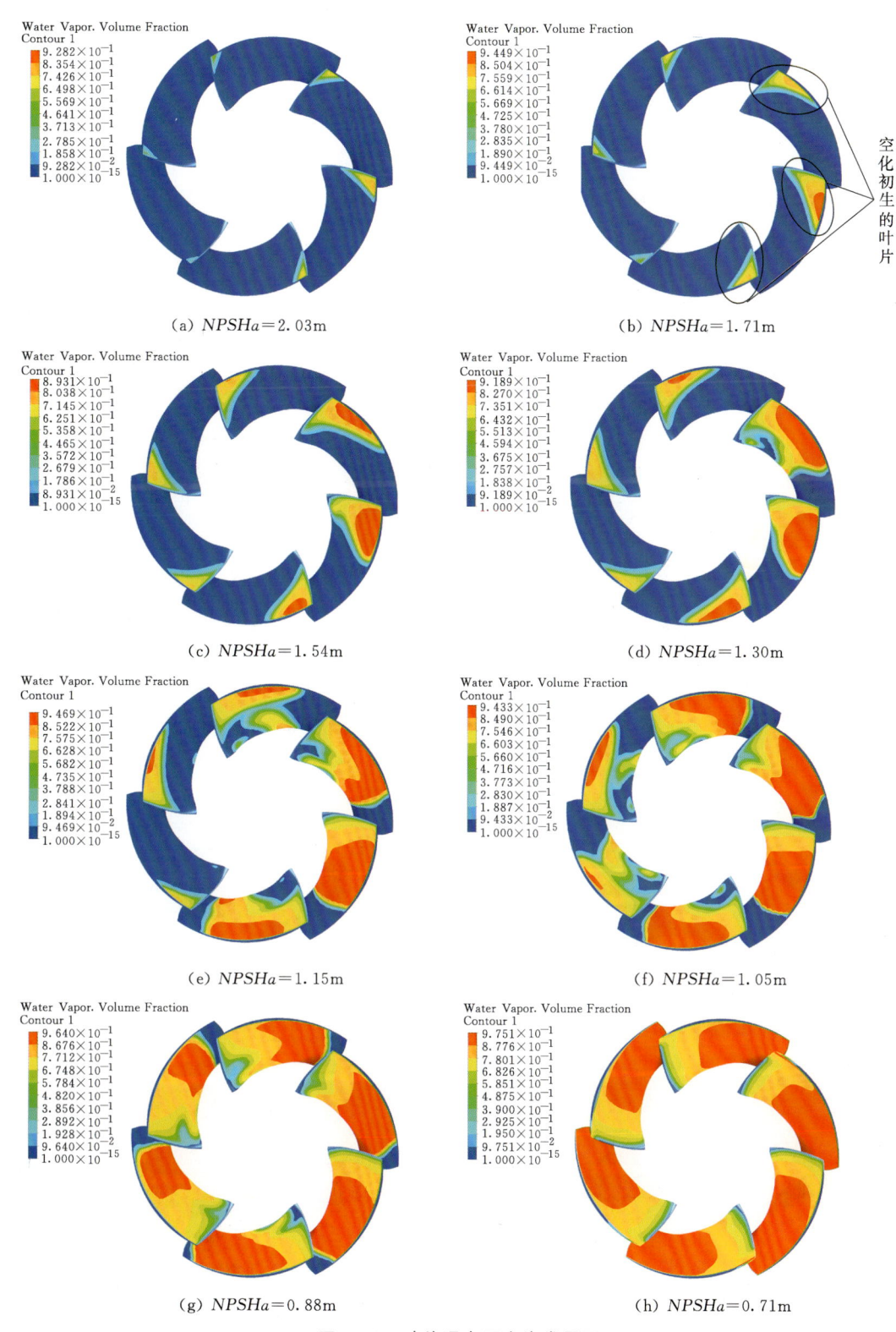

(c) $NPSHa=1.54$m   (d) $NPSHa=1.30$m

(e) $NPSHa=1.15$m   (f) $NPSHa=1.05$m

(g) $NPSHa=0.88$m   (h) $NPSHa=0.71$m

图 11.2　叶片吸力面空泡发展图

131

(a) $NPSHa=1.30\text{m}$

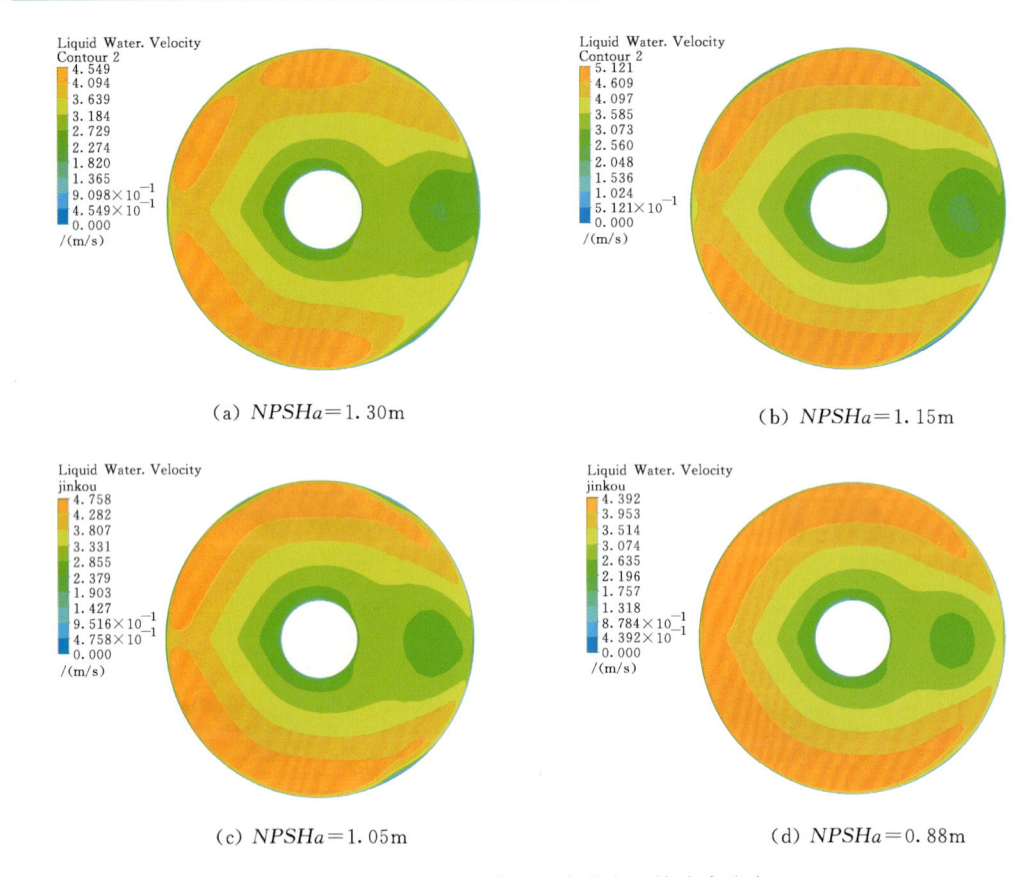

(b) $NPSHa=1.15\text{m}$

(c) $NPSHa=1.05\text{m}$

(d) $NPSHa=0.88\text{m}$

图 11.3　不同空化余量下流道出口的速度分布

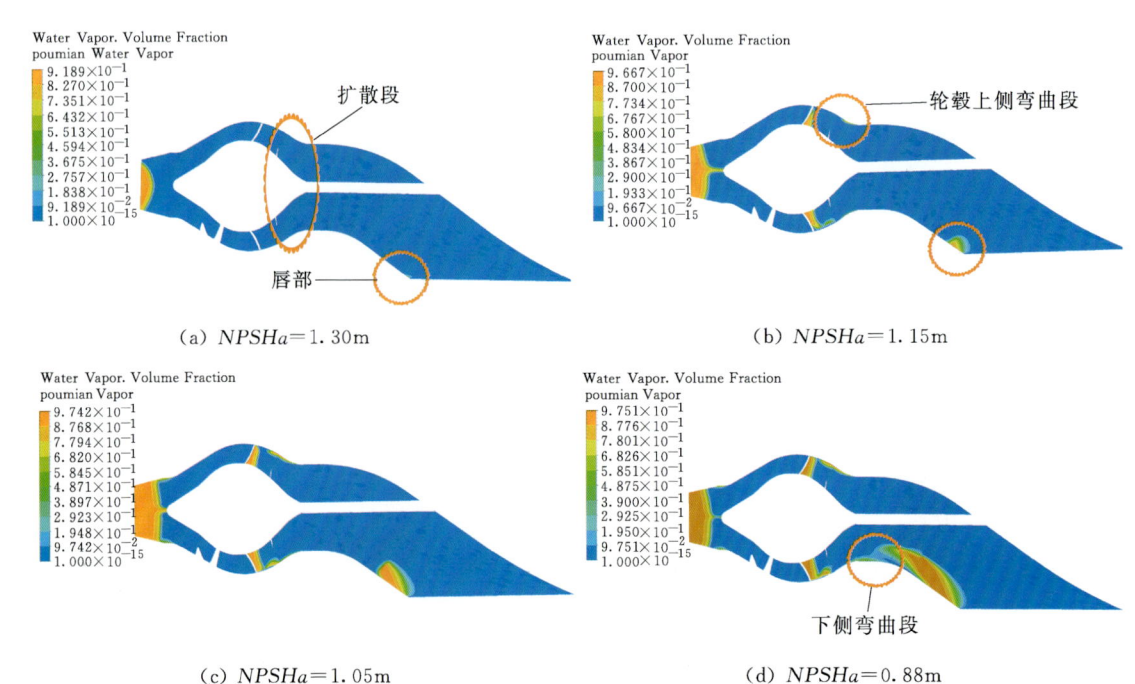

(a) $NPSHa=1.30\text{m}$

(b) $NPSHa=1.15\text{m}$

(c) $NPSHa=1.05\text{m}$

(d) $NPSHa=0.88\text{m}$

图 11.4　不同空化余量下进水流道内空泡体积分布

(a) $NPSHa=1.15\text{m}$ (b) $NPSHa=1.05\text{m}$

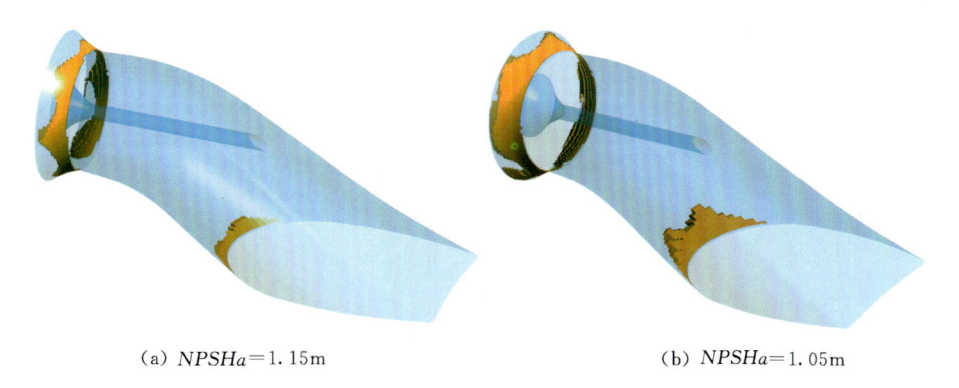

图 11.5 流道内空化体积分布图

11.2 不同形式流道喷水推进泵装置空化特性

11.2.1 计算区域及网格

为进一步分析进水流道形式及其高度对装置空化性能的影响，本节将研究三个不同形式流道对喷水推进泵装置进行空化数值模拟计算，计算域主要包括流道进口、推进泵、喷嘴、流场控制体（模拟船底水流场）等 4 个部分。为考虑航速的影响，与上节计算相比，添加流道的同时加上大水体组成喷水推进泵装置整体计算域，其中 3 个流道均是经过优化设计[60]，D_0 为流道出口直径，流道高度分别为 $1.4D_0$、$1.5D_0$、$1.9D_0$，入流倾角分别为 27°、23°、35°，流道进口处的均为半椭圆与长方形的组合形状，方案 3 唇角构造最为尖锐，如图 11.6 所示。图 11.7 为不同方案的流道网格。

图 11.8 中流场控制体尺寸参照文献[56]，大水体的长度、宽度与深度分别取 30 倍、5 倍和 8 倍的流道出口直径。

叶轮、导叶、喷口部分网格均与混流泵段计算域相同，进水流道与大水体部分网格均采用六面体结构化网格，整个装置无关性网格量级为 270 万，如图 11.9 所示。

边界条件设置：大水体来流面设置为速度进口模拟中将其假设为实际航速，出流面设置为环境压力，出口设置为平均静压出口，通过改变进速比 IVR 的大小来控制喷水推进泵装置内空化发生及发展过程。其他与推进泵段空化计算设置相同。

11.2.2 进速比

对于喷水推进泵的性能涉及一些特有的速度。Bulten[61] 利用进速比将泵的进口速度与航速连接到一起，成为喷泵的重要参数之一。文献[1]将方程（11.3）的倒数形式定义为进速比，这导致了在正常工况下 IVR 的倒数将小于 1，而航速为 0 时 IVR 的倒数则趋于无穷。由于操纵范围大约在 0～2.5 之间，所以方程（11.3）的定义方式更好。

$$IVR = \frac{v_s}{v_p} \tag{11.3}$$

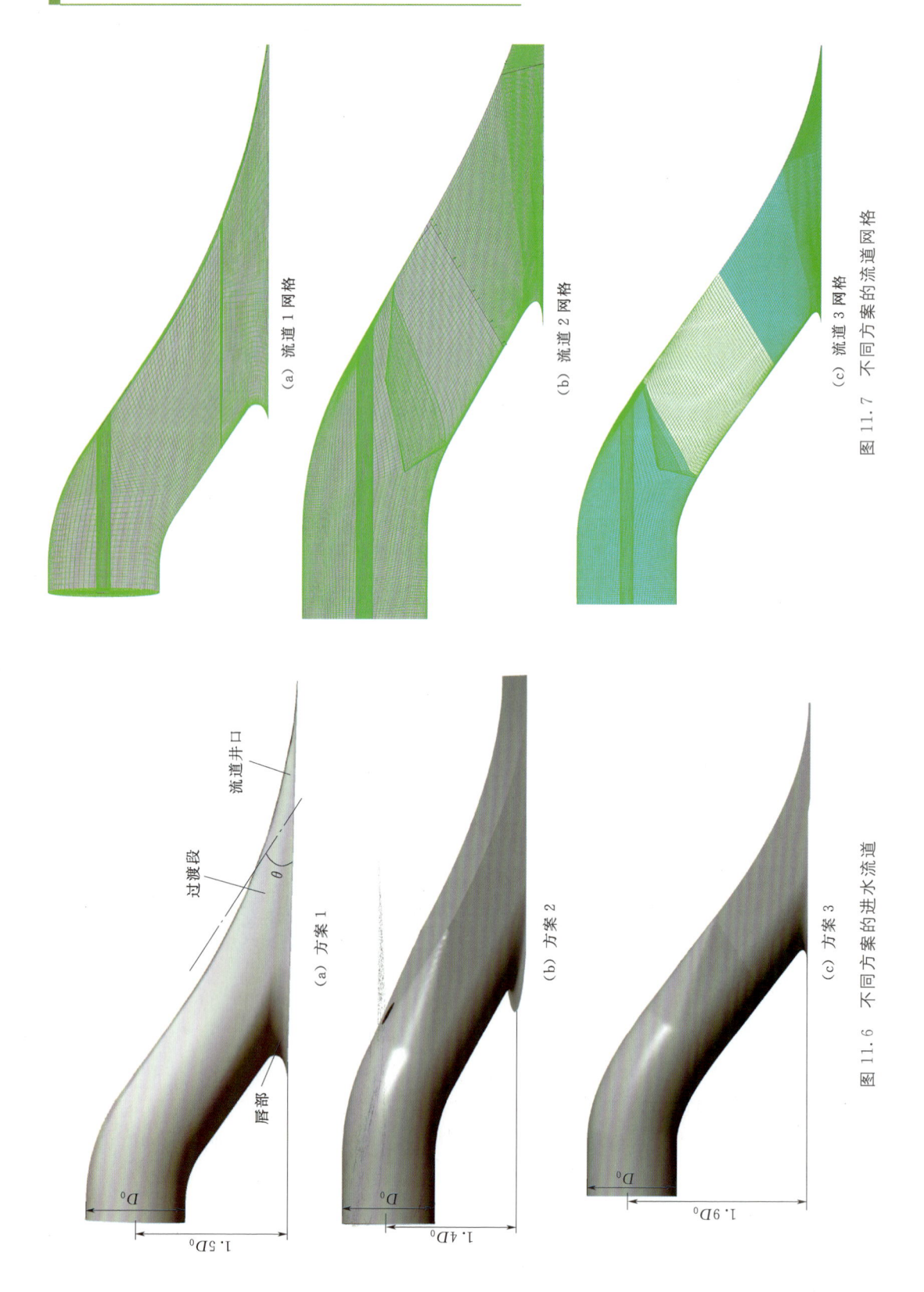

喷水推进泵及泵装置水动力特性

(a) 流道 1 网格

(b) 流道 2 网格

(c) 不同方案的流道网格

图 11.7

(a) 方案 1

(b) 方案 2

(c) 不同方案的进水流道

图 11.6 不同方案进水流道

图 11.8 喷水推进泵装置

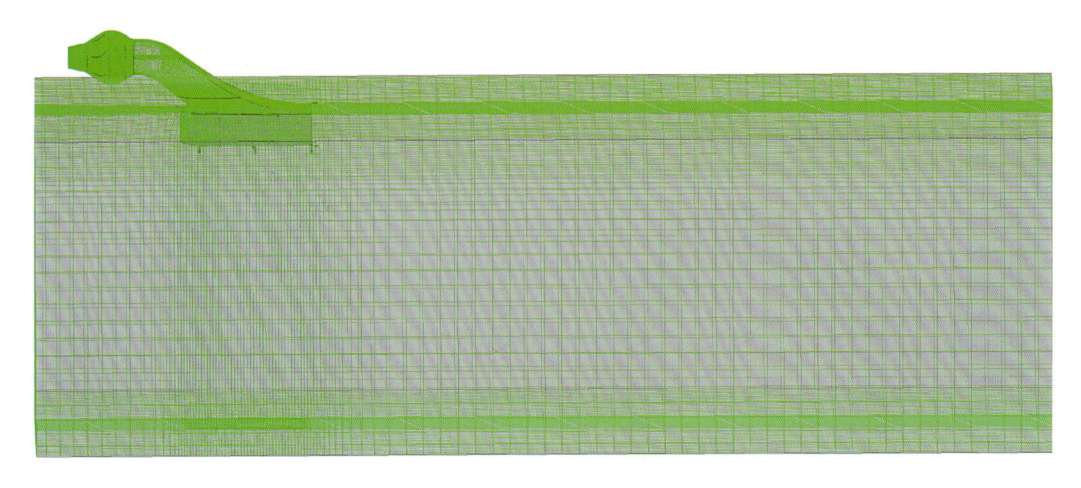

图 11.9 计算网格

喷水推进船在求有效空化余量时必须考虑来流冲压的因素。Norbert Willem Herman Bulten 给出了航速与有效空化余量的关系，由式（11.4）可知，随着航速降低有效空化余量减小，这也说明喷水推进船起航比巡航时更易发生空化。高速情况下其抗空泡性能更好。

$$NPSHa = \frac{p_\infty - p_v}{\rho g} + \frac{v_s^2}{2g}(1-\xi_c)(1-\omega)^2 - h_j \tag{11.4}$$

式中：p_∞ 为环境压力；ξ_c 为进水流道损失系数，一般取 0.1~0.3；ω 为伴流系数，这里取 0.12。

$$NPSHr = \frac{v_0^2}{2g} + \lambda\frac{\omega_0^2}{2g} = \frac{p_s - p_v}{\rho g} + \frac{v_p^2}{2g} \tag{11.5}$$

临界空化余量即 $NPSHa = NPSHr$。

$$\frac{p_s - p_v}{\rho g} + \frac{v_p^2}{2g} = \frac{p_\infty - p_v}{\rho g} + \frac{v_s^2}{2g}(1-\xi_c)(1-\omega)^2 - h_j \tag{11.6}$$

将进速比带入该表达式如下：

$$IVR = \left[\frac{\rho v_s^2}{2(p_\infty - p_s) + \rho v_s^2(1-\xi_c)(1-\omega)^2 - 2\rho g h_j}\right]^{1/2} \tag{11.7}$$

喷水推进泵装置可以通过改变进速比控制喷水推进泵装置空化的发生及发展过程[62]。有效空化余量只与进水管道有关，与水泵结构无关。因此在同一航速下（航速为 10m/s），3个方案必需空化余量相同，有效空化余量不同。3个方案装置有效空化余量分别为：$NPSHa_1 = 12.755$m，$NPSHa_2 = 12.7$m，$NPSHa_3 = 12.811$m。

11.2.3 不同流道装置空化特性

为了分析进速比对装置空化特性的影响，在设计航速（$v = 10$m/s）[60]下更改其转速从而控制 IVR 的大小来观察不同流道装置空化的发展情况。

图 11.10 为不同进速比下方案 1、方案 2 和方案 3 叶片空泡体积分数分布图。由于 3 个方案的叶轮、流道与喷口的空化发展趋势相似，故分别给出了 3 个方案的空化初生，空化发展以及空化严重 3 种工况下叶片吸力面空泡体积分布图。与推进泵段一样，设计航速下叶轮空化初生于叶轮进水侧靠近轮缘处。而随着进速比的降低空泡覆盖面积逐渐增大，当其覆盖面积超过叶片一半后，靠近轮毂的叶片空化区域逐渐大于轮缘侧表明增加流道、水体后依然是轮毂侧附近空化危害大。

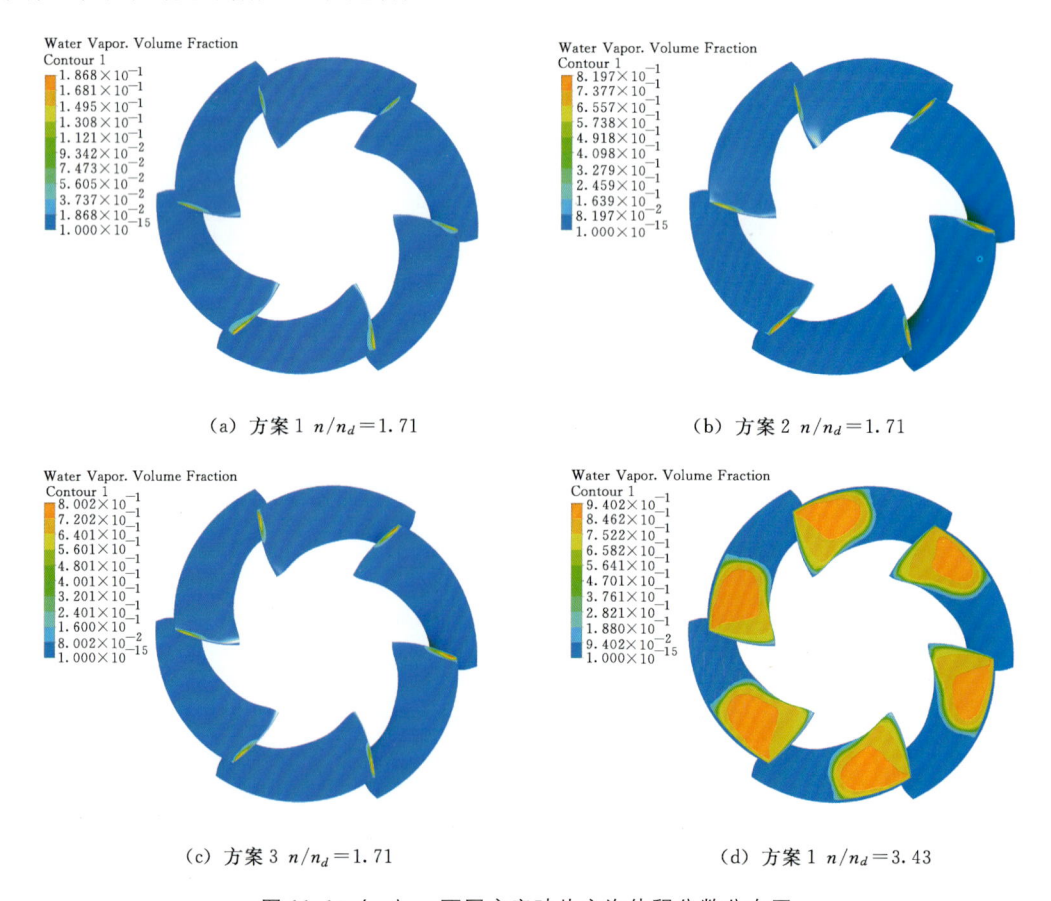

(a) 方案 1 $n/n_d = 1.71$

(b) 方案 2 $n/n_d = 1.71$

(c) 方案 3 $n/n_d = 1.71$

(d) 方案 1 $n/n_d = 3.43$

图 11.10（一） 不同方案叶片空泡体积分数分布图

(e) 方案2 $n/n_d=3.43$　　　　　　　(f) 方案3 $n/n_d=3.43$

(g) 方案1 $n/n_d=4.57$　　　　　　　(h) 方案2 $n/n_d=4.57$

(i) 方案3 $n/n_d=4.57$

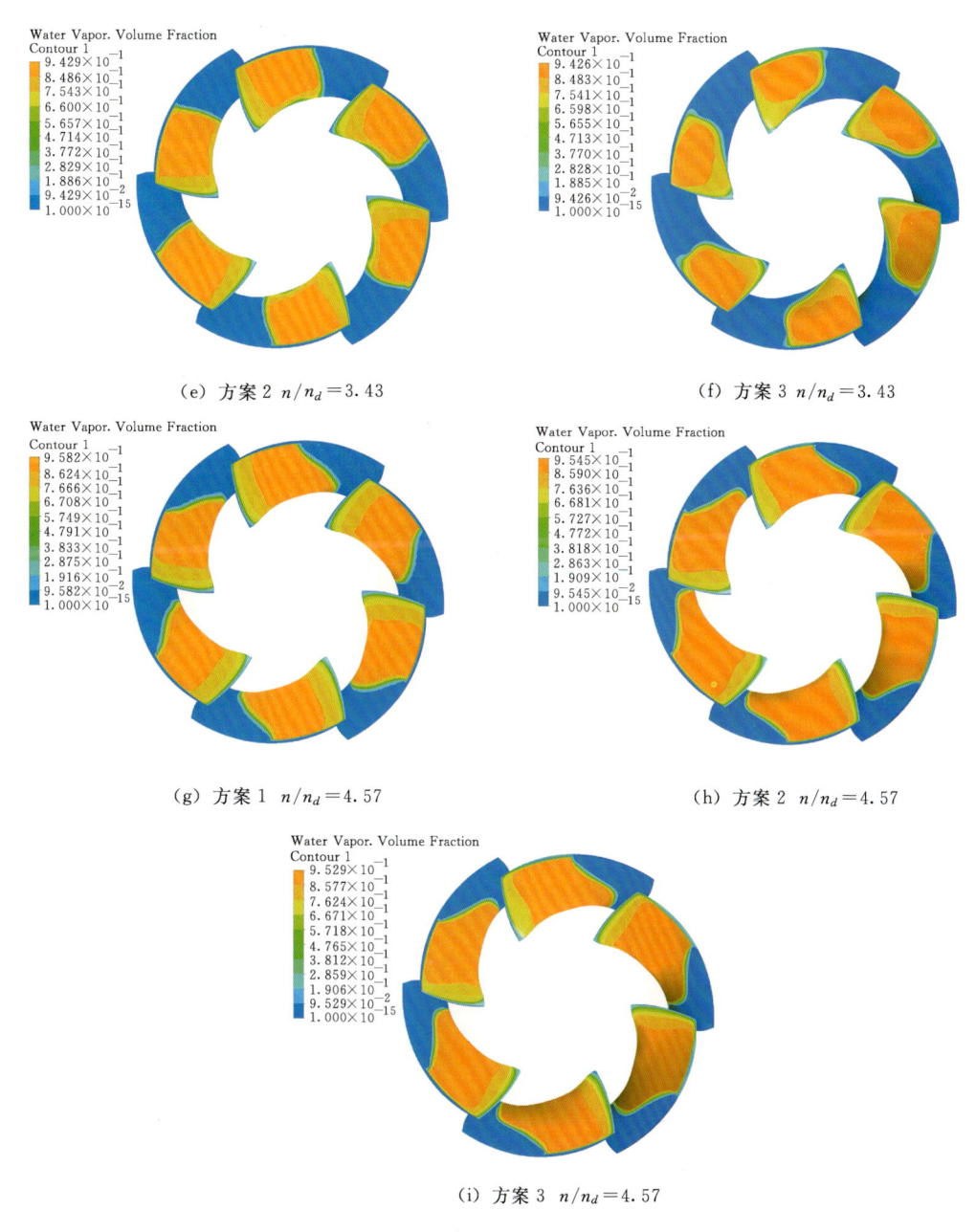

图 11.10（二）　不同方案叶片空泡体积分数分布图

相同进出口条件下，3 个方案空化发展趋势相同，但其空泡体积分数值不同。表 11.1 给出了同一航速（$v_s=10\mathrm{m/s}$）下，不同转速 3 个方案进速比与空泡体积分数的变化值。转速相同时，方案 1 进速比其他方案更大，叶片空化覆盖面积相对较小，其最大空泡体积分数值也是最小。从有效空化余量来看，安装高度越低装置抗空泡性能越好。而当相对转速大于 4.57 时，叶轮空化严重，表明船在启动时（航速较小，转速较大）推进泵易产生空化。

表 11.1　　　　　　　相同条件下不同流道空泡体积分数最大值

方案	相对转速/(n/n_d)	进速比（IVR）	空泡体积分数最大值/%
方案 1	1.71	1.920	18.68
方案 2	1.71	1.820	80.02
方案 3	1.71	1.750	81.97
方案 1	3.43	1.200	94.02
方案 2	3.43	1.120	94.25
方案 3	3.43	1.190	94.26
方案 1	4.57	0.961	95.82
方案 2	4.57	0.960	95.45
方案 3	4.57	0.960	95.29

图 11.11 为 $n/n_d=4.57$，即叶轮已经发生严重空化情况下，不同流道的剖面静压分布，在相同进出口条件，计算结果显示方案 1 进水口唇部位置与入流斜坡附近低压区范围较之方案 2 与方案 3 更小，可见流道 1 发生空化的可能性更小。

综上所述，可知方案 1 抗空化性能优于其他方案。方案 1 唇部导边端圆半径最大，入流倾角适中。

11.2.4　进速比对泵装置空化影响

图 11.12 为不同进速比下方案 1 叶轮叶片吸力面空化体积分数分布图。叶片吸力面空化分布区域与推进泵段随着空化余量逐渐减小变化趋势一致，并且每个叶片空泡覆盖区分布均匀，表明方案 1 进水结构改善了流道出口流态。

结合第 3 章推进泵段叶轮计算结果可知，当 $IVR>1.29$ 时，尽管叶片吸力面出现空化，但空泡覆盖面积不到叶片的 1/3，对叶轮效率几乎没有影响；当 $IVR<1.2$ 时，空泡的发展已经导致叶片吸力面有一半以上的区域处于空化区，空泡会逐渐堵塞叶轮流道，减小过流面积，使叶轮工作效率急剧下降；空化的发展随着进速比值减小逐渐加深，也表明高转速更容易使得喷水推进泵装置产生空化。

喷口与进水流道也是喷水推进泵装置的重要组成部分，而计算结果显示了进水流道发生空化时间往往比叶轮晚。图 11.13 表明，尽管叶片吸力面已有 80% 被空泡覆盖，进水流道仍然没有发生空化。结合 10.1 节计算结果可知，进水流道在进口处极容易产生低压区，导致空化发生，流道内部不规则连接段也是空化潜在发生的危险区域。图 11.14 和图 11.15 揭示了方案 1 的进水流道压力变化与喷口的空化发展情况。

图 11.15 显示了尽管流道没有发生空化，但在弯曲连接段与进水口唇部均有明显低压区是空化潜在危险发生区域，而喷口的空化区域（红色代表空化体积）则发生在导叶轮毂尾部呈条形分布，并随着 IVR 值减小"空化条形体"逐渐变大，可看作喷口发生了空间空化。

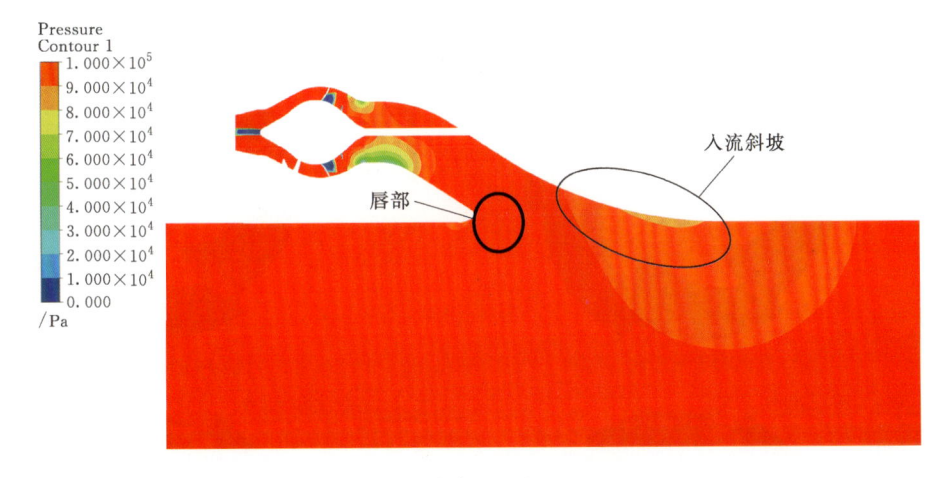

(a) 方案 1　$n/n_d = 4.57$

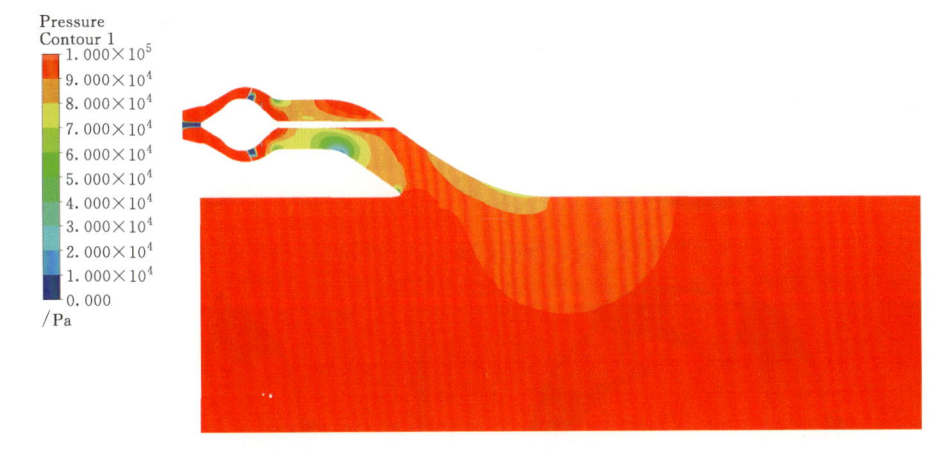

(b) 方案 2　$n/n_d = 4.57$

(c) 方案 2　$n/n_d = 4.57$

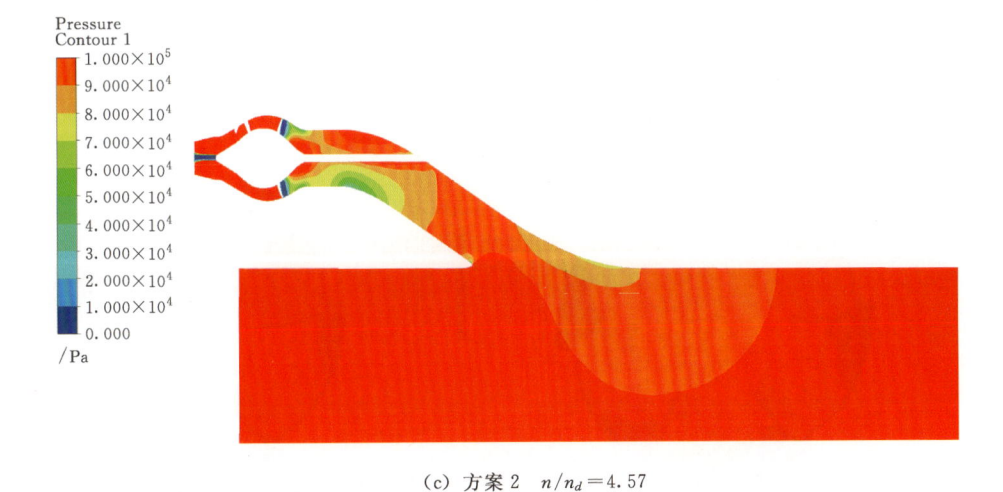

图 11.11　相同进口条件下不同方案剖面静压分布图

喷水推进泵及泵装置水动力特性

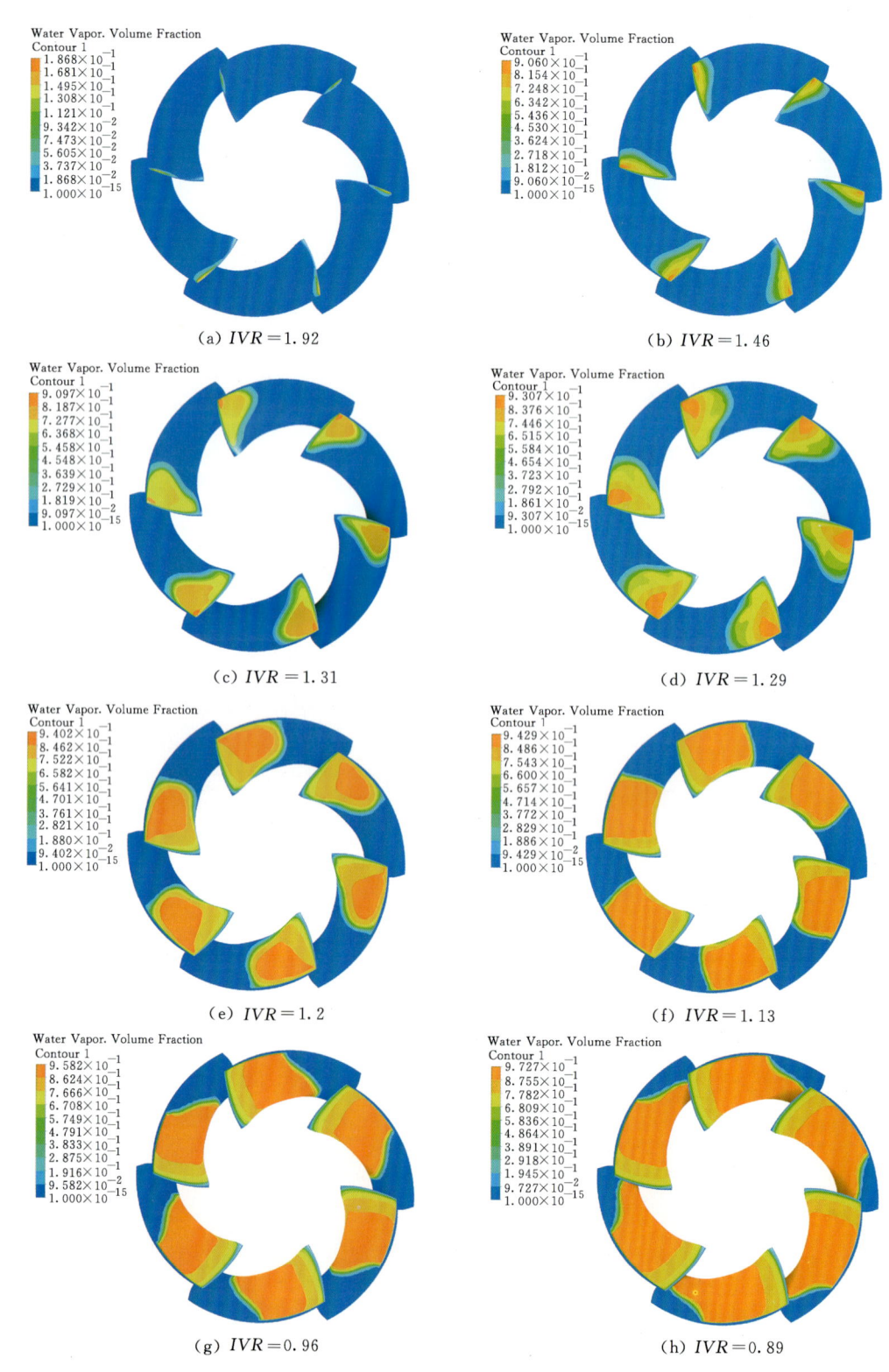

(a) $IVR=1.92$

(b) $IVR=1.46$

(c) $IVR=1.31$

(d) $IVR=1.29$

(e) $IVR=1.2$

(f) $IVR=1.13$

(g) $IVR=0.96$

(h) $IVR=0.89$

图 11.12　不同进速比叶片吸力面空化体积分数分布图

第 11 章　喷水推进泵装置空化性能

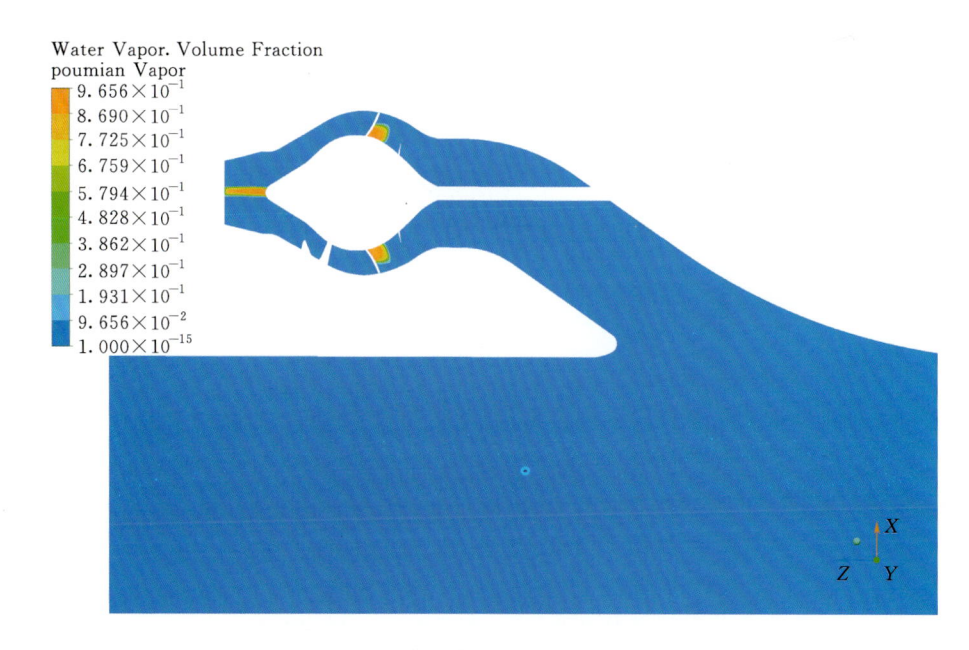

图 11.13　$IVR=0.89$ 喷水推进泵装置剖面空泡体积分数分布图

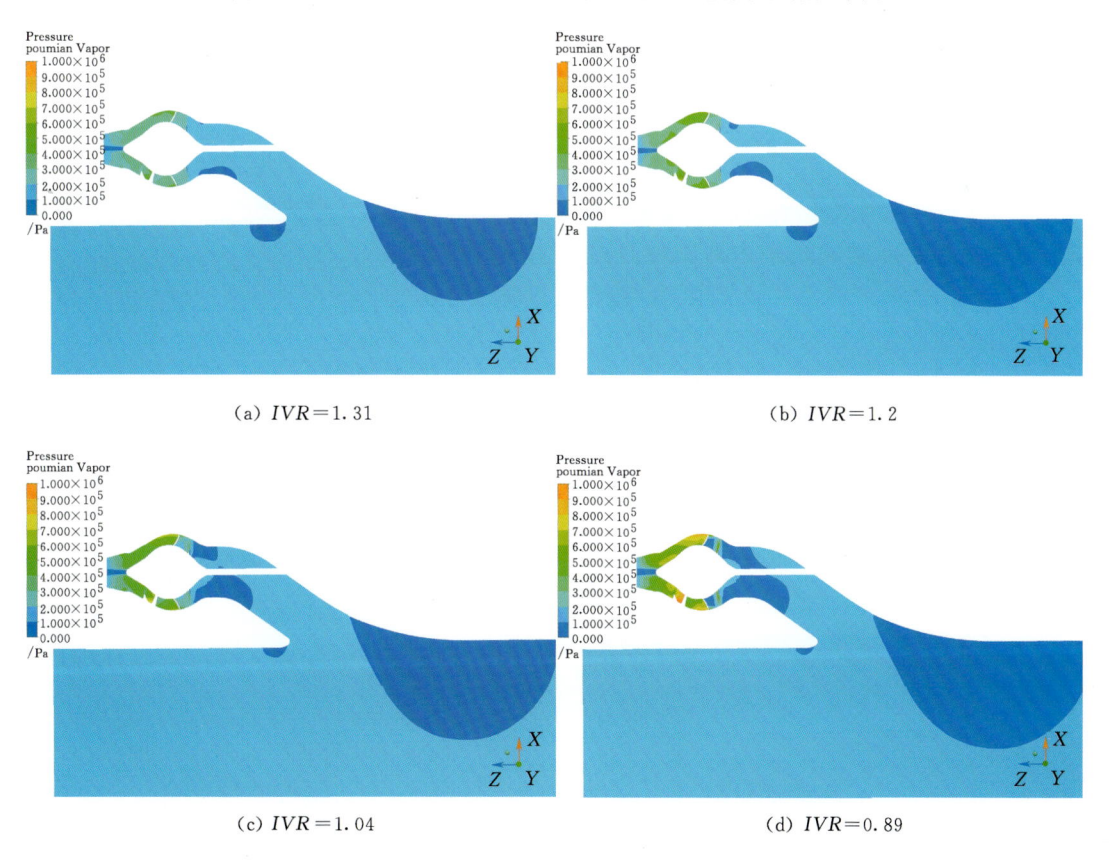

(a) $IVR=1.31$

(b) $IVR=1.2$

(c) $IVR=1.04$

(d) $IVR=0.89$

图 11.14　不同 IVR 喷水推进泵装置剖面压力分布图

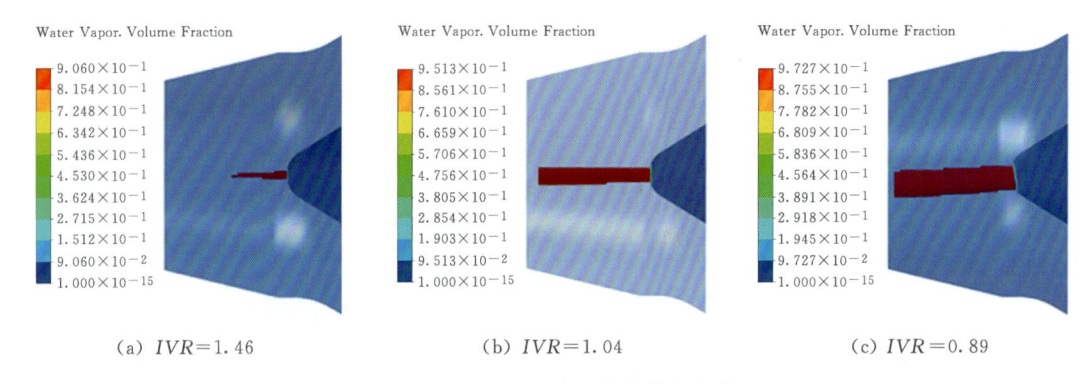

(a) $IVR=1.46$　　　　(b) $IVR=1.04$　　　　(c) $IVR=0.89$

图 11.15　不同 IVR 喷口空泡体积变化图

11.3　本章小结

本章数值模拟首先分析了增加流道对推进泵叶轮空化的影响及对进水流道本身空化性能进行了分析。在此基础上,计算并分析了不同进速比和优化后的三种流道对喷水推进泵装置的空化特性的影响:

添加流道后会改变叶轮进口流态,导致叶轮空化区域分布不均匀,对混流泵空化性能更加不利。流道的唇部、上下弯曲连接段时发生空化的潜在危险区域,流道发生空化比叶轮要更晚。

喷水推进泵装置运行中,随着 IVR 的减小空化发展程度逐渐加深,同一航速下转速越大,发生叶轮发生空化的可能性越大,喷口发生空化的区域主要集中在导叶轮毂尾部呈条形分布并会随着 IVR 减小体积变大。

进水流道的入流倾角、唇部结构、流道高度都会影响喷水推进泵装置空化性能,安装高度越高装置空化可能性越大,唇角采用导边端圆半径越大抗空泡能力越强,但同时阻力会增大,会导致效率下降,即方案 1 空化性能较之其他方案更好。

参 考 文 献

[1] Bulten N W H. Numerical analysis of a waterjet propulsion system [J]. Technische Universiteitndhoven, 2006.
[2] 金平仲. 喷水推进主要参数的确定 [J]. 中国造船, 1978 (1): 81-82.
[3] 金平仲. 船舶喷水推进 [M]. 北京: 国防工业出版社, 1986: 243-251.
[4] 高双. 喷水推进船舶的航向/航速控制研究 [D]. 哈尔滨: 哈尔滨工业大学, 2008.
[5] Jong-Woo Ahn, Ki-Sup Kim, Young-Ha Park, et al. Performance analysis of mixed-flow pump on waterjet [C]//Proceeding of the Fourth Conference for New Ship and Marine Technology, New S-Tech 2004: 109-116.
[6] 张建华. 用于喷水推进泵设计和分析的耦合升力面和RANS方法的试验验证 [C]//喷水推进技术译文集. 上海: 中国船舶工业集团公司第708研究所, 2005: 74-79.
[7] Roberts J L, Walker G L. Boundary layer ingestion effects in flush waterjet intakes [Z]. International Conference on Waterjet Propulsion Ⅱ, Amsterdam, The Netherland, 1998.
[8] Zi-ru Li, Mathieu Pourquie, Tom Van J C Terwisga. A numerical study of steady and unsteady cavitation on a 2d hydrofoil [C]. 9th International Conference on Hydrodynamics, Shanghai, China, 2010, 22 (5): 728-734.
[9] 汤方平, 王国强. 后导叶对喷水推进轴流泵性能的影响 [J]. 船舶力学, 2006, 10 (6): 20-25.
[10] Bultenn W H, Verbeek. CFD simulation of the flow through a water jet installation [C]// International Conference on Waterjet Propulsion 4, RINA, London, 11-19.
[11] 胡健, 黄胜, 马骋, 等. 影响喷水推进器水动力性能的若干因素 [J]. 哈尔滨工程大学学报, 2008, 25 (1): 11-16.
[12] 孙存楼, 王永生. CFD在船舶喷水推进器设计与性能分析中的应用 [J]. 哈尔滨工程大学学报, 2008, 29 (5): 444-450.
[13] 黄斌, 王永生. 喷水推进船避免喷泵气蚀的仿真研究 [J]. 中国造船, 2010, 51 (1): 55-62.
[14] 刘承江, 王永生. 喷水推进器与螺旋桨工作特性的差异与分析 [J]. 华中科技大学学报(自然科学版), 2012, 40 (8): 49-53.
[15] 刘承江, 王永生, 张志宏. 喷水推进器数值模拟所需流场控制体的研究 [J]. 水动力学研究与进展A辑, 2008, 23 (5): 592-595.
[16] 刘承江, 王永生, 丁江明. 喷水推进研究综述 [J]. 船舶工程, 2006, 28 (4): 49-52.
[17] Brandner P A, Launceston, Walker G J. A waterjet test loop for the tom fink cavitation tunnel [Z]. International Conference on Waterjet Propulsion Ⅲ, Gothenburg, Sweden, 2001.
[18] 刘润闻, 黄国富. 入口唇角对喷水管道流动性能影响的数值分析 [J]. 中国造船, 2011, 52 (1): 39-45.
[19] 汤苏林, 毛筱菲. 喷水推进器进水管内流场模拟 [J]. 武汉理工大学学报(交通科学与工程版), 2004, 28 (6): 851-853.
[20] 魏应三, 王永生, 丁江明. 喷水推进器进水流道倾角与流动性能关系研究 [J]. 中国造船, 1988 (3): 7-16.
[21] 丁江明, 王永生. 喷水推进装置进水流道参数化设计与应用 [J]. 上海交通大学学报, 2010, 44 (10): 1423-1428.
[22] 吴民权, 任潮海, 哈弼孝, 等. 喷水推进器低损失进口管道研究 [J]. 中国造船, 1988 (3): 7-16.

[23] 孙存楼,王永生,丁江明,等. 喷水推进器推力的动量算法 [J]. 武汉理工大学学报(交通科学与工程版),2006,30(6):1098-1101.

[24] 常书平,王永生,丁江明,等. 混流式喷水推进泵水力设计和性能预报 [J]. 哈尔滨工程大学学报,2011,32(6):708-713.

[25] 杨琼方,王永生,李翔. 喷水推进泵通用特性曲线的计算流体动力学分析 [J]. 清华大学学报(自然科学版),2010,50(8):1311-1315.

[26] 杨琼方,王永生,张志宏,等. 喷水推进泵三维造型研究及其流体动力性能CFD分析 [J]. 武汉理工大学学报(交通科学与工程版),2008,32(5):921-924.

[27] 曾文德,王永生,刘承江. 混流式喷水推进器水动力性能的数字模拟 [J]. 武汉理工大学学报,2010,32(6):89-94.

[28] 吴刚,王立祥,张新. 喷水推进轴流泵叶轮强度计算 [J]. 船舶,2005,33(11):33-36.

[29] 靳栓宝,王永生,杨琼方. 基于数值试验的喷水推进轴流泵的一体化设计 [J]. 中国造船,2010,1(3):39-45.

[30] 宋少雷,舒春英. 喷水推进泵内流场数值模拟分析 [J]. 水泵技术,2010(2):31-36.

[31] 刘承江,王永生,王立祥. 采用CFD方法的喷水推进轴流泵导叶整流性能改进研究 [J]. 船舶力学,2010,14(5):466-471.

[32] 叶方明,高红,林万来. 后置导叶型喷水推进泵总特性及三维流场 [J]. 上海交通大学学报,2005,39(9):1409-1412.

[33] 李晓晖,朱玉泉,聂松林. 一种新型喷水推进器的设计及其关键技术 [J]. 液压与气动,2008(5):28-32.

[34] 王长涛,刘春光,韩忠华. 喷水推进推力产生机理分析及仿真 [J]. 沈阳建筑学报(自然科学版),2011,27(1):196-199.

[35] 李慧敏,等. 7211艇喷水推进装置的最佳要素选择及运转性能计算 [C]. 武汉:武汉造船研究所,1979.

[36] 胡德生,丁江明,王永生. 喷水推进船平移机动操纵方法研究 [J]. 中国航海,2011,34(3):50-52.

[37] Ding J,Wang Y. Mathematical modeling and simulation analysis of turning course of waterjet propelled catamarans [Z]. International Conference on Waterjet Propulsion Ⅳ,London,UK,2004.

[38] 孙存楼,王永生,黄斌. 船舶喷水推进器特殊工况性能研究 [J]. 哈尔滨工程大学学报,2011,32(7):867-872.

[39] 李冬荔,杨亮,张洪雨,等. 基于CFD方法的船舶操纵性能预报 [J]. 武汉理工大学学报,2009,31(24):121-124.

[40] 杨萍,张翠英,张淑珍. 新型喷水式推进器的工作原理及动态分析 [J]. 兰州理工大学学报,2009,35(3):29-32.

[41] Terwisga V. Report of the specialist committee on validation of waterjet test procedures to the 24th ITTC [C]//The 24th International Towing Tank Conference. Edinburgh:ITTC,2005:471-508.

[42] 林建忠,阮晓东,等. 流体力学 [M]. 北京:清华大学出版社,2005.

[43] 谢龙汉,赵新宇,张炯明. ANSYS CFX流体分析及仿真 [M]. 北京:电子工业出版社,2012.

[44] 常书平,王永生. 采用$k\text{-}\varepsilon$湍流模型的喷水推进器性能预报 [J]. 华中科技大学学报,2012,40(4):89.

[45] 任志安,郝点,谢红杰. 几种湍流模型及其在FLUENT中的应用 [J]. 化工装备技术,2009,30(2):38-44.

[46] ANSYS lnc. ANSYS user's guide [M]. ANSYS lnc,2003.

[47] 张陈安,史爱明,刘锋,等. 基于SST湍流模型的三维叶片气动弹性问题研究[C]//第十届全国空气弹性学术交流会,2007(8).

[48] 成立,Bart P M,Van Esch,刘超,等. 喷水推进混流泵叶片径向力[J]. 排灌机械工程学报,2012,30(6):636-640.

[49] 石磊. 基于Richardson外推法的CFD网格误差研究[D]. 北京:华北电力大学,2011:1-4.

[50] 常书平,王永生,庞之洋,等. 进速比对喷水推进器进水流道性能影响研究[J]. 武汉理工大学学报(交通科学与工程版),2010,34(1):47-51.

[51] 刘超. 水泵与水泵站[M]. 北京:中国水利水电出版社,2009:377-378.

[52] Report of the specialist committee on waterjet to 21st ITTC [C]//Proceedings of the 21st ITTC 1996:189-209.

[53] 曾文德,王永生,刘承江. 喷水推进混流泵流体动力性能的CFD研究[J]. 中国舰船研究,2009,4(4):18-21.

[54] 袁红彦. 喷水推进泵装置喷口水力性能数值模拟研究[D]. 扬州:扬州大学,2013:37-59.

[55] 金平仲. 船舶喷水推进[M]. 北京:国防工业出版社,1986:90-98.

[56] 祁卫军. 喷水推进泵装置失速非稳定区及控制研究[D]. 扬州:扬州大学,2014.

[57] 王涛. 轴流泵叶轮空化的CFD研究[D]. 扬州:扬州大学,2010.

[58] Yang Fan,Liu Chao,Tang Fangping. Cavitation performance prediction of mixed-flow pump based on CFD [C]//26th IAHR Symposium on Hydraulic Machinery and System,Auugust 19-23,2012,Beijing,China.

[59] 潘中永,袁寿其. 泵空化基础[M]. 江苏:江苏大学出版社,2013.

[60] 苏叶平. 喷水推进泵装置进水流道水力优化数值模拟研究[D]. 扬州:扬州大学,2014.

[61] Bulten N W H. Numerical analysis of a waterjet propulsion system [J]. Dissertation Abstracts International,2006,68(2).

[62] 刘承江,王永生. 混流式喷水推进器空化性能数值分析[J]. 机械工程学报,2009,45(12):76-83.